北史

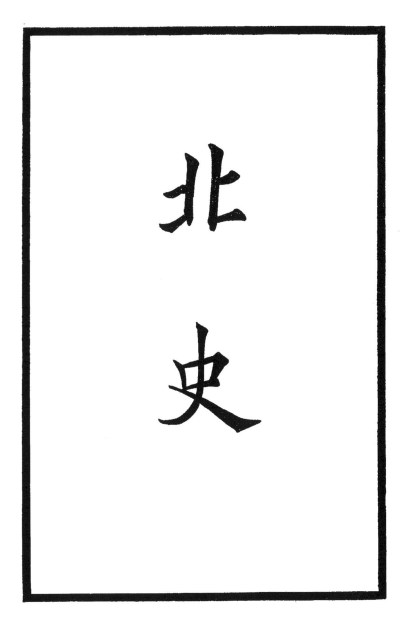

四部備要

史部

中華書局據武英殿本校刊

桐鄉 陸費逵總勘
杭縣 高時顯 吳汝霖輯校
杭縣 丁輔之監造

北史卷六十二

唐　李　延　壽　撰

列傳第五十

王羆 孫述　王思政　尉遲迥 弟綱 綱子運　王軌 樂運

王羆字熊羆京兆霸城人漢河南尹遵之後世爲州郡著姓羆質直木彊處物平當州閭敬憚之魏太和中除殿中將軍稍遷雍州別駕清廉疾惡勵精公事刺史崔亮有知人之鑒見羆雅相欽挹亮後轉定州啓羆爲長史執政者恐羆不稱不許及梁人寇硤石亮爲都督南討復啓羆爲長史帶銳軍朝廷以亮頻舉羆故當可用及剋硤石羆功居多先是南岐東益氏羌反叛乃拜羆冠軍將軍鎮梁州討平諸賊還授西河內史辭不拜時人謂曰西河大邦奉祿優厚何爲致辭羆曰京洛材木盡出西河朝貴營第宅者皆有求假如其私辦則力所不堪若科發人間又違犯憲法以此致辭耳後以軍功封定陽子除荆州刺史梁復遣曹義宗圍荆州堰水灌城不沒者數版時旣內外多虞未遑救援乃遺

羆鐵券云城全當授本州刺史城中糧盡羆乃煮粥與將士均令食之每出戰常不擐甲胄大呼告天曰荊州城孝文皇帝所置天若不祐國家使箭中王羆額不爾王羆須破賊屢經戰陣亦不被傷彌歷三年義宗方退進封霸城縣公元顥入洛以羆爲左軍大都督顥敗莊帝以羆受顥官故不得本州更除岐州刺史時南秦數叛以羆行南秦州事羆至州召其魁帥爲腹心擊捕反者略盡乃謂魁帥等曰汝黨皆死盡何用活爲乃以次斬之自是南秦無復反者又詔羆行秦州事尋遷涇州刺史未及之部屬周文帝徵兵爲勤王之舉羆請前驅効命遂爲大都督鎮華州孝武西遷進車騎大將軍儀同三司別封萬年縣伯乃除華州刺史齊神武率軍潼關人懷危懼羆勸勵將士衆心乃安神武退拜驃騎大將軍加侍中開府嘗修州城未畢梯在城外神武遣韓軌司馬子如從河東宵濟襲羆羆不覺比曉軌衆已乘梯入城羆尚臥未起聞閤外洶洶有聲便袒身露髻徒跣持一白棒大呼而出謂曰老羆當道臥貉子那得過敵見驚退逐至東門左右稍集合戰破之軌遂投城遁走文帝聞而壯之時關中大饑

徵稅人間穀食以供軍費或隱匿者令遞相告多被箠撻以是人有逃散唯羆信著於人莫有隱者得粟不少諸州而無怨讟沙苑之役神武士馬甚盛文帝以華州衝要遣使勞羆令加守備及神武至城下謂羆曰何不早降羆乃大呼曰此城是王羆家死生在此欲死者來神武不敢攻後移鎮河東以前後功進爵扶風郡公河橋之戰王師不利趙青雀據長安城所在莫有固志羆乃大開州門召城中戰士謂曰如聞天子敗績不知吉凶諸人相驚咸有異望王羆受委於此以死報恩諸人若有異圖可來見殺必恐城陷沒者亦任出城如有忠誠能與王羆同心可共固守軍人見其誠信皆無異心及軍還徵拜雍州刺史時蠕蠕度河南寇候騎已至豳州朝廷慮其深入乃徵發士馬屯守京城塹諸街巷以備侵軼右僕射周惠達召羆議之羆不應命臥而不起謂其使曰若蠕蠕至渭北者王羆率鄉里自破之不煩國家兵何爲天子城中遂作如此驚動由周家小兒恇怯致此羆輕侮權貴守正不回皆此類也未幾還鎮河東羆性儉率不事邊幅嘗有臺使至羆爲設食使乃裂去薄餅緣羆曰耕種收獲其功

已深春爨造成用力不少爾之選擇當是未飢命左右撤去之使者愕然大慚
又客與羆食瓜客削瓜皮侵內稍厚羆意嫌之及瓜皮落地乃引手就地取而
食之客甚愧色性又嚴急嘗有吏挾私陳事者羆不暇命捶扑乃手自取鞾履
持以擊之每至享會自秤量酒肉分給將士時人尚其均平嗤其鄙碎羆舉動
率情不爲巧詐凡所經處雖無當時功迹咸去後見思卒于官贈太尉都督相
冀等十州刺史諡曰忠羆安於貧素不營生業後雖貴顯鄉里舊宅不改衡門
身死之日家甚貧罄當時伏其清潔子慶遠弱冠以功臣子拜直閤將軍先羆
卒孫述

述字長述少孤爲祖羆所養聰敏有識度年八歲周文帝見而奇之曰王公有
此孫足爲不朽解褐員外散騎侍郎封長安縣伯羆薨居喪過禮有詔褒之免
喪襲封扶風郡公除中書舍人修起居注改封龍門郡公周受禪拜賓部下大
夫累遷廣州刺史甚有威惠朝議嘉之就拜大將軍後歷襄仁二州總管並有
能名隋文帝爲丞相授信州總管位上將軍王謙作亂遣使致書於長述因執

其使上書又陳取謙策上大悅前後賜金五百兩授行軍總管討謙以功進位
柱國開皇初獻平陳計修營戰艦爲上流之師上善其能頻加賞勞後數歲以
行軍總管擊南寧未至而卒上甚傷惜之贈上柱國冀州刺史謚曰莊子謨嗣
謨弟軌大業末郡守少子文楷起部郎

王思政太原祁人漢司徒允之後也自魏太尉凌誅後冠冕遂絶父祐州主簿
思政容貌魁梧有籌策解褐員外散騎侍郎屬万俟醜奴宿勤明達等擾亂關
右北海王顥討之聞思政壯健啓與隨軍所有謀議並與參詳時孝武在藩素
聞其名乃引爲賓客遇之甚厚及登大位委以心膂預定策功封祁縣侯爲武
衛將軍俄而齊神武潛有異圖帝以思政可任大事拜使持節中軍大將軍大
都督總宿衛兵思政乃言於帝曰洛陽四面受敵非用武之地關中有崤函之
固且士馬精彊宇文夏州糾合同盟願立功効若聞車駕西幸必當奔走奉迎
藉天府之資因已成之業二年修復舊京何慮不克帝深然之及神武兵至河
北帝乃西遷進爵太原郡公拜光祿卿并州刺史加散騎常侍大都督大統之

後思政雖被任委自以非相府之舊每不自安周文帝曾在同州與郡公宴集出錦罽及雜綾絹數千段令諸將摴蒱取之物盡周文又解所服金帶令諸人遍擲曰先得盧者即與之羣公擲將遍莫有得者次至思政乃斂容跪而誓曰王思政羈旅歸朝蒙宰相國士之遇方願盡心効命上報知己若此誠有實令宰相賜知者願擲即為盧若內懷不盡神靈亦當明之使不作也便當殺身以謝所奉辭氣慷慨一座盡驚即拔所佩刀橫於膝上攬摴蒱拊髀擲之比周文止之已擲為盧矣徐乃拜而受帶自此朝寄更深及河橋之戰思政下馬用長矟左右橫擊一擊踣數人時陷陣既深從者死盡思政被重創悶絕會日暮敵亦收軍思政久經軍旅每戰唯著破衣弊甲敵人疑非將帥故得免有帳下督雷五安於戰處哭求思政會已蘇遂相得乃割衣裹創扶思政上馬夜久方得還軍仍鎮弘農除侍中東道行臺思政以玉壁地險要請築城即自營度移鎮之還汾晉幷三州諸軍事幷州刺史行臺如故仍鎮玉壁八年東魏復來寇卒不能克以全城功授驃騎大將軍開府儀同三司高仲密以北豫州來附周文

親接援之乃驛召思政將鎮成皐未至而班師復命思政鎮弘農思政入弘農令開城門解衣而臥慰勉將士示不足畏數日後東魏將劉豐生率數千騎至城下憚之不敢進乃引軍還於是修城郭起樓櫓營田農積芻秣凡可以守禦者皆具焉弘農之有備自思政始也十二年加特進兼尚書左僕射行臺都督荊州刺史境內卑濕城塹多壞思政乃命都督藺小歡督工匠繕修之掘得黃金三十斤夜中密送至旦思政召佐史以金示之曰人臣不宜有私悉封金送上周文嘉之賜錢二十萬思政之去玉壁也周文命舉代人思政乃進所部都督韋孝寬其後東魏來寇孝寬卒能全城時論稱其知人十三年侯景叛東魏請援乞師當時未即應接思政以為若不因機進取後悔無及即率荊州步騎萬餘從魯關向陽翟周文聞思政已發乃遣太尉李弼赴潁川東魏將高岳等聞大兵至收軍而遁思政入守潁川景引兵向豫州外稱略地乃密遣送款於梁先是周文遣帥都督賀蘭願德助景扞禦景既有異圖因厚撫願德等冀為己用思政知景詭詐乃密追願德思政分布諸軍據景七州十二鎮周文乃以

所授景使持節太傅大將軍兼尚書令河南大行臺河南諸軍事回授思政思政並讓不授頻使敦喻唯受河南諸軍事十四年拜大將軍九月東魏太尉高岳行臺慕容紹宗儀同劉豐生等率步騎十萬來攻潁川殺傷甚衆岳又築土山以臨城城中飛梯火車盡攻擊之法思政亦作火穳因迅風便投之土山又射以火箭燒其攻具仍募勇士縋而出戰據其兩土山置樓堞以助防守齊文襄更益兵堰洧水以灌城時雖有恠獸每衝壞其堰然城被灌已久多亦崩頹岳悉衆苦攻思政身當矢石與士卒同勞苦岳乃更修堰作鐵龍雜獸用厭水神堰成水大至城中泉涌溢懸釜而炊糧力俱竭慕容紹宗劉豐生及其將慕容永珍意以爲閑共乘樓船以望城內令善射人俯射城中俄而大風暴起船乃飄至城下城上人以長鉤牽船弓弩亂發紹宗窮急透水而死豐生浮向土山復中矢而斃禽永珍并獲船中器械思政謂永珍曰僕之破亡在於晷漏誠知殺卿無益然人臣之節守之以死乃流涕斬之并收紹宗等尸以禮埋瘞岳既失紹宗等志氣沮喪不敢逼城齊文襄聞之乃率步騎十萬來攻思政知不

濟率左右據土山因仰天大哭左右皆號慟思政西向再拜便欲自刎先是文襄告城中人曰有能生致王大將軍者封侯重賞若大將軍身有損傷親近左右皆從大戮都督駱訓固止之不得引決齊文襄遣其通直散騎常侍趙彥深就土山遺以白羽扇而說之牽手以下引見文襄辭氣慷慨涕淚交流無撓屈之容文襄以其忠於所事起而禮之接遇甚厚其督將分禁諸州地牢數年盡死思政初入潁川士卒八千人被圍既久城中無鹽腫死者十六七及城陷之日存者纔三千人雖外無救援遂無叛者思政常以勤王爲務不營貲產嘗被賜園地思政出征後家人種桑果雜樹及還見而怒曰匈奴未滅去病辭家況大賊未平欲事產業豈所謂憂公忘私邪命左右拔而棄之故身陷之後家無蓄積及齊文宣受東魏禪以思政爲都官尚書儀同三司卒贈以本官加兗州刺史初思政在荊州自武關以南延袤一千五百里置三十餘城並當衝要之地凡所舉薦咸得其才子康沉毅有度量後爲周文親信思政陷後詔以因水城陷非戰之罪增邑三千五百戶以康襲爵太原公除驃騎大將軍侍中開府

儀同三司康弟撲先封中都縣侯增邑通前一千五百戶進爵為公撲弟邘封
西安縣侯刊弟恭忠誠縣伯恭弟幼顯親縣伯康姊封齊郡君康兄元遜亦陷
於潁川封其子景晉陽縣侯康抗表固讓不許十六年王師東討加康使持節
大都督以思政所部兵皆配之魏廢帝二年隨尉遲迥征蜀鎮天水郡尋賜姓
拓王氏為鄜州刺史武成末除匠師中大夫轉載師保定二年歷安襄二州總
管位柱國入隋終於汴州刺史
尉遲迥字薄居羅代人也其先魏之別號尉遲部因而氏焉父俟兜性弘裕有
鑒識尚周文帝姊昌樂大長公主生迥及綱迥年七歲綱年六歲俟兜病且卒
呼二子撫其首曰汝等並有貴相但恨吾不見耳各勉之武成初追贈柱國大
將軍太傅長樂郡公謚曰定迥少聰敏美容儀及長有大志好施愛士尚魏文
帝女金明公主拜駙馬都尉封西都侯大統十一年拜侍中驃騎大將軍開府
儀同三司進爵魏安郡公十五年遷尚書左僕射兼領軍將軍迥通敏有幹能
雖任兼文武頗允時望周文以此深委仗焉十六年拜大將軍侯景之渡江也

梁元帝時鎮江陵請修隣好其弟武陵王紀在蜀稱帝率衆東下將攻之梁元帝大懼移書請救周文曰蜀可圖矣取蜀制梁在茲一舉乃與羣公會議諸將多有異同唯迥以爲紀既盡銳東下蜀必空虛王師臨之必有征無戰周文以爲然謂曰伐蜀之事一以委汝於是令迥督開府元珍乙弗亞侯呂陵始叱奴興綦連雄宇文昇等六軍甲士取晉壽開平林舊道迥前軍臨劍閣紀安州刺史樂廣以州先降紀梁州刺史楊乾運時鎮潼水先已遣使詣闕密送誠款然恐其下不從猶據潼水別管拒守迥遣元珍侯呂陵始等襲之乾運還保潼川珍等遂圍之乾運降迥至潼川大饗將士度涪江至青溪登南原勒兵講武修繕約束閱器械自開府以下賞金帛各有差時夏中連雨山路嶮峻將士疲病者十二三迥親自勞問加以湯藥引之而西紀益州刺史蕭撝嬰城自守進軍圍之初紀至巴郡遣前南梁州刺史史欣景幽州刺史趙拔扈等爲撝外援迥分遣元珍乙弗亞等擊破之拔扈等遁走欣景遂降撝被圍五旬頻戰爲迥所破遣使乞降許之撝乃與紀子宜都王圓肅率其文武詣軍門請見迥以禮接

之其吏人等各令復業唯收僮隸及儲積以賞將士號令嚴肅軍無私焉詔以迥爲大都督益潼等十二州諸軍事益州刺史三年加督六州通前十八州諸軍事以平蜀功封一子安固郡公自劍閣以南得承制封拜及黜陟迥乃明賞罰布恩威綏輯新邦經略未附人夷懷而歸之性至孝色養不怠身雖在外所得四時甘脆必先薦奉然後敢嘗大長公主年高多病迥往在京師每退朝參候起居憂悴形於容色大長公主每爲之和顏進食以寧迥心周文知其至性徵迥入朝以慰其母意遣大鴻臚郊勞仍賜迥袞冕之服蜀人思之爲立碑頌德六官初建拜小宗伯周孝閔帝踐阼進位柱國大將軍以迥有平蜀功同霍去病冠軍之義改封寧蜀公還大司馬尋以本官鎮隴右武成元年進封蜀國公邑萬戶除秦州總管秦渭等十四州諸軍事隴右大都督保定二年拜大司馬及晉公護東伐迥帥師攻洛陽齊王憲等軍於芒山齊衆度河諸軍驚散迥率麾下反行却敵於是諸將遂得全師而還遷太保太傅建德初拜太師尋加上柱國宣帝卽位以迥爲大右軍轉大前疑出爲相州總管宣帝崩隋文帝輔

政以迥位望宿重懼爲異圖乃令迥子魏安郡公惇齎詔書以會葬徵迥尋以鄖國公韋孝寬代迥爲總管迥以隋文帝當權將圖簒奪遂謀舉兵留惇而不受代隋文帝又令候正破六韓裒詣迥喻旨密與總管府長史晉昶等書令爲之備迥聞之殺昶集文武士庶等登城北樓而令之於是衆咸從命莫不感激乃自稱大總管承制署官司于時趙王昭已入朝留少子在國迥又奉以號令迥弟子大將軍成平郡公勤時爲青州總管初得迥書表送之尋亦從迥迥所管相衞黎毛洛貝趙冀瀛滄勤所統青齊膠光莒諸州皆從之衆數十萬滎州刺史邵國公宇文胄申州刺史李惠東楚州刺史費也利進國東潼州刺史曹孝達各據州以應迥徐州總管司錄席毗與前東平郡守畢義緒據兗州及徐州之蘭陵郡亦以應迥永橋鎭將紇豆陵惠以城降迥迥又北結高寶寧以通突厥南連陳人許割江淮之地隋文帝於是徵兵討迥卽以韋孝寬爲元帥隂羅雲監諸軍郕國公梁士彥樂安公元諧化政公宇文忻濮陽公宇文述武鄉公崔弘度清河公楊素隴西公李詢延壽公于仲文等皆爲行軍總管迥遣所

署大將軍石憖攻建州刺史宇文弁以州降憖迴又遣西道行臺韓長業攻陷
潞州執刺史趙威署城人郭子勝爲刺史上儀同赫連士猷攻晉州即據小鄉
城紇豆陵惠襲陷定州之鉅鹿郡遂圍恆州上大將軍宇文威攻汴州上開府
莒州刺史烏丸尼開府尉遲儁率膠光青齊莒兗之衆圍沂州大將軍檀讓攻
陷曹亳二州屯兵梁郡大將軍東南道行臺席毗衆號八萬軍於藩城攻陷昌
慮下邑豐縣李惠自申州攻永州焚之而還宇文胄軍於洛口開府梁子康攻
懷州魏安公惇率衆十萬人入武德軍於沁東孝寬等諸軍隔水相持不進隋
文帝又遣高熲馳驛督戰惇布兵二十餘里麾軍少却欲待孝寬軍半度而擊
之孝寬因其却乃鳴鼓齊進惇遂大敗孝寬乘勝進至鄴迴與其子惇祐等又
悉其卒十三萬陣於城南迴別統萬人皆綠巾錦襖號曰黃龍兵勤率衆五萬
自青州赴迴以三千騎先到迴舊集軍旅雖老猶被甲臨陣其麾下兵皆關中
人爲之力戰孝寬等軍失利而却鄴中士女觀者如堵高熲與李詢乃整陣先
犯觀者因其擾而乘之迴衆大敗遂入鄴城迴走保北城孝寬縱兵圍之李詢

賀妻子幹以其屬先登迥上樓射殺數人乃自殺勤惇祐等東走青州未至開府郭衍追及之並爲衍所獲隋文帝以勤初有誠款特釋之李惠先是自縛歸罪隋文帝復其官爵迥末年衰耄惑於後妻王氏而諸子多不睦及起兵以開府小御正崔達拏爲長史自餘委任亦多用齊人達拏文士無籌略舉措多失綱紀不能匡救迥自起兵至於敗凡經六十八日焉子寬大將軍長樂郡公先迥卒寬兄誼開府資中郡公寬弟順以迥平蜀功授開府安固郡公後以女爲宣帝皇后拜上柱國封胙國公順弟惇軍正下大夫魏安郡公惇弟祐西都郡公皆被誅而誼等諸子以年幼並獲全武德中迥從孫庫部員外郎耆福上表請改葬朝議以迥忠於周室有詔許焉仍贈絹百匹迥弟綱

綱字婆羅少孤與兄迥依託舅氏周文帝西討關隴迥綱與母昌樂大長公主留于晉陽後方入關從周文征伐常陪侍帷幄出入臥內以軍功封廣宗縣伯綱驍果有膂力善騎射周文甚寵之委以心膂河橋之戰周文馬中流矢因而驚奔綱與李穆等左右力戰衆皆披靡文帝方得乘馬大統十四年進爵平昌

郡公廢帝二年拜大將軍兼領軍及魏帝有異謀言頗漏泄周文以綱職典禁旅使密爲之備俄而廢帝立齊王仍以綱爲中領軍總宿衛事綱兄迥伐蜀從周文送之於城西見一走兔周文命綱射之誓曰若獲此兔必當破蜀俄而綱獲兔而返周文喜曰事平當賞汝佳口及克蜀賜綱侍婢二人又嘗從周文北狩雲陽見五鹿俱走綱獲其三每從遊宴周文以珍異之物令諸功臣射而取之綱所獲輒多周孝閔帝踐阼綱以親戚掌禁兵除小司馬又與晉公護廢帝明帝卽位進位柱國大將軍武成元年進封吳國公邑萬戶除涇州總管歷位少傅大司空陝州總管晉公護東討乃配綱甲士留鎮京師大軍還綱復歸天和二年以綱政績可紀賜帛及錢穀等增邑以褒賞之陳公純等以皇后阿史那氏自突厥將入塞詔徵綱與大將軍王傑率衆迎衛於境首三年追論河橋功封一子縣公四年薨于京師贈太保謚曰武第二子安以嫡嗣大象末位柱國入隋歷鴻臚卿左衛大將軍安兄運

運少彊濟志在立功魏大統十六年以父勳封安喜縣侯周明帝立以預定策

勳進爵周城縣公歷位隴州刺史再遷左武伯中大夫尋加軍司馬運既職兼文武甚見委任進爵廣業郡公轉右司衛時宣帝在東宮親狎諂佞數有罪失武帝於朝臣內選忠諒鯁正者以匡弼之於是以運爲右宮正建德三年帝幸雲陽宮又令運以本官兼司武與長孫覽輔皇太子居守俄而衛刺王直作亂率其黨襲肅章門覽懼走行在所運時偶在門中直兵奄至不暇命左右乃手自闔門直黨與運爭門斫傷運指僅而得閉直既不得入乃縱火運恐火盡直黨得進乃取宮中材木及牀等以益火更以膏油灌之火轉熾久之直不得進乃退運率留守兵因其退以擊之直大敗而走是夜微運宮中已不守矣武帝嘉之授大將軍賜以直田宅妓樂金帛車馬什物等不可勝數四年出爲同州刺史同州蒲津潼關等六防諸軍事帝將伐齊召運參議東夏底定頗有力焉五年拜柱國進爵盧國公轉司武上大夫總宿衛軍事帝崩於雲陽宮祕未發喪運總侍衛兵還京師宣帝即位授上柱國運之爲宮正也數進諫於帝帝不納反疎忌之時運又與王軌宇文孝伯等皆爲武帝親待軌屢言帝失於武帝

帝謂預其事愈更銜之及軌被誅運懼及於禍尋而得出爲秦州總管至州猶懼不免遂以憂薨於州贈大後丞七州諸軍事秦州刺史諡曰忠子靖嗣運弟勤大象末青州總管起兵應伯迥勤弟敬尚明帝女河南公主位儀同三司

王軌太原祁人也小名沙門漢司徒允之後世爲州郡冠族累葉仕魏賜姓烏丸氏父光少雄武有將帥才略頻有戰功周文帝遇之甚厚位至驃騎大將軍開府儀同三司平原縣公軌性質直起家事輔城公及武帝即位累遷內史下大夫遂處腹心之任帝將誅晉公護軌贊成其謀建德初轉內史大夫加授開府儀同三司又拜上開府儀同大將軍封上黃縣公軍國之政皆參預焉從平并鄴以功進位上大將軍進爵郯國公及陳將吳明徹入寇呂梁徐州總管梁士彥頻與戰不利乃退保州城明徹遂堰清水以灌之列船艦於城下以圖攻取詔以軌爲行軍總管率諸軍赴救軌潛於清水入淮口多豎大木以鐵鎖貫車輪橫截水流以斷其船路方欲密決其堰以斃之明徹知之乃破堰遽退冀乘決水以得入淮比至清口川流已闊水勢亦衰船並礙於車輪不復得過軌

因率兵圍而殲之唯有騎將蕭摩訶以二十騎先走得免明徹及將士三萬餘人幷器械輜重並就俘獲陳之銳卒於是殲焉進位柱國仍拜徐州總管軌性嚴重多謀略兼有呂梁之捷威振敵境陳人甚憚之宣帝之征吐谷渾也武帝令軌與宇文孝伯並從軍中進趣皆委軌等宣帝仰成而已時宮尹鄭譯王端並得幸於宣帝宣帝軍中頗有失德譯等皆預焉軍還軌等言之於武帝武帝大怒乃撻宣帝除譯等名仍加捶楚宣帝因此大銜之軌又嘗與小內史賀若弼言及此事且言皇太子必不克負荷弼深以爲然勸軌陳之軌後因侍坐乃白武帝言皇太子多涼德恐不了陛下家事愚臣暗短不足以論是非陛下恆以賀若弼有文武奇才識度宏遠而弼比再對臣深以此事爲慮武帝召弼問之弼曰皇太子養德春宮未聞有過未審陛下何從得聞此言既退軌誚弼曰平生言論無所不道今者乃爾翻覆弼曰此公之過也皇太子國之儲副豈易爲言事有差跌便至滅門之禍本謂公密陳臧否何得遂至昌言軌默然久之乃曰吾專心國家遂不存私計向者對衆良實非宜其後軌因內宴上壽又捋

武帝鬚曰可愛好老公但恨後嗣弱耳武帝深以爲然但漢王次長又不才此
外諸子並幼故不能用其說及宣帝卽位追鄭譯等復爲近侍軌自知必及於
禍謂所親曰吾昔在先朝實申社稷至計今日之事斷可知矣此州控帶淮南
隣接彊寇欲爲身計易同反掌但忠義之節不可虧違況荷先帝厚恩每思以
死自効豈以獲罪於嗣主便欲背德於先帝止可於此待死義不爲他計冀千
載之後知吾此心大象元年帝使內史杜虔信就徐州殺軌御正中大夫顏之
儀切諫帝不納遂誅之軌立朝忠恕兼有大功忽以無罪被戮天下知與不知
皆傷惜時京兆郡丞樂運亦以直言數諫於帝

樂運字承業南陽淸陽人晉尚書令廣之八世孫祖文素齊南郡守父均梁義
陽郡守運少好學涉獵經史年十五而江陵滅隨例遷長安其親屬等多被籍
沒運積年爲人傭保皆贖免之事母及寡嫂甚謹由是以孝聞梁故都官郎琅
邪王澄美之次其行事爲孝義傳性方直未嘗求媚於人臨淄公唐瑾薦之自
柱國府記室爲露門學士前後犯顏屢諫武帝多被納用建德二年除萬年縣

丞抑挫豪右號稱強直武帝嘉之特許通籍事有不便於時者令巨細奏聞武帝常幸同州召運赴行在所既至謂曰卿言太子如何人運曰中人也時齊王憲以下並在帝側帝顧謂憲等曰百官佞我皆云太子聰明睿智唯運云中人方驗運之忠直耳於是因問運中人之狀運對曰班固以齊桓公爲中人管仲相之則霸豎貂輔之則亂可與爲善亦可與爲惡也帝曰我知之矣遂妙選宮官以匡弼之乃超拜運京兆郡丞太子聞之意甚不悅及武帝崩宣帝嗣位葬訖詔天下公除帝及六宮便議即吉運上疏曰三年之喪自天子達於庶人先王制禮安可誣之禮天子七月而葬以俟天下畢至今葬期既促事訖便除文軌之內奔赴未盡隣境遠聞使猶未至若以喪服受弔不可既吉更凶如以玄冠對使未知此出何禮進退無據愚臣竊所未安書奏帝不納自是德政不修數行赦宥運又上疏曰臣謹按周官曰國君之過市刑人赦此謂市者交利之所君子無故不遊觀焉則施惠以悅之也尚書曰眚災肆赦此爲過誤爲害罪雖大當緩赦之謹尋經典未有罪無輕重溥天大赦之文故管仲曰有赦者奔

馬之委轡不赦者痤疽之礪石又曰惠者人之仇讎法者人之父母吳漢遺言
猶云唯願無赦王符著論亦云赦者非明世之所宜有大尊豈可數施非常之
惠以肆姦宄之惡乎帝亦不納而昏暴滋甚運乃輿櫬詣朝堂陳帝八失一曰
內史御正職在弼諧皆須參議共理天下大尊比來小大之事多獨斷之堯舜
至聖尚資輔弼況大尊未爲聖主而可專恣己心凡諸刑罰爵賞爰及軍國大
事請參諸宰輔與衆共之二曰內作色荒古人重誡大尊初臨四海德惠未洽
先搜天下美女用實後宮又詔儀同以上女不許輒嫁貴賤同怨聲溢朝野請
姬媵非幸御者放還本族欲嫁之女勿更禁之三曰天子未明求衣日旰忘食
猶恐萬機不理天下壅滯大尊比來一入後宮數日不出所須奏聞多附內豎
傳言失實是非可懼事由宦者亡國之徵請準高祖居外聽政四曰變故易常
乃爲政之大忌淫刑酷罰非致安之弘規若罰無定刑則天下皆懼政無常法
則人無適從豈有削嚴刑之詔未及半祀便即遣改更散前制政令不定乃至
於此今宿衛之官有一夜不直者罪至削除因而逃亡者遂便籍沒此則大逆

之罪與杖十同科雖爲法愈嚴恐人情愈散一人心散尚或不可止若天下皆散將如之何請遵經典並依大律則億兆之人手足有所措矣五曰高祖斵雕爲朴本欲傳之萬世大尊朝夕趍庭親承聖旨豈有崩未踰年而處窮奢麗成父之志義豈然乎請興造之制務從卑儉雕文刻鏤一切勿營六曰都下之人徭賦稍重必是軍國之要不敢憚勞豈容朝夕徵求唯供魚龍爛漫士庶從役秖爲俳優角抵紛紛不已財力俱竭業業相顧無復聊生凡無益之事請並停罷七曰近見有詔上書字誤者卽科其罪假有忠讜之人欲陳時事尺有所短文字非工不密失身義無假手脫有科謬便道嚴科嬰徑尺之鱗其事非易下不諱之詔猶懼未來更加刑戮能無鉗口大尊縱不能採誹謗之言無宜杜獻替之路請停此詔則天下幸甚八曰昔桑穀生朝殷王因之獲福今玄象垂戒此亦與周之祥大尊雖減膳撤縣未盡銷譴之理誠願諮諏善道修布德政解兆庶之慍引萬方之罪則天變可除鼎業方固大尊若不革茲八事臣見周廟不血食矣帝大怒將戮之內史元巖諫因而獲免翌日帝頗感悟召運謂之曰

朕昨夜思卿所奏實是忠臣先皇聖明卿數有規諫朕既昏暗卿復能如此乃
賜御食以賞之朝之公卿初見帝甚怒莫不爲運寒心後見獲賞又皆相賀以
爲幸免獸口內史鄭譯常以私事請託運不之許因此銜之及隋文帝爲丞相
譯爲長史遂左遷運爲廣州滍陽令開皇五年轉毛州高唐令頻歷三縣並有
聲績運常願處一諫官從容諷議而性訐直爲人所排抵遂不被任用乃發憤
錄夏殷以來諫爭事集而部之凡六百三十九條合四十一卷名曰諫苑奏上
之隋文帝覽而嘉焉
論曰王羆剛峭有餘弘雅未之聞也情安儉率志在公平既而奮節危城抗辭
勍敵梁人爲之退舍高氏不敢加兵以此見稱信非虛矣至述不隕門風亦足
稱也王思政驅馳有事之秋慷慨功名之際及乎策名霸府作鎮潁川設縈帶
之險修守禦之術以一城之衆抗傾國之師率疲駘之兵當勁勇之卒猶能亟
摧大敵屢建奇功忠節冠於本朝義聲動於隣聽運窮事蹙城陷身囚壯志高
風亦足奮於百世矣尉遲迥地則舅甥職惟台袞沐恩累葉荷睠一時居形勝

之地受藩維之託顛而不扶憂責斯在及主威云謝鼎業將遷九服移心三靈改卜遂能志存赴蹈投袂稱兵忠君之勤未宣違天之禍便及校其心翟義葛誕之儔歟綱運積宣王室勤勞出內觀其自致榮寵豈唯恩澤而已乎夫士之成名其途不一蓋有不待爵祿而貴不因學藝而重者何亦云忠孝而已若乃竭力以奉其親者人子之行也致身以事其君者人臣之節也斯固彌綸三極囊括百代當宣帝之在東朝凶德方兆王軌志惟無諱極議於骨肉之間竟遇淫刑以至夷滅若斯人者人或以爲其不忠則天下莫之信也觀樂運之所以行己之節其有古之遺直之風乎

北史卷六十二

北史卷六十二考證

王羆傳齊神武率軍潼關人懷危懼○軍監本訛宣今改從南本

神武遣韓軌司馬子如從河東宵濟襲羆○宵監本訛霄今從南本

王思政傳若此誠有實○誠監本注缺今從南本增入

東魏將劉豐生率數千騎至城下○生南本作年

恭弟幼顯親縣伯○監本脫親字今從南本增正

尉遲迥傳及晉公護東伐迥帥師攻洛陽○伐監本作代

申州刺史李惠○申監本訛由今從南本及下文李惠自申州攻永州改正

李惠自申州攻永州焚之而還○永監本訛求今改從南本

運傳更以膏油灌之火轉熾○之火二字監本訛作炎今改從南本

王軌傳世為州郡冠族○郡監本訛那今改正

樂運傳事由宦者亡國之徵○宦監本訛宦今改正

北史卷六十二考證

唐　李　延　壽　撰

列傳第五十一

周惠達　馮景　蘇綽子威 從兄亮

周惠達字懷文章武文安人也父信歷樂鄉平舒成平三縣令皆以廉能稱惠達幼有節操好讀書美容貌魏齊王蕭寶夤爲瀛州刺史召惠達及河間馮景同在閤下甚禮之及寶夤還朝惠達隨入洛陽寶夤西征惠達復隨入關寶夤除雍州刺史令惠達使洛陽未還而寶夤謀反聞於京師有司以惠達是其行人將執之惠達乃私馳還至潼關遇大使楊侃侃謂曰何爲故入獸口惠達曰蕭王必爲左右所誤今往庶其改圖及至寶夤反形已露不可彌縫遂用惠達爲光祿勳中書舍人寶夤既敗唯惠達等數人從之寶夤語惠達曰人生富貴左右咸言盡節及遭厄難乃知歲寒也賀拔岳爲關中大行臺惠達爲岳府屬岳爲侯莫陳悅所害惠達遁入漢陽之麥積崖悅平歸於周文帝文帝復以爲

府司馬便委任焉周文帝爲大將軍大行臺以惠達爲行臺尚書大將軍府司馬封文安縣子周文出鎮華州留惠達知後事時既承喪亂庶事多闕惠達營造戎仗儲積倉糧簡閱士馬以濟軍國之務甚爲朝廷所稱後拜中書令進爵爲公大統四年兼尚書右僕射其年周文與魏文帝東討令惠達輔魏太子居守總留臺事及芒山失律人情駭動趙青雀據長安子城反惠達奉太子出渭橋北以禦之軍還青雀等誅拜吏部尚書久之復爲右僕射自關右草創禮樂缺然惠達與禮官損益舊章是以儀軌稍備魏文帝因朝奏樂顧謂惠達曰此卿功也惠達雖居顯職性謙退善下人盡心勤公愛拔良士以此皆敬而附之薨子題嗣隋開皇初以惠達著績前代追封蕭國公

馮景字長明河間武垣人也父傑爲伏與令景少與周惠達友俱以客從蕭寶夤寶夤後爲尚書右僕射引景領尚書都令史正光中寶夤爲關西大行臺景又爲行臺都令史及寶夤敗還長安或議歸罪闕下或言留州立功景曰擁兵不還此罪將大寶夤不從遂反及寶夤平景方得還洛朝廷聞景有諫言故不

罪之後事賀拔岳爲行臺郎岳使景詣齊神武察其行事神武聞岳使至甚有喜色問曰賀拔公詎憶吾邪卽與景歃血託岳爲兄弟景還以狀報岳岳曰此姦有餘而實不足自古王臣無私盟者也吾料之熟矣岳北合費也頭東引紇豆陵伊利西總侯莫陳悅河州刺史梁景叡及酋渠爲盟誓共會平涼移軍東下懼有專任之嫌使景啓孝武帝帝甚悅又爲岳大都督府從事中郎後侯莫陳悅平周文使景於京師告捷帝有西遷意因問關中事勢景勸帝西遷後以迎孝武功封高陽縣伯除散騎常侍行臺尚書大統初詔行涇州事卒於官

蘇綽字令綽武功人魏侍中則之九世孫也累世二千石父協武功郡守綽少好學博覽羣書尤善算術從兄讓爲汾州刺史周帝餞于都門外臨別謂曰卿家子弟之中誰可任用者讓因薦綽周文乃召爲行臺郎中在官歲餘未見知然諸曹疑事皆詢於綽而後定所行公文綽又爲之條式臺中咸稱其能周文與僕射周惠達論事惠達不能對請出外議之乃召綽告以其事綽卽爲量定惠達入呈周文稱善謂曰誰與卿爲此議者惠達以綽對因稱其有王佐才周

文曰吾亦聞之久矣尋除著作佐郎屬周文與公卿往昆明池觀漁行至城西漢故倉地顧問左右莫有知者或曰蘇綽博物多通請問之周文乃召綽問具以狀對周文大悅因問天地造化之始歷代興亡之迹綽既有口辯應對如流周文益嘉之乃與綽並馬徐行至池竟不設網罟而還遂留綽至夜問以政道卧而聽之綽於是指陳帝王之道兼述申韓之要周文乃起整衣危坐不覺膝之前席語遂達曙不厭詰朝謂周惠達曰蘇綽真奇士吾方任之以政即拜大行臺左丞參典機密自是寵遇日隆綽始制文案程式朱出墨入及計帳戶籍之法大統三年齊神武三道入寇諸將咸欲分兵禦之獨綽意與周文同遂併力拒竇泰擒之於潼關封美陽縣伯十一年授大行臺度支尚書領著作兼司農卿周文方欲革易時政務弘強國富人之道故綽得盡其智能贊成其事減官員置二長幷置屯田以資軍國又爲六條詔書奏施行之其一先脩心曰凡今之方伯守令皆受命天朝出臨下國論其尊貴並古之諸侯也是以前代帝王每稱共理天下者唯良宰守耳明知百僚卿尹雖各有所司然其理人之本

莫若守宰之最重也凡理人之體當先理己心心者一身之主百行之本心不清靜則思慮妄生思慮妄生則見理不明見理不明則是非謬亂是非既亂則一身不能自理安能理人也是以理人之要在於清心而已夫所謂清心者非不貪貨財之謂乃欲使心氣清和志意端靜心和志靜則邪僻之慮無因而作邪僻不作則凡所思念無不皆得至公之理率至公之理以臨其人則彼下人孰不從化是以稱理人之本先在理心其次又在理身凡人君之身者乃百姓之表一國之的也表不正不可求直影的不明不可責射中今君身不能自理而望理百姓是猶曲表而求直影也君行不能自脩而欲百姓脩行者是猶無的而責射中也故爲人君者必心如清水形如白玉躬行仁義躬行孝悌躬行忠信躬行禮讓躬行廉平躬行儉約然後繼之以無倦加之以明察行此八者以訓其人是以其人畏而愛之則而象之不待家教日見而自興行矣其二敦教化曰天地之性唯人爲貴明其有中和之心仁恕之行異於木石不同禽獸故貴之耳然性無常守隨化而遷化於敦朴者則質直化於澆僞者則浮薄浮

薄者則衰弊之風質直者則敦和之俗衰弊則禍亂交興淳和則天下自治自古安危興亡無不皆由所化也然世道彫喪已數百年大亂滋甚且二十載人不見德唯兵革是聞上無教化唯刑罰是用而中興始爾大難未弭加之以師旅因之以饑饉凡百草創率多權宜致使禮讓弗興風俗未反比年稍登稔傜賦差輕衣食不切則教化可脩矣凡諸牧守令長各宜洗心革意上承朝旨下宣教化者貴能扇之以淳風浸之以太和被之以道德示之以朴素使百姓亹亹日遷於善邪僞之心嗜慾之性潛以消化而不知其所以然此之謂化也然後教之以孝悌使人慈愛教之以仁順使人和睦教之以禮義使人敬讓慈愛則不遺其親和睦則無怨於人敬讓則不競於物三者既備則王道成矣此之謂教也先王之所以移風易俗還淳反素垂拱而臨天下以至於太平者莫不由此此之謂要道也其三盡地利曰人生天地之間衣食爲命食不足則饑衣不足則寒饑寒切體而欲使人與行禮讓者此猶逆坂走丸勢不可得也是以古之聖主知其若此先足其衣食然後教化隨之夫衣食所以足者由於地利

盡地利所以盡者由於勸課有方主此教者在乎牧守令長而已人者冥也智不自周必待勸教然後得盡其力諸州郡縣每至歲首必戒敕部人無問少長但能操持農器者皆令就田墾發以時勿失其所及布種既說嘉苗須理麥秋在野蠶停於室若此之時皆宜少長悉力男女併功若揚湯救火寇盜之將至然後可使農夫不失其業蠶婦得就其功若游手怠惰早歸晚出好逸惡勞不勤事業者則正長牒名郡縣守令隨事加罰罪一勸百此則明宰之教也夫百畝之田必春耕之夏種之秋收之然後冬食之此三時者農之要月也若失其一時則穀不可得而食故先王之戒曰一夫不耕天下必有受其饑者一婦不織天下必有受其寒者若此三時不務省事而令人廢農者是則絕人之命驅以就死然單劣之戶及無牛之家勸令有無相通使得兼濟三農之隙及陰雨之暇又當教人種桑植果藝其蔬菜脩其園圃畜育雞豚以備生生之資以供養老之具夫爲政不欲過碎碎則人煩勸課亦不容太簡簡則人怠善爲政者必消息時宜而適煩簡之中故詩曰不剛不柔布政優優百祿是求如不能爾

則必陷於刑辟矣其四擢賢良曰天生蒸黎不能自化故必立君以理之人君不能獨理故必置臣以佐之上自帝王下及列國置臣得賢則安失賢則亂此乃自然之理百王不能易也今刺史縣令悉有僚吏皆佐助之人也刺史府官則命於天朝其州吏以下並牧守自置自昔以來州郡大夫但取門資多不擇賢良末曹小吏唯試刀筆並不問志行夫門資者乃先世之爵祿無妨子孫之愚瞽刀筆者乃身外之末材不廢性行之澆僞若門資之中而得賢良是則策騏驥而取千里也若門資之中而得愚瞽是則土牛木馬形似而用非不可以涉道也若刀筆之中而得志行是則金相玉質內外俱美實爲人寶也若刀筆之中而得澆僞是則飾畫朽木悅目一時不可以充榱椽之用也今之選舉者當不限資蔭唯在得人苟得其人自可起廝養而爲卿相則伊尹傅說是也而況州郡之職乎苟非其人則丹朱商均雖帝王之胤不能守百里之封而況於公卿之冑乎由此而言官人之道可見矣凡所求材藝者爲其可以理人若有材藝而以正直爲本者必以材而爲理也若有材藝而以姦僞爲本者將因其

官而亂也何致化之可得乎是故將求材藝必先擇志行善者則舉之其志行不善則去之而今擇人者多云邦國無賢莫知所舉此乃未之思也非適理之論所以然者古人有言明主聿興不降佐於昊天大人基命不擢才於后土常引一世之人理一世之務故殷周不待稷契之臣魏晉無假蕭曹之佐仲尼曰十室之邑必有忠信如丘者焉豈有萬家之都而云無士但求之不勤擇之不審或授之不得其所任之不盡其材故云無耳古人云千人之秀曰英萬人之英曰儁今之智効一官行聞一邦者豈非近英儁之士也但能勤而審之去虛取實各得州郡之最而用之則人無多少皆足化矣孰云無賢夫良玉未剖與瓦石相類名驥未馳與駑馬相雜及其剖而瑩之馳而試之玉石駑驥然後始分彼賢士之未用也混於凡品竟何以異要任之以事業責之以成務方與彼庸流較然不同昔呂望之屠釣百里奚之飯牛甯生之扣角管夷吾之三敗當此之時悠悠之徒豈謂其賢及升王朝登霸國積數十年功成事立始識其奇士也於是後世稱之不容於口彼瓌瑋之材不世之傑尚不能以未遇之時自

異於凡品況降此者哉若必待太公而後用是千載無太公必待夷吾而後任是百世無夷吾所以然者士必從微而至著功必積小以至大豈有未任而已成不用而先達也若識此理則賢可求士可擇得賢而任之得士而使之則天下之理何向而不可成也然善官人者必先省其官官省則善人易充善人易充則事無不理官煩則必雜不善之人雜不善之人則政必有得失故語曰官省則事省事省則人清官煩則事煩事煩則人濁清濁之由在於官之煩省案今吏員其數不少昔人殷事廣尙能克濟況今戶口減耗依員而置猶以爲小如聞在下州郡尙有兼假擾亂細人甚爲無理諸如此輩悉宜罷黜無得習常非直州郡之官宜須善人爰至黨族閭里正長之職皆當審擇各得一鄉之選以相監統夫正長者理人之基基不傾者上必安凡求賢之路自非一途然所以得之審者必由任而試之考而察之起於居家至於鄉黨訪其所以觀其所由則人道明矣賢與不肖別矣率此以求則庶無愆悔矣其五恤獄訟曰人受陰陽之氣以生有情有性性則爲善情則爲惡善惡既分賞罰隨焉賞罰得中

則怨止而善勸賞罰不中則人無所措手足則怨叛之心生是以先王重之特加戒愼者欲使察獄之官精心悉意推究根源先之以五聽參之以證驗妙覩情狀窮鑒隱伏使姦無所容罪人必得然後隨事加刑輕重皆當舍過矜愚得情勿喜又能消息情理斟酌禮律無不曲盡人心而遠明大教使獲罪者如歸此則善之上者也然宰守非一不可人人皆有通識推理求情時或難盡唯當率至公之心去阿枉之志務求曲直念盡平當聽察之理必窮所見然後考訊以法不苛不暴有疑則從輕未審不妄罰隨事斷理獄無停滯此亦其次若乃不仁恕而肆其殘暴同人木石專用捶楚巧詐者雖事彰而獲免辭弱者乃無罪而被罰有如此者斯則下矣非共理所寄今之宰守當勤於中科而慕其上善如在下條則刑所不赦各當深思遠大念存德教先王之制曰與殺無辜寧赦有罪與其害善寧其利淫明必不得中寧濫捨有罪不謬害善人也今之從政者則不然深文巧劾寧致善人於法不免有罪於刑所以然者非皆好殺人也但云爲吏寧酷可免後患此則情存自便不念至公奉法如此皆姦人也夫

人者天地之貴物一死不可復生然楚毒之下以痛自誣不被申理遂陷刑戮者將恐往往而有是以自古以來設五聽三宥之法著明慎庶獄之典此皆愛人甚也凡伐木殺草田獵不順尙違時令而虧帝道況刑罰不中濫害善人寧不傷天心犯和氣和氣損而欲陰陽調適四時順序萬物阜安蒼生悅樂者不可得也故語曰一夫吁嗟王道爲之傾覆正謂此也凡百宰守可無慎乎若深姦巨猾傷化敗俗悖亂人倫不忠不孝故爲背道殺一利百以清王化重刑可也識此二途則刑政盡矣其六均賦役曰聖人之大寶曰位何以守位曰仁何以聚人曰財明先王必以財聚人以仁守位國而無財位不可守是故三五以來皆有征稅之法雖輕重不同而濟用一也今寇逆未平軍國費廣雖未遑減省以卹人瘼然宜令平均使下無怨平均者不舍豪強而徵貧弱不縱姦巧而困愚拙此之謂均也故聖人曰蓋均無貧然財貨之生其均不易紡紝織績起於有漸非旬日之間所可造次必須勸課使預營理絹鄉先事織紝麻土早脩紡績先時而備至時而輸故王賦獲供下人無困如其不預勸戒臨時迫切復

恐稽緩以爲己過捶扑交至取辦目前富商大賈緣茲射利有者從之貴買無者與之舉息輸稅之人於是弊矣租稅之時雖有大式至於斟酌貧富差次先後皆事起於正長而繫之於守令若斟酌得所則政和而人悅若檢理無方則吏奸而人怨又差發傜役多不存意致令貧弱者或重傜而遠戍富彊者或輕使而近防守令用懷如此不存卹人之心皆王政之罪人也周文甚重之常置諸坐右又令百司習誦之其牧守令長非通六條及計帳者不得居官自有晉之季文章競爲浮華遂以成俗周文欲革其弊因魏帝祭廟羣臣畢至乃命綽爲大誥奏行之其詞曰惟中興十有一年仲夏庶邦百辟咸會於王庭柱國泰洎羣公列將罔不來朝時迺大稽百憲敷于庶邦用綏我王度皇帝若曰昔堯命羲和允釐百工舜命九官庶績咸熙武丁命說克號高宗時休哉朕其欽若格爾有位胥暨我太祖之庭朕將丕命女以厥官六月丁巳皇帝朝格於太廟凡厥具僚罔不在位皇帝若曰咨我元輔羣公列將百辟卿士庶尹御事朕惟夤敷祖宗之靈命稽于先王之典訓以大誥乎爾在位昔我大祖神皇肇膺明

命以創我皇基烈祖景宗廓開四表底定武功暨乎文祖誕敷文德龔惟孝武
不實其舊自時厥後陵夷之弊用與大難于彼東土則我黎庶咸墜塗炭惟台
一人纘戎下武夙夜祗畏若涉大川罔識攸濟是用稽於帝典揆於王度拯我
人瘼惟彼哲王示我通訓曰天生黎蒸罔克自乂上帝降鑒叡聖植元后以乂
之時惟元后弗克獨乂博求明德命百辟羣吏以佐之肆天之命辟辟之命官
惟以卹人弗惟逸豫辟惟元首庶黎惟趾股肱惟弼上下一體各勤攸司茲用
克臻於皇極故皇其彝訓曰后克艱厥后臣克艱厥臣政乃乂今台一人膺天
之嘏既陟元后股肱百辟乂服我國家之命罔不咸守厥職嗟后弗艱厥后臣
弗艱厥臣政於何弗繹嗚呼艱哉凡爾在位其敬聽命皇帝若曰柱國惟四海
之不造載繇二紀我大祖烈祖之命用錫我以元輔國家將墜公惟棟梁皇之
弗極公惟作相百揆僉度公惟大錄公其允文允武克明克乂迪七德敷九功
龕暴除亂下綏我蒼生傍施於九正若伊之在商周之有呂說之相丁用保我
無疆之祚皇帝若曰羣公太宰太尉司徒司空惟公作朕鼎足以弼乎朕躬宰

惟天官克諧六職尉惟司武武在止戈徒惟司衆敬敷五教空惟司土利用厚生惟時三事若三階之在天惟茲四輔若四時之成歲天工人其代諸皇帝若曰列將汝惟鷹揚作朕爪牙寇賊姦宄蠻夷猾夏汝徂征綏之以惠董之以威刑期無刑萬邦咸寧俾八表之內莫違朕命時汝功皇帝若曰庶邦列辟汝惟守土作人父母人惟不勝其饑故先王重農不勝其寒故先王貴女工人之不率於孝慈則骨肉之恩薄弗惇於禮讓則爭奪之萌生惟茲六物實爲教本嗚呼爲上在寬寬則人怠齊之以禮不剛不柔稽極於道皇帝若曰卿士庶尹凡百御事王省惟歲卿士惟月庶尹惟日御事惟時歲月日時罔易其度百憲咸貞庶績其凝嗚呼惟若王官陶均萬國若天之有斗斟元氣酌陰陽弗失其和蒼生永賴悖其序萬物以傷時惟艱哉皇帝若曰惟天地之道一陰一陽體俗之變一文一質爰自三五以迄于茲匪惟相革惟其救弊匪惟相襲惟其可久惟我有魏承乎周之末流接秦漢遺弊襲魏晉之華誕五代澆風因而未革將以穆俗興化庸可暨乎嗟我公輔庶僚列辟朕惟否德其一朕心力祗慎厥艱

克遵前王之丕顯休烈弗敢怠荒咨爾在位亦叶于朕心惇德允元惟厥艱是務克揖厥華卽厥實背厥僞崇厥誠勿僭勿忘一乎三代之彝典歸於道德仁義用保我祖宗之丕命荷天之休克綏我萬方永康我黎庶戒之哉朕言不再柱國泰洎庶僚百辟拜手稽首曰亶聰明作元后元后作人父母惟三五之王率繇此道用臻於刑措自時厥後歷千載未聞惟帝念功將及叔世逖致於雍熙庸錫降丕命于我羣臣博哉王言非言之難行之實難臣聞靡不有初鮮克有終商書曰終始惟一德迺日新惟帝敬厥始慎厥終以躋日新之德則我羣臣敢不夙夜對揚休哉惟茲大誼未光於四表以邁種德俾九域幽遐咸昭奉元后之明訓率遷於道永膺無疆之休帝曰欽哉自是之後文筆皆依此體綽性儉素不事產業家無餘財以海內未平常以天下爲己任博求賢俊共弘政道凡所薦達皆至大官周文亦推心委任而無閒言焉或出游常預署空紙以授綽若須有處分則隨事施行及還啓知而已綽常謂爲國之道當愛人如慈父訓人如嚴師每與公卿議論自晝達夜事無巨細皆指諸掌積思勞倦遂成

氣疾十二年卒于位時年四十九周文痛惜之哀動左右及將葬乃謂公卿等曰蘇尚書平生謙退敦尚儉約吾欲全其素志便恐悠悠之徒有所未達如其厚加贈諡又乖宿昔相知之道進退惟谷孤有疑焉尚書令史麻瑤越次而進曰昔晏子齊之賢大夫一狐裘三十年及其死也遣車一乘齊侯不奪其志綽既操履清白謙挹自居愚謂宜從儉約以彰其美周文稱善因薦瑤於朝廷及綽歸葬武功唯載以布車一乘周文與羣公皆步送出同州郭外周文親於車後酹酒而言曰尚書平生爲事妻子兄弟不知者吾皆知之惟爾知吾心吾知爾意方欲共定天下不幸遂捨吾去奈何因舉聲慟哭不覺卮墜於手至葬日又遣使祭以太牢周文自爲其文綽又著佛性論七經論並行於世周明帝二年以綽配享文帝廟庭子威嗣

威字無畏少有至性五歲喪父哀毀有若成人周文帝時襲爵美陽縣公仕郡史曹大冢宰宇文護見而禮之以其女新興公主妻焉威見護專權恐禍及己逃入山爲叔父所逼卒不獲免然每居山寺以諷讀爲娛未幾授持節車騎大

將軍儀同三司改封懷道縣公武帝親總萬機拜稍伯下大夫前後所授並辭疾不拜有從父妹適河南元世雄世雄先與突厥有隙突厥入朝請世雄及其妻子將甘心焉周遂遣之威以夷人昧利遂標賣田宅罄資產贖世雄論者義之宣帝嗣位就拜開府隋文帝爲丞相高熲屢言其賢亦素重其名召入臥內與語大悅居月餘威聞禪代之議遁歸田里高熲請追之帝曰此不欲預吾事且置之及受禪徵拜太子少保追贈其父邳國公以威襲焉俄兼納言威上表陳讓優詔不許帝嘗與文獻皇后對觴召威及高熲楊素廣平王雄四人謂曰太史言朕祚運盡於三年朕憂懣故舉此酒耳今欲營南山嶮處與公等固之以觀時變將如何威進曰周文脩德旋地動之災宋景一言退法星三舍願陛下恢崇德度享天之休若棄德恃嶮同舟之人誰非敵國縱南山之岨安足固哉帝善其言屬之以酒初威父綽在魏以國用不足爲征稅法頗稱爲重既而嘆曰所爲者正如張弓非平世法也後之君子誰能弛乎威聞其言每以爲己任至是奏減賦役務從輕典帝悉從之漸見親重與高熲參掌朝政威見宮中

以銀爲幔鉤因威陳節儉之美諭帝帝爲改容雕飾舊物悉命除毀帝嘗怒一人將殺之威入閤進諫不納帝怒甚將自出斬之威當前不去帝避之而出威又遮止帝帝拂衣入良久乃召威謝曰公能若是吾無憂矣於是賜馬二匹錢十餘萬歲餘尋復兼大理卿京兆尹御史大夫本官悉如故治書侍御史梁毗劾威兼領五職安繁戀處無擧賢自代心帝曰蘇威朝夕孜孜志存遠大擧賢有闕何遽迫之顧謂威曰用之則行捨之則藏唯我與爾有是夫因謂朝臣曰蘇威不遇我無以措其言我不得蘇威何以行其道楊素才辯無雙至若斟酌古今助我宣化非威匹也蘇威若逢亂世商山四皓豈易屈哉其見重如此未幾拜刑部尚書解少保御史大夫官後京兆尹廢檢校雍州別駕時高熲與威同心協贊政刑大小無不籌之故革運數年天下稱平俄轉戶部尚書納言如故屬山東諸州人饑帝令威振恤之遷吏部尚書兼領國子祭酒隋承戰爭之後憲章踳駮帝令朝臣釐改舊法爲一代通典律令格式多威所定世以爲能九年拜尚書右僕射其年以母憂去職柴毀骨立敕勉諭殷勤未幾起令視事

固辭優詔不許明年帝幸幷州命與高熲同總留事俄追詣行在所使決人訟
尋令持節巡撫江南得以便宜從事過會稽踰五嶺而還江表自晉已來刑法
疏緩代族貴賤不相陵越平陳之後牧人者盡改變之無長幼悉使誦五教威
加以煩鄙之辭百姓嗟怨使還奏言江表依內州責戶籍上以江表初平召戶
部尚書張嬰責以政急時江南州縣又訛言欲徙之入關遠近驚駭饒州吳世
華起兵爲亂生臠縣令啗其肉於是舊陳率土皆反執長吏抽其腸而殺之曰
更使儂誦五教邪尋詔內史令楊素討平之時突厥都藍可汗屢爲患復令威
至可汗所威子夔以公子威名引致賓客四海士大夫多歸之時議樂夔與國
子博士何妥各有所持於是夔妥各爲一議使百寮署其所同朝廷多附威同
夔者十八九妥恚曰吾席間函丈四十餘年反爲昨暮兒之所屈也遂奏威與
禮部尚書盧愷吏部侍郎薛道衡尚書右丞王弘考功侍郎李同和等爲朋黨
省中呼王弘爲世子李同和爲叔言二人如威子弟復言威以曲道任其從父
弟徹肅等罔冒爲官又國子學請黎陽人王孝逸爲書學博士威屬盧愷以爲

其府參軍上令蜀王秀上柱國虞慶則等雜按之事皆驗帝以宋書謝晦傳中朋黨事令威讀之威懼免冠頓首帝曰謝已晚矣於是免威官爵以開府就第知名之士坐威得罪者百餘人未幾帝曰蘇威德行者但爲人誤耳命之通籍歲餘復爵邳公拜納言從祠太山坐不敬免俄而復位帝謂羣臣曰世人言蘇威詐清家累金玉此妄言也然其性狠戾不切世要求名太甚從己則悅違之必怒此其大病耳仁壽初復拜尚書右僕射帝幸仁壽宮以威總留事及帝還御史奏威職事多不理帝怒詰責威威謝帝亦止煬帝嗣位上將大起長城之役威諫止之高頻賀若弼之誅也威坐相連免官歲餘拜魯郡太守修羽儀召拜太常卿從征吐谷渾進拜右光祿大夫歲餘復爲納言與左翊衞大將軍宇文述黃門侍郎裴矩御史大夫裴蘊內史侍郞虞世基參掌朝政時人稱爲五貴及征遼東以本官領右武衞大將軍進位光祿大夫賜爵房陵侯尋進封房公以年老乞骸骨不許復以本官參掌選事明年從征遼東領右禦衞大將軍楊玄感之反帝引威於帳中懼見於色謂曰此小兒聰明得不爲患邪威曰𪘏

疏非聰明者必無慮但恐浸成亂階耳威見勞役不已百姓思亂以此微欲諷帝帝竟不悟從還至涿郡詔威安撫關中以其孫尚輦直長儇副威子鴻臚少卿夔先爲關中簡黜大使一家二人俱使關右三輔榮之歲餘帝手詔曰玉以潔潤丹紫莫能踰其質松表歲寒霜雪莫能凋其采可謂溫仁勁直性之然乎房公威先后舊臣朝之宿齒棟梁社稷弼諧朕躬守文奉法卑身率禮昔漢之三傑輔惠帝者蕭何周之十亂佐成王者邵奭國之寶器其在得賢參變台階具瞻斯允雖事藉論道終期獻替銓衡時務朝寄爲重可開府儀同三司餘並如故威當時尊重朝臣莫與爲比後從幸鴈門帝爲突厥所圍朝廷危懼帝欲輕騎潰圍而出威諫曰城守則我有餘力輕騎則彼之所長陛下萬乘主何宜輕脫帝乃止突厥俄亦解圍去車駕次太原威以盜賊不止勸帝還京師深根固本爲社稷計帝初從之竟用宇文述等議遂往東都天下大亂威知帝不可匡正甚患之屬帝問盜賊事宇文述曰盜賊信少不足爲虞威不能詭對以身隱殿柱帝呼問之威曰臣非職司不知多少但患其漸近帝曰何謂也威曰他

日賊據長白山今者近在滎陽汜水帝不悅而罷屬五月五日百寮上饋多以珍玩威獻尚書一部微以諷帝帝彌不平後復問伐遼東事威對願赦羣盜遣討高麗帝益怒御史大夫裴蘊希旨令御史張行本奏威昔在高陽典選濫授人官怯畏突厥請還京師帝令案其事乃下詔曰威立性朋黨好異端懷挾詭道徼幸名利詆訶律令謗訕臺省昔歲薄伐奉述先志凡預切問各盡胸臆而威不以開懷遂無對命啓沃之道其若是乎於是除名後月餘人有奏威與突厥陰圖不軌大理簿責威威自陳精誠不能上感瑕釁屢彰罪當萬死帝憫而釋之其年從幸江都宮帝將復用威裴蘊虞世基奏言昏耄羸疾帝乃止宇文化及弒逆以威爲光祿大夫開府儀同三司化及敗歸於李密密敗歸東都越王侗以爲上柱國邳公王世充僭署太師威自以隋室舊臣遭逢喪亂所經之處皆與時消息以求容免及太宗平世充坐於東都閶闔門內威請謁見稱老病不能拜起上遣人數之曰公隋朝宰輔政亂不能匡救遂令品物塗炭君弒國亡見李密世充皆拜伏舞蹈今既老病無勞相見尋入長安至朝堂請見高

祖又不許終於家時年八十二威行己清儉以廉慎見稱然每至公議惡人異
己雖或小事必固爭之時人以爲無大臣之體所修格令章程並行於當世頗
傷煩碎論者以爲非簡久之法及大業末年尤多征役至於論功行賞威每承
望風旨輒寢其事時羣盜蜂起郡縣有奏聞者又訶詰使人令減賊數故出師
攻討多不剋捷由是遂致敗亂爲物議所譏子夔
夔字伯尼聰敏有口辯然性輕險無行八歲誦詩兼解騎射年十三從父至尚
書省與安德王雄射賭得駿馬而歸十四詣學與諸儒議論詞致可觀見者皆
稱善及長博覽羣言尤以鍾律自命初名哲字知人父威由是改之頗爲有識
所哂起家太子通事舍人楊素見而奇之每戲威曰楊素無兒蘇夔無父後與
鄭譯何妥議樂得罪議寢不行著樂志十五篇以見其志數載遷太子舍人以
罪免居數年仁壽三年詔天下舉達禮樂源者晉王昭時爲雍州牧舉夔與諸
州所舉五十餘人謁見帝望夔謂侍臣曰唯此一人稱吾所舉於是拜晉王友
煬帝嗣位歷太子洗馬司朝謁者以父免職夔亦去官後歷尚書職方郎燕王

司馬遼東之役以功拜朝散大夫時帝方勤遠略蠻夷來朝帝謂宇文述虞世基曰四夷率服觀禮華夏鴻臚之職須歸令望寧有多才藝美容儀可接賓客者爲之乎咸以夔對帝曰然鴻臚少卿其年高昌王麴伯雅來朝朝廷妻以公主夔有雅望令主婚其後延和弘化等數郡盜賊屯結詔夔巡關中及突厥圍鴈門夔於鎮城東南爲弩樓車箱獸圈一夕而就帝見善之以功進位通議大夫坐父事除名後會丁母憂不勝哀卒時年四十九

綽弟椿字令欽性廉慎沉勇有決斷魏正光中關右賊亂椿應募討之受盪寇將軍以功累遷中散大夫賜爵美陽子大統初拜鎮東將軍金紫光祿大夫賜姓賀蘭氏後除帥都督行弘農郡事椿當官強濟特爲周文帝所知十四年置當州鄉帥自非鄉望允當衆心者不得預焉乃令驛追椿領鄉兵其年破槃頭氏有功除散騎常侍加大都督十六年征隨郡軍還除武功郡守旣爲本邑以清儉自居小大之政必盡忠恕進爵爲侯位驃騎大將軍開府儀同三司大都督卒子植嗣

亮字景順綽從兄也祖稚字天祐位中書侍郎玉門郡守父祐泰山郡守亮少通敏博學好屬文善章奏與弟湛等皆著名西土一家舉二秀才亮初舉秀才至洛陽過河內常景景深器之而謂人曰秦中才學可以抗山東將此人乎魏齊王蕭寶夤引爲參軍寶夤遷大將軍仍爲之掾寶夤雅相知重凡有文檄謀議皆以委之尋行武功郡事甚著聲績寶夤作亂以亮爲黃門侍郎亮善處人間與物無忤及寶夤敗從之者多遇禍唯亮獲全及長孫承業尒朱天光等西討並以亮爲郎中專典文翰賀拔岳爲關西行臺引亮爲左丞典機密魏孝武西遷遷吏部郎中大統二年拜給事黃門侍郎領中書舍人魏文帝子宜都王式爲秦州刺史以亮爲司馬帝謂亮曰黃門侍郎豈可爲秦州司馬直以朕愛子出藩故以心腹相委勿以爲恨臨辭賜以御馬八年封臨涇縣子除中書監領著作修國史亮有機辯善談笑周文帝甚重之有所籌議率多會旨記人之善忘人之過薦達後進常如弗及故當世敬慕歷祕書監大行臺尚書出爲岐州刺史朝廷以其作牧本州特給路車鼓吹先還其宅并給騎士三千列羽儀

游鄉黨經過故人歡飲旬日然後入州世以爲榮十年徵拜侍中卒於位贈本官亮少與從弟綽俱知名然綽稍不逮亮至於經畫進趣亮又減之故世稱二蘇焉亮自大統以來無歲不轉官一年或至三遷僉曰才至不怪其速也所著文筆數十篇頗行於世子師嗣以亮名重於時起家黃門侍郎

亮弟湛字景儁少有志行與亮俱著名西土年二十餘舉秀才除奉朝請領侍御史加員外散騎侍郎蕭寶夤西討以湛爲行臺郎中深見委任及寶夤將謀叛逆湛時臥疾於家寶夤乃令湛從母弟天水姜儉謂湛曰吾不能坐受死亡今便爲身計不復作魏臣也與卿死生榮辱方當共之故以相報湛聞之舉聲大哭儉遽止之曰何得便爾湛曰闔門百口即時屠滅云何不哭哭數十聲徐謂儉曰爲我白齊王王本以窮而歸人賴朝廷假王羽翼遂得榮寵至此旣屬國步多虞不能竭誠報德豈可乘人間隙便有問鼎之心乎今魏德雖衰天命未改王之恩義未洽於人破亡之期必不旋踵蘇湛終不能以積世忠貞之基一旦爲王族滅也寶夤復令儉謂湛曰此是救命之計不得不爾湛復曰凡舉

大事當得天下奇士今但共長安博徒小兒輩爲此計豈有辦哉湛不忍見荆
棘生王戶庭也願賜骸骨還舊里庶歸全地下無愧先人寶夤素重之知必不
爲己用遂聽還武功寶夤後果敗孝莊帝卽位徵拜尚書郎帝嘗謂之曰聞卿
答蕭寶夤甚有美辭可爲我說之湛頓首謝曰臣自惟言辭不如伍被遠矣然
始終不易竊謂過之但臣與寶夤周旋契闊言得盡心而不能令其守節此臣
之罪也孝莊大悅加散騎侍郎尋遷中書孝武初以疾還鄉里終於家贈散騎
常侍鎭西將軍雍州刺史
湛弟讓字景恕幼聰敏好學頗有人倫鑒初爲本州主簿稍遷別駕武都郡守
鎭遠將軍金紫光祿大夫及周文帝爲丞相引爲府屬甚見親待出爲衞將軍
南汾州刺史有善政尋卒官贈車騎大將軍儀同三司涇州刺史
論曰周惠達見禮寶夤遂契闊於戎寇不以夷險易志斯固篤終之士也周文
提劍而起百度草創施約法之制於競逐之辰修太平之禮於鼎峙之日終能
斲雕爲朴變奢從儉風化既被而下肅上尊疆埸屢動而內安外附斯蓋蘇綽

之力也郯公周道云季方事幽貞隋室龍興首應旌命綢繆任遇窮極寵榮久處機衡多所損益罄竭心力知無不爲然志尚清儉體非弘廣好同惡異有乖直道不存易簡未爲通德歷事二帝三十餘年雖廢黜當時終稱遺老君邪而不能正言國亡而情均衆庶予違汝弼徒聞其語疾風勁草未見其人禮命闕於興王抑亦此之由也夔志識沉敏方雅可稱若天假之年足以不虧堂構矣

北史卷六十三

北史卷六十三考證

馮景傳卽與景歃血託岳爲兄涕○涕別本作弟

蘇綽傳及布種旣訖嘉苗須理○訖應係說字之訛

百祿是求○求詩作遒今各本俱同仍之

依員而置猶以爲小○小應係少字之訛

亮傳玉門郡守○玉監本訛王今改正

寶貪遷大將軍仍爲之掾○掾監本訛椽今改正

亮弟湛傳豈有辦哉○辦監本訛辨今改從南本

湛弟讓傳甚見親待○甚監本訛其今改從周書

北史卷六十三考證

珍傲朱版玶

北史卷六十四

唐　李　延　壽　撰

列傳第五十二

韋孝寬兄敻　敻子世康　韋瑱子師　柳虯弟檜　慶　慶子機　機子述　機弟弘　旦　肅　從子謇之

韋叔裕字孝寬京兆杜陵人也少以字行世爲三輔著姓祖直善魏馮翊扶風二郡守父旭武威郡守建義初爲大行臺右丞加輔國將軍雍州大中正永安二年拜右將軍南幽州刺史時氐賊數爲抄竊旭隨機招撫並卽歸附尋卒官贈司空冀州刺史謚曰文惠孝寬沉敏和正涉獵經史弱冠屬蕭寶夤作亂關右乃詣闕請爲軍前驅朝廷嘉之卽拜統軍隨馮翊公長孫承業西征每戰有功拜國子博士行華山郡事屬侍中楊侃爲大都督出鎭潼關引孝寬爲司馬侃奇其才以女妻之永安中授宣威將軍給事中尋賜爵山北縣男普泰中以都督從荊州刺史源子恭鎭襄城以功除淅陽郡守時獨孤信爲新野郡守同隸荊州與孝寬情好款密政術俱美荊部吏人號爲連璧孝武初以都督鎭城

周文帝自原州赴雍州命孝寬隨軍及剋潼關即授弘農郡守從擒竇泰兼左
丞節度宜陽兵馬事仍與獨孤信入洛陽城郡守復與宇文貴怡峯應接潁川
義徒破東魏將任祥堯雄於潁川孝寬又進平樂口下豫州獲刺史馮邕又從
戰於河橋時大軍不利邊境騷然乃令孝寬以本將軍行宜陽郡事尋遷南兗
州刺史是歲東魏將段琛堯傑復據宜陽遣其揚州刺史牛道恆扇誘邊人孝
寬深患之乃遣諜人訪獲道恆手迹令善學書者偽作道恆與孝寬書論歸款
意又爲落燼燒迹若火下書者還令諜人送於琛營琛得書果疑道恆其所欲
經略皆不見用孝寬知其離阻因出奇兵掩襲禽道恆及琛等崤澠遂清大統
五年進爵爲侯八年轉晉州刺史尋移鎮玉壁兼攝南汾州事先是山胡負險
屢爲刼盜孝寬示以威信州境肅然進授大都督十二年齊神武傾山東之衆
志圖西入以玉壁衝要先命攻之連營數十里至於城下乃於城南起土山欲
乘之以入當其山處城上先有兩高樓孝寬更縛木接之令極高峻多積戰具
以禦之齊神武使謂城中曰縱爾縛樓至天我會穿城取爾遂於城南鑿地道

又於城北起土山攻具晝夜不息孝寬復掘長塹要其地道仍飭戰士屯塹城外每穿至塹戰士卽擒殺之又於塹外積柴貯火敵人有在地道內者便下柴火以皮排吹之火氣一衝咸卽灼爛城外又造攻車車之所及莫不摧毀雖有排楯莫之能抗孝寬乃縫布爲縵隨其所向則張設之布懸於空中其車竟不能壞城外又縛松於竿灌油加火規以燒布幷欲焚樓孝寬復長作鐵鉤利其鋒刃火竿一來以鉤遙割之松麻俱落外又於城四面穿地作二十一道分爲四路於其中各施梁柱作訖以油灌柱放火燒之柱折城並崩壞孝寬又隨崩處豎木柵以扞之敵不得入城外盡其攻擊之術孝寬咸拒破之神武無如之何乃遣倉曹參軍祖孝徵謂曰未聞救兵何不降也孝寬報云我城池嚴固兵食有餘攻者自勞守者常逸豈有旬朔之間已須救援適憂爾衆有不反之危孝寬關西男子必不爲降將軍也俄而孝徵復謂城中人曰韋城主受彼榮祿或復可爾自外軍士何事相隨入湯火中邪乃射募格於城中云能斬城主降者拜太尉封開國郡公邑萬戶賞帛萬匹孝寬手題書背反射城外云若有斬

高歡者一依此賞孝寬弟子還先在山東又鎖至城下臨以白刃若有不早降便行大戮孝寬慷慨激揚略無顧意士卒莫不感勵人有死難之心神武苦戰六旬傷及病死者十四五智力俱困因而發疾其夜遁去後因此忿恚遂殂魏文帝嘉孝寬功令殿中尚書長孫紹遠左丞王悅至玉壁勞問授驃騎大將軍開府儀同三司進爵建忠郡公廢帝二年爲雍州刺史先是路側一里置一土堠經兩頹毀每須修之自孝寬臨州仍勒部內當堠處植槐樹代之既免修復行旅又得庇蔭周文後見怪問知之曰豈得一州獨爾當令天下同之於是令諸州夾道一里種一樹十里種三樹百里種五樹焉恭帝元年以大將軍與燕公于謹伐江陵平之以功封穰縣公還拜尚書右僕射賜姓宇文氏三年周文北巡命孝寬還鎮玉壁周孝閔帝踐阼拜小司徒明帝初參麟趾殿學士考校圖籍保定初以孝寬立勳玉壁置勳州仍授勳州刺史齊人遣使至玉壁求通互市晉公護以其相持日久絕無使命一日忽來求交易疑別有故又以皇姑皇世母先沒在彼因其請和之際或可致之遂令司門下大夫尹公正至玉壁

共孝寬詳議孝寬乃於郊盛設供帳令公正接對使人兼論皇家親屬在東之意使者辭色甚悅時又有汾州胡抄得關東人孝寬復放東還並致書一牘具陳朝廷欲敦隣好遂以禮送皇姑及護母等孝寬善於撫御能得人心所遣閒諜入齊者皆爲盡力亦有齊人得孝寬金貨遙通書疏故齊動靜朝廷皆先知時有主帥許盆孝寬度以心膂令守一城盆乃以城東入孝寬怒遣諜取之俄而斬首而還其能致物情如此汾州之北離石以南悉是生胡抄掠居人阻斷河路孝寬深患之而地入於齊無方誅翦欲當其要處置一大城乃於河西徵役徒十萬甲士百人遣開府姚岳監築之岳色懼以兵少爲難孝寬曰計成此城十日卽畢旣去晉州四百餘里一日創手二日僞境始知設令晉州徵兵二日方集謀議之閒自稽三日計其軍行二日不到我之城隍足得辦矣乃令築之齊人果至南首疑有大軍乃停留不進其夜又令汾水以南傍介山稷山諸村所在縱火齊人謂是軍營遂收兵自固版築克就卒如孝寬言四年進位柱國時晉公護將東討孝寬遣長史辛道憲啓陳不可護不從旣而大軍果不利

後孔城遂陷宜陽被圍孝寬乃謂其將帥曰宜陽一城之地未能損益然兩國爭之勞師數載彼多君子寧乏謀猷若棄崤東來圖汾北我之疆界必見侵擾今宜於華谷及長秋速築城以杜賊志脫其先我圖之實難於是畫地形具陳其狀晉公護令長史叱羅協謂使人曰韋公子孫雖多數不滿百汾北築城遣誰固守事遂不行天和五年進爵鄖國公增邑通前萬戶是歲齊人解宜陽之圍經略汾北築城守之其丞相斛律明月率數十騎至汾東請與孝寬相見明月云宜陽小城久勞戰爭今既入彼欲於汾北取償幸勿怪也孝寬答曰宜陽彼之要衝汾北我之所棄我棄彼圖取償安在且君輔翼幼主位重望隆理宜調陰陽撫百姓焉用極武窮兵結怨連禍且滄瀛大水千里無煙復欲使汾晉之間橫尸暴骨苟貪尋常之地塗炭無辜之人竊為君不取孝寬參軍曲嚴頗知卜筮謂孝寬曰來年東朝必大相殺戮孝寬因令嚴作謠歌曰百升飛上天明月照長安百升斛也又言高山不摧自崩槲樹不扶自竪令諜人多齎此文遺之於鄴祖孝徵既聞更潤色之明月竟以此誅建德之後武帝志在平齊孝

寬乃上疏陳三策其第一策曰臣在邊積年頗見間隙不因際會難以成功是以往歲出車徒有勞費功績不立由失機會何者長淮之南舊爲沃土陳氏以破亡餘燼猶能一舉平之齊人歷年赴救喪敗而反內離外叛計盡力窮傳不云乎讐有釁焉不可失也今大軍若出軹關方軌而進兼與陳氏共爲掎角并令廣州義旅出自三鵶又募山南驍銳沿河而下復遣北山稽胡絕其并晉之路凡此諸軍仍令各募關河之外勁勇之士厚其爵賞使爲前驅岳動川移雷駭電激百道俱進並趨虜庭必當望旗奔潰所向摧殄一戎大定實在此機其第二策曰若國家更爲後圖未即大舉宜與陳人分其兵勢三鵶以北萬春以南廣事屯田預爲貯積募其驍悍立爲部伍彼既東南有敵戎馬相持我出奇兵破其疆埸彼若興師赴援我則堅壁清野待其去遠還復出師常以邊外之軍引其腹心之衆我無宿舂之費彼有奔命之勞一二年中必自離叛且齊氏昏暴政出多門鬻獄賣官唯利是視荒淫酒色忌害忠良闔境熬然不勝其弊以此而觀覆亡可待然後乘間電掃事等摧枯其第三策曰竊以大周土宇跨

據關河蓄席卷之威持建瓴之勢太祖受天明命與物更新是以二紀之中大功克舉南清江漢西龕巴蜀塞表無虞河右底定唯彼趙魏獨爲榛梗者正以有事三方未遑東略遂使潭滏游魂更存餘晷昔勾踐于吳尚期十載武王取亂猶煩再舉今若更存遵養且復相時臣謂宜還崇隣好申其盟約安人和衆通商惠工蓄銳養威觀釁而動斯則長策遠馭坐自兼幷也書奏武帝遣小司寇淮南公元衛開府伊婁謙等重幣聘齊爾後遂大舉再駕而定山東卒如孝寬之策孝寬每以年迫懸車屢請致仕帝以海內未平優詔弗許至是復稱疾乞骸骨帝曰往以面申本懷何煩重請也五年帝東伐過幸玉壁觀禦敵之所深歎美之移時乃去孝寬自以習練齊人虛實請爲先驅帝以玉壁要衝非孝寬無以鎮之乃不許及趙王招率兵出稽胡與大軍掎角乃敕孝寬爲行軍總管圍守華谷以應接之孝寬剋其西城武帝平晉州復令孝寬還舊鎮及帝凱旋復幸玉壁從容謂孝寬曰世稱老人多智善爲軍謀然朕唯共少年一舉平賊公以爲如何孝寬對曰臣今衰耄唯有誠心而已然昔在少壯亦曾輸力先

朝以定關右帝大笑曰實如公言乃詔孝寬隨駕還京拜大司空出爲延州總管進位上柱國大象九年除徐兗等十一州十五鎮諸軍事徐州總管又爲行軍元帥徇地淮南乃分遣杞公宇文亮攻黃城郕公梁士彥攻廣陵孝寬率衆攻壽陽並拔之初孝寬到淮南所在皆密送誠款然彼五門尤爲險要陳人若開塘放水卽津濟路絕孝寬遽令分兵據守之陳刺史吳文立果遣決堰已無及於是陳人退走江北悉平軍還至豫州宇文亮舉兵文立以數百騎襲孝寬營時亮國官茹寬密白其狀孝寬有備亮不得入遁走孝寬追獲之詔以平淮南之功別封一子滑國公及宣帝崩隋文帝輔政時尉遲迥先爲相州總管詔孝寬代之又以小司徒叱列長文爲相州刺史先令赴鄴孝寬續進至朝歌迥遣其大都督賀蘭貴齎書候孝寬孝寬留貴與語以察之疑其有變遂稱疾徐行又使人至相州求醫藥密以伺之既到湯陰逢長文奔還孝寬兄子魏郡守藝又棄郡南走孝寬審知其狀乃馳還所經橋道皆令毀撤驛馬悉擁以自隨又勒驛將曰蜀公將至可多備餚酒及芻粟以待之迥果遣儀同梁子康將數

百騎追孝寬驛司供設豐厚所經之處皆輒停留由是不及時或勸孝寬以為洛京虛弱素無守備河陽鎮防悉是關東鮮卑迥若先往據之則為禍不小乃入保河陽河陽城內舊有鮮卑八百人家並在鄴見孝寬輕來謀欲應迥孝寬知之遂密造東京官司詐稱遣行分人詣洛受賜既至洛陽並留不遣因此離解其謀不成六月詔發關中兵以孝寬為元帥東伐七月軍次河陽迥所署儀同薛公禮等圍逼懷州孝寬遣兵擊破之進次懷縣永橋城之東南其城既在要衝雉堞牢固迥已遣兵據之諸將士以此城當路請先攻取孝寬曰城小而固若攻而不拔損我兵威今破其大軍此亦何能為也於是引軍次於武陟大破迥子惇惇輕騎奔鄴軍次於鄴西門豹祠之南迥自出戰又破之迥窮迫自殺兵士在小城中者盡坑之於游豫園諸有未服皆隨機討之關東悉平十月凱還京師十一月薨時年七十二贈太傅十二州諸軍事雍州牧謚曰襄孝寬在邊多載屢抗強敵所有經略布置之初人莫之解見其成事方乃驚服雖在軍中篤意文史政事之餘每自披閱末年患眼猶令學士讀而聽之又早喪父

母事兄嫂甚謹所得俸祿不入私房親族有孤遺者必加振贍朝野以此稱焉
長子諶年十歲魏文帝欲以女妻之寬辭以兄子世康年長帝嘉之遂以妻世
康孝寬有六子總壽霽津知名總字善會聰敏好學位驃騎大將軍開府儀同
三司納言京兆尹帝常戲總曰卿師尹帝鄉故當不以富貴威福鄉里邪總乃
正色對曰陛下擢臣非分竊謂已鑒愚誠今奉嚴旨便似未照丹赤豈可久忝
此職用疑聖慮請解印綬以避賢能帝大笑曰前言戲之耳五年從武帝東征
總每率麾下先驅陷敵遂於幷州戰歿時年二十九贈上大將軍追封河南郡
公諡曰貞六年重贈柱國五州刺史子國成嗣後襲孝寬爵鄖國公隋文帝追
錄孝寬舊勳開皇初詔國成食封三千戶收其租賦
壽字世齡以貴公子早有令譽位京兆尹武帝親征齊委以後事以父軍功賜
爵永安縣侯隋文帝爲丞相以其父平尉遲迥拜壽儀同三司進封滑國公文
帝受禪歷位恆尾二州刺史頗有能名以疾徵還卒于家諡曰定仁壽中文帝
爲晉王廣納其女爲妃其子保巒嗣壽弟霽位太常少卿安邑縣伯霽弟津位

內史侍郎戸部侍郎判尚書事孝寬兄夐

夐字敬遠志尚夷簡澹於榮利弱冠被召拜雍州中從事非其好也遂謝疾去前後十見徵辟皆不應命屬周文帝經綸王業側席求賢聞夐養高不仕虛心敬悅遣使辟之備加禮命雖情諭甚至而竟不能屈彌以重之亦弗之奪也所居之宅枕帶林泉夐對翫琴書蕭然自逸時人號爲居士焉至有慕其閑素者或載酒從之夐亦爲之盡歡接對忘倦明帝卽位禮敬愈厚乃爲詩以貽之曰六爻貞遯世三辰光少微潁陽讓逾遠滄洲去不歸香動秋蘭佩風飄蓮葉衣坐石窺仙洞乘槎下釣磯嶺松千仞直巖泉百丈飛聊登平樂觀遙望首陽薇詎能同四隱來參余萬機夐答帝詩願時朝謁帝大悅敕有司日給河東酒一升號之曰逍遙公時晉公護執政廣營第宅嘗召夐至宅訪以政事夐仰視其堂乃徐而嘆曰酣酒嗜音峻宇雕牆有一於此未或弗亡護不悅有識者以爲知言陳遣其尚書周弘正來聘素聞夐名請與相見朝廷許之弘正乃造夐談謔盡日恨相遇之晚後請夐至賓館夐不時赴弘正乃贈詩曰德星猶未動真

車詎肯來其爲當時所欽挹如此武帝嘗與夐夜宴大賜之縑帛令侍臣數人負以送出夐唯取一匹示承恩旨而已帝以此益重之孝寬爲延州總管夐至州與孝寬相見將還孝寬以所乘馬及轡勒與夐夐以其華飾心弗欲之笑謂孝寬曰昔人不棄遺簪墜屨者惡與之同出不與同歸吾之操行雖不逮前烈然捨舊錄新亦非吾志也於是乃乘舊馬以歸武帝又以佛道儒三教不同詔夐辨其優劣夐以三教雖殊同歸於善其迹似有深淺其致理殆無等級乃著三教序奏之帝覽而稱善時宣帝在東宮亦遺夐書幷令以帝所乘馬迎之問以立身之道夐對曰傳不云乎儉爲德之恭侈爲惡之大欲不可縱志不可滿並聖人之訓也願殿下察之夐子瓘行隨州刺史因疾物故孝寬子總復於幷州戰歿一日之中凶問俱至家人相對悲慟而夐神色自若謂之曰死生命也去來常事亦何足悲援琴撫之如舊夐又雅好名義虛襟善誘雖耕夫牧豎有一介可稱者皆接引之特與族人處玄及安定梁曠爲放逸之友少愛文史留情著述手自抄錄數十萬言晚年虛靜唯以體道會真爲務舊所制述咸削其

藁故文筆多並不存建德中復以年老預戒其子等曰昔士安以籧篨束體王孫以布囊繞尸二賢高達非庸才能繼吾死之日可斂舊衣莫更新造使棺足周尸牛車載柩墳高四尺壙深一丈其餘煩雜悉無用也朝晡奠食於事彌煩吾不能頓絕汝輩之情可朔望一奠而已仍薦蔬素勿設牲牢親友欲以物弔祭者並不得爲受吾常恐臨終恍惚故以此言預戒汝輩瞑目之日忽違吾志也宣政元年二月卒於家時年七十七武帝遣使弔祭賻賵有加其喪制葬禮諸子等並遵其遺戒子世康

世康幼而沉敏有器度年十歲州辟主簿在魏弱冠爲直寢封漢安縣公尚周文帝女襄樂公主授儀同三司仕周歷位典祠下大夫沔硤二州刺史從武帝平齊授司州總管長史時東夏初定百姓未安世康綏撫之士庶胥悅入爲戶部中大夫進位上開府轉司會中大夫尉遲迥之亂隋文帝謂世康曰汾絳舊是周齊分界因此亂階恐生搖動今以委公因授絳州刺史以雅望鎮之闔境清肅世康性恬素好古不以得喪干懷在州有止足之志與子弟書曰吾生因

緒餘夙霑纓弁驅馳不已四紀於茲亟登袞命頻莅方岳志除三惑心慎四知以不貪而爲寶處脂膏而莫潤如斯之事頗爲時悉今耄雖未及壯年已謝霜早梧楸風先蒲柳眼闇更劇不見細書足疾彌增非可趨走祿豈須多防滿則退年不待暮有疾便辭況孃春秋已高溫清宜奉晨昏有闕罪在我躬今世穆世文並從武役吾與世沖復嬰遠任陟岵瞻望此情彌切桓山之悲倍深常戀意欲上聞乞遵禮教未訪汝等故遺此及與言遠慕感咽難勝諸弟報以事恐難遂乃止在任有惠政奏課連最擢爲禮部尚書世康寡嗜慾不慕勢貴未嘗以位望矜物聞人之善若己有之亦不顯人過咎以求名譽進爵上庸郡公轉吏部尚書選用平允請託不行以母憂去職固辭乞終私制上不許開皇七年將事江南議重方鎮拜襄州刺史坐事免未幾授安州總管還信州總管十三年復拜吏部尚書前後十餘年間多所進拔朝廷稱爲廉平嘗因休暇謂子弟曰吾聞功遂身退古人常道今年將耳順志在懸車汝輩以爲云何子福嗣答曰大人澡身浴德名立官成盈滿之戒先哲所重欲追蹤二疏伏奉尊命後因

侍宴世康再拜陳讓願乞骸骨上曰冀與公共理天下今之所請深乖本望縱筋力衰謝猶屈公臥臨一隅於是出拜荊州總管時天下唯置荊幷楊益四大總管幷楊益三州並親王臨統唯荊州委於世康時論以此爲美世康爲政簡靜百姓愛悅卒於州聞而痛惜贈大將軍諡曰文世康性孝友初以諸弟位並隆貴獨季弟世約宦途不達共推父時田宅盡以與之世多其義長子福子位司隸別駕次子福嗣位內史舍人後以罪黜楊玄感之亂從衞玄戰敗於城北爲玄感所獲令爲文檄詞甚不遜尋背玄感還東都帝銜之車裂於高陽少子福獎通事舍人在東都與玄感戰沒

世康兄洸字世穆性剛毅有器幹少便弓馬仕周釋褐直寢上士數從征伐累遷開府賜爵衞國縣公隋文帝爲丞相從季父孝寬擊尉遲迥於相州以功拜柱國進襄陽郡公時突厥寇邊皇太子屯咸陽令洸統兵出原州道與虜相遇擊破之拜江陵總管俄拜安州總管伐陳之役爲行軍總管及陳平拜江州總管略定九江遂進圖嶺南上與書慰勉之洸至廣州嶺表皆降之上聞而大悅

許以便宜從事洸所綏集二十四州拜廣州總管歲餘番禺夷王仲宣反以兵圍洸洸拒之中流矢卒贈上柱國賜綿絹萬段諡曰敬子協字欽仁好學有雅量位祕書郎其父在廣州有功上命協齎詔書勞問未至而父卒上以其父死王事拜協柱國歷定息秦三州刺史有能名卒官洸弟瓘字世恭御正下大夫儀同三司行隨州刺史

瓘弟藝字世文周武帝時以軍功位上儀同賜爵修武縣侯授左旅下大夫出爲魏郡太守及隨文帝爲丞相尉遲迥陰圖不軌朝廷遣藝季父孝寬馳往代迥孝寬將至鄴詐病止傳舍從迥求藥以密觀變藝因投孝寬即從孝寬擊迥以功進位上大將軍改封武威縣公以修武縣侯別封一子文帝受禪進封魏興郡公拜齊州刺史爲政通簡士庶懷惠遷營州總管藝容貌瓌偉每夷狄參謁必整儀衛盛服以見之獨坐滿一榻蕃人畏懼莫敢仰視而大修產業與北夷貿易家資鉅萬頗爲清論所譏卒官諡曰懷藝弟沖字世沖以名家子在周釋褐衛公府禮曹參軍從大將軍元定度江伐陳爲陳人所虜周武帝以幣贖

還之帝復令沖以馬千匹使陳贖開府賀拔華等五十人及元定之柩而還沖有辯辯奉使稱旨累遷小御伯下大夫加上儀同拜汾州刺史隋文帝踐阼徵兼散騎常侍進位開府賜爵安固縣侯歲餘發南汾州胡千餘人北築長城在塗皆亡上呼沖問之沖曰皆由牧宰不稱所致請以理綏靜可不勞兵而定上因命沖綏懷叛者月餘並赴長城上降書勞勉之尋拜石州刺史甚得諸胡歡心以母憂去職俄起爲南寧州總管持節撫慰復遣柱國王長述以兵繼進沖既至南寧渠帥首領皆詣府參謁上大悅下詔褒揚之其兄子伯仁隨沖在府掠人之妻士卒縱暴邊人失望上聞之大怒令蜀王秀按其事益州長史元巖性方正按沖無所寬貸竟坐免官其弟太子洗馬世約譖巖於皇太子上謂太子曰古人云酤酒酸而不售者爲嗾犬耳今何用世約乎世約遂除名後令沖檢校括州事時東陽賊帥陶子定吳州賊帥羅慧方並聚衆爲亂沖率兵破之改封義豐縣侯檢校泉州事還營州總管沖容貌都雅寬厚得衆心撫靺鞨契丹皆能致其死力奚霫畏懼朝貢相續高麗嘗入寇沖擊走之及文帝爲豫章

王暕納沖女爲妃徵拜戶部尚書卒官少子挺知名
韋瑱字世珍京兆杜陵人也世爲三輔著姓曾祖惠度姚弘尚書郎隨劉義真過江仕宋爲順陽太守行南雍州事後於襄陽歸魏拜中書侍郎贈洛州刺史祖千雄略陽郡守父英代郡守贈兗州刺史瑱幼聰敏有夙成之量起家太尉府法曹參軍累遷諫議大夫周文帝爲丞相封長安縣男轉行臺左丞遷南郢州刺史復令爲行臺左丞瑱明察有幹局再居左轄時論榮之從復弘農戰沙苑加衞大將軍左光祿大夫從戰河橋進爵爲子大統八年齊神武侵汾絳瑱從周文禦之軍還以本官鎭蒲津關帶中潭城主歷鴻臚卿以望族兼領鄉兵加帥都督進散騎常侍魏恭帝三年賜姓宇文氏三年除瓜州刺史州通西域蕃夷往來前後刺史多受賂遺胡寇犯邊又莫能禦瑱雅性淸儉兼有武略蕃夷贈遺一無所受胡人畏威不敢爲寇公私安靜夷夏懷之周孝閔帝踐阼進爵平齊縣伯秩滿還京吏人戀慕老幼追送留連十數日方得出境明帝嘉之授侍中驃騎大將軍開府儀同三司卒贈岐宜二州刺史諡曰惠又追封爲公

詔其子峻襲峻位至車騎大將軍儀同三司峻子德政隋大業中給事郎峻弟
師
師字公穎少沉謹有志性初就學始讀孝經捨書而歎曰名教之極其在茲乎
少丁父母憂居喪盡禮州里稱其有孝行及長略涉經史尤工騎射周大冢宰
宇文護引爲中外府記室轉賓曹參軍師雅知諸蕃風俗及山川險易其有夷
狄朝貢師必接對論其國俗如視諸掌夷人驚服無敢隱情齊王憲爲雍州牧
引爲主簿本官如故及武帝親總萬機轉少府大夫及齊平詔師安撫山東徙
爲賓部大夫隋文帝受禪拜吏部侍郎賜爵井陘侯遷河北道行臺兵部尚書
奉詔爲山東河南十八州安撫大使奏事稱旨兼領晉王廣司馬其族人世康
爲吏部尚書與師素懷勝負于時廣爲雍州牧盛存望第以司空楊雄尚書左
僕射高熲並爲州都督引師爲主簿而世康弟世約爲法曹從事世康恚恨不
能食又恥世約在師之下召世約數之曰汝何故爲從事遂杖之後從上幸醴
泉宮上召師與左僕射高熲上柱國韓擒等於臥內賜宴令各敘舊事以爲笑

樂平陳之役以本官領元帥掾陳國府藏悉委於師秋毫無犯稱爲清白後上
爲長寧王儼納其女爲妃除汴州刺史甚有政名卒官諡曰定師宗人謇仕周
位內史大夫隋文帝初以定策功累遷上柱國封普安郡公開皇初卒於蒲州
刺史
柳虯字仲盤河東解人也五世祖恭仕後趙爲河東郡守後以秦趙喪亂率人
南徙居汝潁間遂仕江表祖緝宋州別駕宋安郡守父僧習善隸書敏於當世
與豫州刺史裴叔業據州歸魏歷北地潁川二郡守揚州大中正虯年十三便
專精好學時貴游子弟就學者並車服華盛唯虯不事容飾徧受五經略通大
義兼涉子史雅好屬文孝昌中揚州刺史李憲舉虯秀才兗州刺史馮儁引虯
爲府主簿既而樊子鵠爲吏部尚書其兄義爲揚州刺史乃以虯爲揚州中從
事加鎮遠將軍非其好也並棄官還洛陽屬天下喪亂乃退耕於陽城有終焉
之志大統三年馮翊王元季海領軍獨孤信鎮洛陽于時舊京荒廢人物罕存
唯有虯在陽城裴諏在潁川信等乃俱徵之以虯爲行臺郎中諏爲北府屬並

掌文翰時人爲之語曰北府裴諏南府柳蚪時軍旅務殷蚪勵精從事或通夜不寢季海常云柳郎中判事我不復重看四年入朝周文帝欲官之蚪辭母老乞侍醫藥周文許焉又爲獨孤信開府從事中郎信出鎮隴右因爲秦州刺史以蚪爲二府司馬雖處元僚不綜府事唯在信左右談論而已因使見周文被留爲丞相府記室追論歸朝功封美陽縣男蚪以史官密書善惡未足懲勸乃上疏曰古者人君立史官非但記事而已蓋所爲鑒誡也動則左史書之言則右史書之彰善癉惡以樹風聲故南史抗節表崔杼之罪董狐書法明趙盾之愆是知執筆於朝其來久矣而漢魏已還密爲記注徒聞後世無益當時非所謂將順其美匡救其惡者且著述之人密書縱能直筆人莫知之何止物生橫議亦自異端互起故班固致受金之名陳壽有求米之論著漢魏者非一氏造晉史者至數家後代紛紜莫知準的伏惟陛下則天稽古勞心庶政開誹謗之路納忠讜之言諸史官記事者請皆當朝顯言其狀然後付之史閣庶令是非明著得失無隱使聞善者日修有過者知懼事遂施行十四年除祕書丞領著

作舊丞不參史事自虯爲丞始令監掌焉遷中書侍郎修起居注仍領丞事時人論文體者有今古之異虯又以爲時有古今非文有古今乃爲文質論文多不載廢帝初遷祕書監加車騎大將軍儀同三司虯脫略人間不事小節弊衣蔬食未嘗改操人或譏之虯曰衣不過適體食不過充飢孜孜營求徒勞思慮耳恭帝元年冬卒時年五十四贈兗州刺史謚曰孝有文章數十篇行於世子鴻漸嗣虯弟檜

檜字季華性剛鯁任氣少文善騎射果於斷決年十八起家奉朝請居父喪毀瘠骨立服闋除陽城郡丞防城都督大統四年從周文戰於河橋先登有功授都督鎮鄯州八年拜湟河郡守仍典軍事尋加平東將軍太中大夫吐谷渾入寇郡境時檜兵少人懷憂懼檜撫而勉之衆心乃安因率數十人先擊之渾人潰亂餘衆乘之遂大敗而走以功封萬年縣子時吐谷渾強盛數侵疆埸自檜鎮鄯州屢戰必破之數年之後不敢爲寇十四年還河州別駕轉帥都督俄拜使持節撫軍將軍大都督居三載徵還京師時檜兄虯爲祕書丞弟慶爲尚書

左丞檜嘗謂兄弟曰兄則職典簡牘褒貶人倫弟則管轄郡司股肱朝廷可謂榮寵矣然而四方未靜車書不一檜唯當蒙矢石履危難以報國恩耳頃之周文謂檜曰卿昔任鄯州忠勇顯著今西境肅清無勞經略九曲國之東鄙當勞君守之遂令檜鎮九曲尋從大將軍王雄討上津魏興平之卽除魏興華陽二郡安康人黃衆寶謀反連結黨與將圍州城乃相謂曰常聞柳府君勇悍有餘不可當今既在外方爲吾徒腹心之疾也不如先擊之遂圍檜郡郡城卑下士衆寡弱又無守禦之備連戰積十餘日士卒僅有存者於是力屈城陷身被十餘創遂爲賊所獲既而衆寶等進圍東梁州乃縛檜置城下欲令誘城中檜乃大呼曰羣賊烏合糧食已罄行卽退散各宜勉之衆寶大怒乃臨檜以兵曰速更汝辭不爾便就戮矣檜守節不變遂害之棄屍水中城中人皆爲之流涕衆寶解圍之後檜兄子止戈方收檜屍還長安贈東梁州刺史子斌嗣

斌字伯達年十七齊公憲召爲記室早卒斌弟雄亮字信誠父檜在華陽見害雄亮時年十四哀毀過禮陰有復讎之志武帝時衆寶率其部歸長安帝待之

甚厚雄亮手斬衆寶於城中請罪闕下帝特原之後累遷內史中大夫賜爵汝陽縣子隋文帝受禪拜尚書考功侍郎遷給事黃門侍郎尚書省凡所奏事多所駮正深爲公卿所憚俄以本官檢校太子左庶子進爵爲伯秦王俊鎭隴右出爲秦州總管府司馬領山南道行臺左丞卒子贊嗣檜弟鷟好學善屬文卒於魏臨淮王記室參軍事子帶韋字孝孫深沉有度量少好學身長八尺三寸美風儀善占對周文辟爲參軍事侯景作亂江南周文命帶韋使江郢二州與梁邵陵南平二王通好行至安州遇段寶等反帶韋乃矯爲周文書以安之並即降附及見邵陵具申周文意邵陵遣使隨帶韋報命以奉使稱旨授輔國將軍中散大夫後逹奚武經略漢川以帶韋爲行臺左丞從軍南討時梁宜豐侯蕭修守南鄭武攻之未拔乃令帶韋入城說修降之廢帝元年出爲解縣令加授驃騎將軍左光祿大夫轉汾陰令發擿姦伏百姓畏而懷之周武成元年授武藏下大夫天和二年封康城縣男累遷兵部中大夫雖頻改職仍領武藏五年轉武藏中大夫俄遷驃騎大將軍開府儀同三司凡居劇職十有餘年處斷

無滯官曹清肅時譙王儉爲益州總管漢王贊爲益州刺史武帝以帶韋爲益州總管府長史領益州別駕輔弼二王總知軍事及大軍東討徵爲前軍總管齊王憲府長史齊平以功授上開府儀同大將軍進爵爲公陳王純鎮幷州以帶韋爲幷州司會幷州總管府長史卒官謚曰愷子祚嗣少有名譽位宣納上士入隋位司勳侍郎鸞弟慶

慶字更興幼聰敏有器量博涉羣書不爲章句好飲酒閑於占對年十三因暴書父僧習試令慶於雜賦集中取賦一篇千餘言誦之慶立讀三徧便誦之無所漏時僧習爲潁川郡守地接都畿人多豪右將選鄉官皆依貴勢競來請託選用既定僧習謂諸子曰權貴請託吾並不用其使欲還皆須有答汝等各以意爲吾作書慶乃具書草僧習讀歎曰此兒有意氣丈夫理當如是即依慶所草以報起家奉朝請慶出後第四叔及遭父憂議者不許爲服重慶泣曰禮緣人情若於出後之家更有苴斬之服可奪以此從彼今四叔薨背已久情事不追豈容奪禮乖違天性時論不能抑遂以苫凷終喪既葬乃與諸兄負土成墳

孝武將西遷慶以散騎侍郎馳傳入關慶至高平見周文共論時事周文卽請奉迎輿駕仍令慶先還復命時賀拔勝在荆州帝屛左右謂慶曰朕欲往荆州何如慶曰關中金城千里天下之彊國也荆州地無要害寧足以固鴻基帝納之及帝西遷慶以母老不從獨孤信之鎭洛陽乃得入關除相府東閤祭酒大統十年除尚書都兵郎中并領記室時北雍州獻白鹿羣臣欲賀尚書蘇綽謂慶曰近代已來文章華靡逮于江左彌復輕薄洛陽後進祖述未已相公柄人軌物君職典文房宜製此表以革前弊慶操筆立成辭兼文質綽讀而笑曰枳橘猶自可移況才子也尋以本官領雍州別駕廣陵王欣魏之懿親其甥孟氏屢爲兇橫或有告其盜牛慶捕得實趣令就禁孟氏殊無懼容乃謂慶曰若加以桎梏後獨何以脫之欣亦遣使辨其無罪孟氏由此益驕慶乃大集僚吏盛言孟氏倚權侵虐之狀言畢令笞殺之此後貴戚斂手有賈人持金二十斤詣京師寄人居止每欲出行常自執管鑰無何緘閉不異而並失之謂主人所竊郡縣訊問主人自誣服慶疑之乃召問賈人曰卿鑰恆置何處對曰恆自帶之

慶曰頗與人同宿乎曰無與同飲乎曰日者曾與一沙門再度酣宴醉而晝寢慶曰沙門乃真盜耳即遣捕沙門乃懷金逃匿後捕得盡獲所失金十二年改三十六曹爲十二部以慶爲計部郎中別駕如故又有胡家被劫郡縣按察莫知賊所鄰近被囚者甚多慶以賊是烏合可以詐求之乃作匿名書多牓官門曰我等共劫胡家徒侶混雜終恐泄露今欲首伏懼不免誅若聽先首免罪便欲來告慶乃復施免罪之牒居三日廣陵王欣家奴面縛自告牒下因此盡獲黨與慶之守正明察皆此類也每歎曰昔于公斷獄無私闢高門以待封儻斯言有驗吾其庶幾乎封清河縣男除尚書左丞攝計部周文嘗怒安定國臣王茂將殺之而非其罪朝臣咸知而莫敢諫慶乃進爭之周文逾怒曰卿若明其無罪亦須坐之乃執慶于前慶辭氣不撓抗聲曰竊聞君有不達者爲不明臣有不爭者爲不忠慶謹竭愚誠實不敢愛死但懼公爲不明之君耳周文乃悟而赦茂已不及矣周文默然明日謂慶曰吾不用卿言遂令王茂寃死可賜茂家錢帛以旌吾過尋進爵爲子慶威儀端肅樞機明辯周文每發號令常使慶

宣之天性抗直無所回避周文亦以此深委仗焉恭帝初進位驃騎大將軍開府儀同三司尚書右僕射轉左僕射領著作六官建拜司會中大夫周孝閔帝踐阼賜姓宇文氏進爵平齊縣公晉公護初執政欲引爲腹心慶辭之頗忤旨又與楊寬有隙及寬參知政事慶遂見疎忌出爲萬州刺史明帝尋悟留爲雍州別駕領京兆尹武成二年除宜州刺史慶自爲郎迄爲司會府庫倉儲並其職也及在宜州寬爲小冢宰乃囚慶故吏求其罪失案驗積六十餘日吏或有死於獄者終無所言唯得乘錦數匹時人服其廉慎又入爲司會先是慶兄檜爲魏興郡守爲賊黃衆寶所害檜子三人皆幼弱慶撫養甚篤後衆寶歸朝朝廷待以優禮居數年檜次子雄亮白日手刃衆寶於長安城中晉公護聞而大怒執慶諸子姪皆囚之讓慶擅殺人對曰慶聞父母之讎不同天昆弟之讎不同國明公以孝臨天下何乃責於此乎護逾怒慶辭色無屈竟以俱免卒贈鄜綏丹三州刺史諡曰景子機嗣

機字匡時偉容儀有器局頗涉經史年十九周武帝時爲魯公引爲記室及帝

嗣位累遷太子宮尹封平齊縣公宣帝時爲御正上大夫機見帝失德屢諫不聽恐禍及己託於鄭譯求出拜華州刺史及隋文帝作相徵還京師時周代舊臣皆勸禪讓機獨義形於色無所陳請俄拜衞州刺史及踐阼進爵建安郡公徵爲納言機性寬簡有雅望當近侍無所損益又好飲酒不親細務數年出爲華州刺史奉詔每月朝見尋轉冀州刺史後徵入朝以其子述尚蘭陵公主禮遇益隆初機在周與族人文城公昂俱歷顯要及此昂機並爲外職楊素時爲納言方用事因上賜宴素戲曰二柳俱摧孤楊獨聳坐者歡笑機竟無言未幾還州前後作守俱稱寬惠後以徵還卒于家贈大將軍青州刺史謚曰簡子述嗣

述字業隆性明敏有幹略頗涉文藝以父蔭爲太子親衞後以尚主故拜開府儀同三司內史侍郎上於諸壻中特見寵遇歲餘判兵部尚書事父艱去職未幾起攝給事黃門侍郎事襲爵建安郡公仁壽中判吏部尚書事述雖職務修理爲當時所稱然不達大體暴於馭下又怙寵驕豪無所降屈楊素時方貴重

朝臣莫不讋憚述每陵侮之數於上前面折素短判事有不合素意或令述改輒謂將命者曰語僕射道尙書不肯素由是銜之俄而楊素被疎忌不知省事述任寄逾重拜兵部尙書參掌機密述自以無功可紀過叨匪服抗表陳讓上許之命攝兵部尙書上於仁壽宮寢疾述與楊素黃門侍郎元巖等侍疾宮中時皇太子無禮於陳貴人上知之大怒令述召房陵王述與元巖出外作敕書楊素見之與皇太子謀矯詔執述巖屬吏及煬帝嗣位述坐除名公主請與同徙帝不聽述在龍川數年復徙寧越遇瘴癘死

機弟弘字匡道少聰頴工草隸博涉羣書辭采雅贍與弘農楊素爲莫逆交解巾中外府記室建德初除內史上士歷小宮尹御正上士陳遣王偃人來聘武帝令弘勞之偃人謂弘曰來日至藍田正逢滋水暴長所齎國信溺而從流今所進假之從吏請勒下流人見爲尋此物弘曰昔淳于之獻空籠前史稱以爲美足下假物而進詎是陳君命乎偃人慙不能對武帝聞而嘉之盡以偃人所進物賜弘仍令報聘占對敏捷見稱於時後卒於御正下大夫贈晉州刺史楊

素誄之曰山陽王弼風流長逝頴川荀粲零落無時修竹夾池永絶梁園之賦長楊映沼無復洛川之文其爲士友所痛惜如此有文集行於世

弘弟旦字匡德工騎射頗涉書籍仕周位兵部下大夫以行軍長史從梁睿討王謙以功授儀同三司開皇元年加開府封新城縣男授掌設驃騎歷羅浙魯三州刺史並有能名大業初拜龍川太守郡人居山洞好相攻擊旦爲開設學校大變其風帝聞下詔褒美之徵爲太常少卿攝判黄門侍郎事卒子爕官至河內郡掾

旦弟肅字匡仁少聰敏閑於占對仕周位宣納上士隋文帝作相引爲賓曹參軍開皇初授太子洗馬陳使謝泉來聘以才學見稱詔肅宴接時論稱其華辯歷太子內舍人遷太子僕太子廢坐除名大業中帝與段達語及庶人罪惡達云柳肅在宮大見疎斥帝問其故答曰學士劉臻嘗進章仇太翼宮中爲巫蠱事肅知而諫曰殿下位當儲貳戒在不孝無患見疑劉臻書生鼓搖脣舌適足以相詿誤願勿納之庶人不懌他日謂臻曰汝何漏泄使柳肅知之令面折我

自是後言皆不用帝曰肅橫除名乃召守禮部侍郎坐事免後守工部侍郎大
見親任每幸遼東嘗委於涿郡留守卒官
機從子謇之字公正父蔡年周順州刺史謇之身長七尺五寸儀容甚偉風神
爽亮進止可觀爲童兒時周齊王憲遇之於塗異而與語大奇之因奏爲國子
生以明經擢第拜宮師中士轉守廟下士武帝有事太廟謇之讀祝文音韻清
雅觀者屬目帝善之擢爲宣納上士開皇初拜通事舍人尋遷內史舍人歷兵
部司勳二曹侍郎朝廷以謇之雅望善談謔又飲酒至一石不亂由是每陳使
至輒令接對遷光祿少卿出入十餘年每參掌敷奏會吐谷渾來降朝廷以宗
女光化公主妻之以謇之兼散騎常侍送公主於西域及突厥啓人可汗求和
親復令謇之送義成公主於突厥前後使二國得贈馬二千餘匹雜物稱是皆
散之宗族家無餘財出爲肅息二州刺史俱有惠政煬帝踐阼復拜光祿大業
初啓人可汗自以內附遂畜牧於定襄馬邑間帝使謇之諭令出塞還拜黃門
侍郎時元德太子初薨朝野注望以齊王當立帝方重王府之選拜爲齊王長

史帝法服臨軒命齊王立於西朝堂遣吏部尚書牛弘內史令楊約左衛大將軍宇文述等從殿廷引謇之詣齊王所西面立弘宣敕謂齊王曰我出蕃之初時年十二先帝立我於西朝堂乃令高熲虞慶則元旻等從內送王子相於我誡我曰以汝未更世事令子相作輔於汝事無大小皆可委之無得昵近小人疎遠子相若從我言者有益於社稷成立汝名行如不用此言唯國及身敗無日矣吾受敕奉以周旋不敢失墜微子相之力吾幾無今日矣若與謇之從事一如子相也又敕謇之曰今以卿作輔於齊副朕所望若齊王德業脩備富貴自當鍾卿一門若有不善罪亦相及時齊王擅寵喬令則之徒深見昵狎謇之知其非不能匡正及王得罪謇之竟坐除名及帝幸遼東召檢校燕郡事帝班師至燕郡坐供頓不給配戍嶺南卒於洭口子威明

論曰高氏籍四胡之勢跨有山東周文承二將之餘創基關右似商周之不敵若漢楚之爭雄又連官渡之兵未定鴻溝之約雖弘農沙苑齊卒先奔而河橋北芒周師撓敗於是競圖進取各務兵戈齊謂兼并有餘周則自守不足韋孝

寬奇材異度緯武經文居要害之地受干城之託東人怙恃其衆悉力來攻將欲釃酒未央飲馬清渭孝寬迺馮玆雉堞抗彼仇讎事甚析骸勢危負戸終能奮其智勇應變無方城守六旬竟推大敵齊人旣焚營宵遁高氏遂憤恚而殂雖卽墨破燕晉陽存趙何以能尙若使平陽不守鄴城無衆人之師玉壁啓關函谷失封泥之固斯豈一城之得喪實亦二國之興亡者歟韋敻隱不負人貞不絕俗怡神墳籍養素丘園哀樂無以動其心名利不足干其慮確乎不拔實近代之高人也明帝比諸園綺豈徒然哉世康風神雅量一代稱偉簪纓人物見重京華瑱素望高風亦云美矣柳虯兄弟雅道是基並能譽重搢紳豈虛至也慶東帶立朝匪躬是蹈莅官從政淸白著美至於畏避權寵違忤宰臣雖取詘於一時實獲申於千載矣機立身行己本以寬雅流譽至於登朝正色可謂不違直道雖陵谷遷貿終以雅正自居古所謂以道事人斯之謂矣雖幹略見稱終乃敗於驕寵惜矣

北史卷六十四

北史卷六十四考證

韋孝寬傳以功除淅陽郡守○淅南本作浙

是以往歲出車徒有勞費○徒監本訛彼今改從周書

遂使漳滏游魂更存餘晷○晷監本訛咎今改從周書

陳刺史吳文立○立周書作育

文立以數百騎襲孝寬營○周書文立作反潛此殆因上文文立而訛也

敻傳敕有司日給河東酒一升○升周書作斗

其迹似有淺深其致理殆無等級○殆監本作如今改從周書

柳蚪傳與豫州刺史裴叔業據州歸魏○叔監本訛諏今改從南本

非所謂將順其美匡救其惡者○監本脫非字今從南本增入

何止物生橫議亦自異端互起○起監本作趣今從南本

檜傳檜字季華○季監本訛李今改從南本

十四年遷河州別駕○年監本訛州今改從南本

機從子謇之傳帝使謇之諭令出塞○塞監本訛謇今改從隋書

北史卷六十四考證

北史卷六十五

唐　　李　延　壽　撰

列傳第五十三

達奚武　若干惠　怡峯　劉亮　王德　赫連達

韓果　蔡祐　常善　辛威　庫狄昌　梁椿

梁臺　田弘子仁恭　孫德懋

達奚武字成興代人也祖眷父長並爲鎮將武少倜儻好馳射賀拔岳征關右引爲別將及岳爲侯莫陳悅所害武與趙貴收屍歸平涼同翊戴周文帝從平悅封須昌縣伯大統初自大丞相府中兵參軍出爲東秦州刺史齊神武與竇泰高敖曹三道來侵周文欲并兵擊泰諸將多異議唯武及蘇綽與周文意同遂禽之周文進圖弘農遣武從兩騎覘候武與其候騎遇即交戰斬六級獲三人而反齊神武趣沙苑周文復遣武覘之武從三騎皆衣敵人衣至暮下馬潛聽其軍號歷營若警夜者有不如法者往往撻之具知敵情以告周文遂從破

之進爵高陽郡公四年周文援洛陽武爲前鋒與李弼破莫多婁貸文又進至河橋力戰斬其司徒高敖曹再遷雍州刺史復從戰芒山時大軍不利齊神武乘勝進軍至陝武禦之乃退七年詔武經略漢川梁梁州刺史宜豐侯蕭脩固守南鄭武圍之脩請服會梁武陵王遣其將楊乾運等救脩脩更不下武擊走乾運脩乃降自劍門以北悉平明年振旅還京師朝議欲以武爲柱國武曰我作柱國不應在元子孝前固辭以大將軍出鎮玉壁周孝閔帝踐阼授柱國大司寇齊豫州刺史司馬消難舉州來附詔武與楊忠迎消難以歸武成初轉大宗伯進封鄭國公齊將斛律敦侵汾絳武禦之敦退武築柏壁城留開府權嚴薛羽生守之保定三年遷太保其年大軍東伐隨公楊忠引突厥自北道武以三萬騎自東期會晉陽武至平陽後期不進而忠已還武尚未知齊將斛律明月遺武書曰鴻鶴已翔於寥廓羅者猶視於沮澤也武覽書乃班師出爲同州刺史明年從晉公護東伐時尉遲迥圍洛陽爲敵所敗武與齊王憲於芒山禦之至夜收軍憲欲待明更戰武曰洛陽軍散人情駭動不因夜速還明日欲歸

不得憲從之遂全軍而返天和三年轉太傅武微時奢侈好華飾及居重位不持威儀行常單馬左右從一兩人而已門外不施戟恆晝掩一扉或謂曰公位冠羣后何輕率若是武曰吾昔在布衣豈望富貴今日富貴不可頓忘疇昔且天下未平國恩未報安可過事威容乎言者慚而退武之在同州時旱武帝敕武祀華岳岳廟舊在山下常所祈禱武謂僚屬曰吾備位三公不能燮理陰陽不可同於衆人在常祀所必須登峯展誠尋其聖奧岳既高峻人迹罕通武年逾六十唯將數人攀藤而上於是稽首祈請晚不得還即於岳上藉草而宿夢一白衣來執武手曰快辛苦甚相嘉尚武遂驚覺益用祇肅至旦雲霧四起俄而澍雨遠近霑洽武帝聞之璽書勞武賜綵百匹武性貪吝其爲大司寇也在庫有萬釘金帶當時寶之武因入庫乃取以歸主者白晉公護護以武勳重不彰其過因而賜之時論深鄙焉薨贈太傅十五州諸軍事同州刺史諡曰桓子震嗣震字猛略少驍勇走及奔馬周文嘗於渭北校獵時有兎過周文前震與諸將競射之馬倒而墜震足不傾躓因步走射之一發中兎顧馬纔起遂回身

騰上周文喜曰非此父不生此子乃賜震雜綵一百段後封魏昌縣公明帝初拜司右中大夫加驃騎大將軍開府儀同三司武成初進爵廣平郡公除華州刺史震雖出自膏腴少習武藝然頗有政術天和三年拜柱國建德初襲爵鄭國公從平鄴賜妾二人女樂一部拜大宗伯震父嘗爲此職時論榮之宣政中出爲原州總管隋開皇初薨於家震弟甚大象末爲益州刺史與王謙據蜀起兵被誅

若干惠字惠保代武川人也其先與魏俱起以國爲姓父樹利周從魏廣陽王深征葛榮戰沒贈冀州刺史惠以別將從賀拔岳以功封北平縣男及岳爲侯莫陳悅所害惠與寇洛趙貴等同謀翊戴周文仍從平悅拜直閤將軍從禽竇泰復弘農破沙苑惠每先登陷陣加侍中開府儀同三司封長樂郡公大統四年從魏文帝東巡洛陽與齊神武戰於河橋力戰破之七年還領軍及高仲密舉北豫州來附周文迎之軍至洛陽齊神武屯於芒山惠爲右軍與中軍大破之齊神武兵乃萃左軍軍將趙貴等戰不利會日暮齊神武進兵攻惠惠擊皆

披靡至夜中神武騎復來追惠惠徐下馬顧命廚人營食食訖謂左右曰長安死此中死異乎乃建旗鳴角收軍而還神武追騎憚惠疑有伏兵不敢逼至弘農見周文陳賊形勢恨其垂成之功虧於一簣歔欷不自勝周文壯之遷司空惠性剛質有勇力容貌魁岸善於撫御將士莫不懷恩及侯景內附朝議欲收輯河南令惠以本官鎮魯陽遇病薨於軍惠於諸將年最少早喪父事母以孝聞周文嘗造射堂新成與諸將宴射惠竊歎曰親老矣何時辦此周文聞之即日徙堂於惠宅其見重如此及薨爲流涕久之惠喪至又臨撫焉加贈秦州刺史諡曰武烈子鳳嗣鳳字達摩有識度襲父爵長樂郡公尙周文女位開府儀同三司大馭中大夫後錄惠佐命功封鳳徐國公拜柱國

怡峯字景阜遼西人也本姓默台因避難改焉高祖寬燕遼西郡守魏道武時歸朝拜羽真賜爵長蛇公曾祖文冀州刺史峯少以驍勇聞從賀拔岳討万俟醜奴賜爵蒲陰縣男岳被害峯與趙貴等同謀翊戴周文進爵爲伯及齊神武與孝武帝構隙文帝令峯與都督趙貴赴洛陽至潼關屬孝武西遷峯即從周

文帝拔迴洛復潼關後以討曹泥功進爵華陽縣公又從破竇泰於小關復弘農破沙苑進爵樂陵郡公仍與元季海獨孤信復洛陽東魏行臺任祥率步騎萬餘攻頴川峯復以輕騎五百邀擊大破之自是威名轉盛加授開府儀同三司及周文與東魏戰河橋時峯爲右軍不利與李遠先還周文遂班師詔原其罪拜夏州刺史大統十五年東魏圍頴川峯與趙貴赴援至南陽病卒峯沈毅有膽略得士卒心當時號驍將周文嗟悼者久之贈華州刺史謚曰襄威子昂嗣位開府儀同三司朝廷追錄峯功封昂長沙郡公昂弟光少以峯勳賜爵安平縣侯加開府儀同三司光弟春少知名位吏部下大夫儀同三司

劉亮中山人也本名道德父特真位領人酋長魏大統中以亮著勳追贈恆州刺史亮少倜儻有從横計略姿貌魁傑見者憚之以都督從賀拔岳西征以功封廣興縣子侯莫陳悅害岳亮與諸將謀迎周文及平悅後悅黨豳州刺史孫定兒仍據州不下衆至數萬周文令亮襲之定兒以義兵猶遠未爲之備亮乃輕將二十騎先豎一纛於近城高嶺卽馳入城中定兒方置酒高會卒見亮至

衆皆駭愕亮乃麾兵斬定兒懸首州門號令賊黨仍遥指城外纛命二騎日出追大軍賊黨兇懼一時降服及周文置十二軍簡諸將領之亮領一軍每征討常與怡峯俱爲騎將以復潼關功封饒陽縣伯尋加侍中從禽竇泰復弘農戰沙苑並力戰有功遷開府儀同三司大都督進爵長廣公以母憂去職居喪毀瘠周文嗟其至性每憂惜之起復本官亮以勇敢見知爲當時名將兼屢陳謀策多合機宜周文謂曰卿文武兼資卽孤之孔明也乃賜名亮幷賜姓侯莫陳氏出爲東雍州刺史爲政清靜百姓安之卒於州喪還京周文親臨之泣而謂人曰股肱喪矣腹心何寄令鴻臚卿監護喪事追贈太尉謚曰襄後配饗周文廟廷子昶嗣昶尚周文女西河長公主大象中位柱國秦靈二州總管以亮功封彭國公隋開皇中坐事死昶弟靜天水郡守靜弟恭開府儀同三司饒陽縣伯恭弟幹上儀同三司褒中侯

王德字天恩代武川人也少善騎射雖不經師訓以孝悌稱初從尒朱榮討元顥賜爵同官縣子又從賀拔岳討平万俟醜奴別封深澤縣男及侯莫陳悅害

岳德與寇洛等議翊戴周文於是除平涼郡守德雖不知書至於斷決處分良無以過涇州所部五郡德常爲最及孝武西遷進封下博縣伯行東雍州事在州未幾百姓懷之賜姓烏丸氏大統元年進爵爲公加車騎大將軍儀同三司北雍州刺史後常從周文征伐累有戰功開府侍中進爵河間郡公先是河渭閒種羌屢叛以德有威名拜河州刺史羣羌率服後卒於涇州刺史諡曰獻德性厚重廉慎言行無擇母幾年百歲後德終子慶嗣小名公奴性謹厚位開府儀同三司初德喪父貧無以葬乃賣公奴幷一女以營葬事因遭兵亂不復相知及德在平涼始得之遂名曰慶

赫連達字朔周盛樂人勃勃之後也曾祖庫多汗因避難改姓杜氏達性剛鯁有膽力少從賀拔岳征討有功賜爵長廣鄉男及岳爲侯莫陳悅所害趙貴建議迎周文達贊成其議請輕騎告周文仍迎之諸將或欲南追賀拔勝或云東告朝廷達又曰此皆遠水不救近火何足道哉謀遂定令達馳往周文見達慟哭遂以數百騎南赴平涼令達率騎據彈箏峽時百姓惶懼奔散者軍爭欲掠

之達止之乃撫以恩信人皆悅附周文聞而嘉之加平東將軍周文謂諸將曰當清水公遇禍之日君等性命懸於賊手杜朔周冒萬死之難遠來見及遂得同雪讎恥勞而不酬何以勸善乃賜馬二百匹孝武入關褒敘勳義以達首迎元帥匡復秦隴進爵魏昌縣伯從儀同李偉破曹泥後復弘農戰沙苑皆有功詔復姓赫連以達勳望兼隆乃除雲州刺史進爵爲公從大將軍達奚武攻漢中梁宜豐侯蕭脩拒守積時後乃送款開府賀蘭願德等以其食盡欲急攻取之達曰不戰而獲城策之上也無容利其子女貪其財帛仁者不爲如其困獸猶鬬則成敗未可知武遂受脩降師還遷驃騎大將軍開府儀同三司加侍中進爵藍田縣公保定初爲大將軍夏州總管達雖非文吏然性質直遵奉法度輕於鞭撻而重慎死罪性又廉儉邊境胡人或饋達羊達欲招異類報以繒帛主司請用官物達曰羊入我廚物出官庫是欺上也命取私帛與之識者嘉其仁恕尋進爵樂川郡公位柱國薨子遷嗣位大將軍蒲州刺史

韓果字阿六拔代武川人也少驍雄善騎射賀拔岳西征引爲帳內盪万俟醜

奴後從周文討平侯莫陳悅大統初累進爵爲石城公果性強記兼有權略善
伺敵虛實揣知情狀有潛匿溪谷欲爲間偵者果登高望之所疑處往必有獲
周文由是以果爲虞候都督每從征行常領候騎晝夜巡察略不眠寢從平竇
泰於潼關周文因其規畫軍以勝返賞眞珠金帶一條又從復弘農破沙苑戰
河橋並有功歷朔安二州刺史從戰芒山軍還除河東郡守又從大將軍破稽
胡於北山胡地險阻人迹罕至果進兵窮討散其種落稽胡憚果勁勇趫捷號
爲著翅人周文聞之笑曰著翅之名寧減飛將累遷開府儀同三司進爵褒中
郡公保定三年拜少師進位柱國天和初授華州刺史爲政寬簡吏人稱之薨
子明嗣爲黎州刺史與尉遲迥同謀反被誅

蔡祐字承先其先陳留圉人也曾祖紹爲夏州鎮將徙居高平因家焉父襲名
著西州魏正光中万俟醜奴亂關中襲乃背賊歸洛陽拜齊安郡守及孝武西
遷始拔難西歸賜爵平舒縣伯除岐雍二州刺史祐性聰敏有行檢襲之背賊
東歸祐年十四事母以孝聞及長有膂力周文在原州召爲帳下親信及還夏

州以祐爲都督侯莫陳悅害賀拔岳諸將迎周文周文將赴之夏州首望彌姐元進等陰有異計周文微知之召元進等入計事既而目祐祐卽出外衣甲持刀直入叱元進而斬之幷其黨伏誅一坐皆戰慄於是與諸將盟同心誅悅周文以此重之謂祐曰吾今以爾爲子爾其父事我後迎孝武於潼關以前後功封萇鄉縣伯後從禽竇泰復弘農戰沙苑皆有功授平東將軍太中大夫又從戰河橋祐下馬步鬬左右勸乘馬以備急卒祐怒之曰丞相養我如子今日豈以性命爲念遂率左右十餘人齊聲大呼殺傷甚多敵以其無繼圍之十餘重祐乃彎弓持滿四面拒之東魏人乃募厚甲長刀者直進取祐去祐可三十步左右勸射之祐曰吾曹性命在此一矢耳豈虛發哉敵人可十步祐乃射之中其面應弦而倒便以矟刺殺之敵乃稍却祐乃徐引退是戰也西軍不利周文已還祐至弘農夜與周文會周文字之曰承先爾來吾無憂矣周文驚不得寢枕祐股上乃安以功進爵爲公授京兆郡守高仲密舉北豫來附周文率軍援之與齊神武遇於芒山祐時著明光鐵騎所向無敵齊人咸曰此是鐵猛獸也

皆避之歷青原二州刺史尋除大都督遭父憂請終喪紀弗許累遷開府儀同三司加侍中賜姓大利稽氏進爵懷寧郡公六官建授兵部中大夫周文不豫祐與晉公護賀蘭祥等侍疾及周文崩祐悲慕不已遂得氣疾周孝閔帝踐阼拜少保祐與尉遲綱俱掌禁兵時帝信任司會李植等謀害晉公護祐每泣諫帝不聽尋而帝廢明帝之爲公子也與祐特相友昵及卽位禮遇彌隆加拜司馬御膳每有異味輒以賜祐羣臣朝宴每被別留或至昏夜列炬鳴笳送祐還宅祐以過蒙殊遇常辭疾避之至於婚姻尤不願結於權要尋以本官權鎮原州頃之授宣州刺史未之部卒於原州祐少與鄉人李穆布衣齊名常相謂曰大丈夫當建立功名以取富貴安能久處貧賤言訖各大哭後皆如言及從征伐爲士卒先軍還諸將爭功祐終無所競周文每歎之曰承先口不言勳孤當代其論敘性節儉所得祿秩皆散宗族身死之日家無餘財贈柱國大將軍原州都督謚曰莊子正嗣祐弟澤頗好學有幹能後爲邛州刺史以不從司馬消難被害

常善高陽人也家本豪族魏孝昌中從介朱榮入洛封房城縣男後周文平侯莫陳悅除天水郡守累遷驃騎大將軍開府儀同三司西安州刺史轉蔚州刺史頻涖二藩有政績進爵永陽郡公周孝閔帝踐阼拜大將軍寧州總管保定二年入爲小司徒卒贈柱國大將軍都督延州刺史子昂和嗣

辛威隴西人也少慷慨有志略初從賀拔岳征伐有功假輔國將軍都督及周文統岳衆見威奇之引爲帳內封白土縣伯後進爵爲公累遷開府儀同三司賜姓普屯氏出爲鄜州刺史威時望旣重朝廷以桑梓榮之遷河州刺史本州大中正頻領二鎭頗得人和周孝閔帝踐阼拜大將軍進爵抱罕郡公宣政元年進位上柱國大象二年進封宿國公復爲少傅薨威性持重有威嚴歷官數十年未嘗有過故得以身名終兼其家有義五世同居時以此稱之子永達嗣位儀同大將軍

庫狄昌字恃德神武人也少便弓馬有膂力及長進止閑雅膽氣壯烈每以將帥自許從介朱天光定關中天光敗又從賀拔岳征討及岳被害昌與諸將議

翊戴周文從平侯莫陳悅賜爵陰盤縣子後從迎孝武復潼關改封長子縣子
大統初累遷開府儀同三司進爵方城郡公六官建授稍伯中大夫周孝閔帝
踐阼拜大將軍卒

梁椿字千年代人也初從尒朱榮入洛又從賀拔岳討平万俟醜奴仍從周文
平侯莫陳悅大統中累以戰功封東平郡公位開府儀同三司周孝閔帝踐阼
除華州刺史改封清陵郡公保定元年拜大將軍卒於位贈都督恆州刺史諡
曰烈椿性果毅善於撫納所獲賞物分賜麾下故每踐敵場咸得其死力雅好
儉素不營貲產時論以此稱焉子明以椿功賜爵豐陽縣公後襲椿爵舊封回
授弟朗

梁臺字洛都萇池人也少果敢有志操從尒朱天光平關隴賜爵隴城鄉男及
天光敗於韓陵賀拔岳又引爲心膂岳爲侯莫陳悅所害臺與諸將翊戴周文
從平悅累功授頼州刺史賜姓賀蘭氏累遷驃騎大將軍開府儀同侍中周孝
閔帝踐阼進爵中部縣公保定四年拜大將軍時大軍圍洛陽久不拔齊騎奄

至齊公憲禦之有數人爲敵所執已去臺單馬突入射殺兩人敵皆披靡被執者遂還齊公憲每歎曰梁臺果毅膽決不可及也五年拜鄜州刺史臺性疎通恕以待物至於莅人尤以惠愛爲心不過識千餘字口占書啓詞意可觀年過六十猶能被甲跨馬足不躡鐙馳射弋獵矢不虛發後以疾卒

田弘字廣路高平人也少慷慨有謀略初陷万俟醜奴尒朱天光入關弘自原州稱順及周文統衆弘求謁見乃論時事卽處以爪牙之任又以迎孝武功封鶉陰縣子周文嘗以所著鐵甲賜弘云天下若定還將此甲示孤也累功賜姓紇干氏授原州刺史以弘勳望兼至故以衣錦榮之周文在同州文武並集乃謂之曰人人如弘盡心天下豈不早定卽授車騎大將軍儀同三司魏廢帝元年加驃騎大將軍開府儀同三司平蜀後梁信州刺史蕭韶等未從朝化詔弘討平之又討西平反羌及鳳州叛氐等並破之每臨陣摧鋒直前身被一百餘箭破骨者九馬被十矟朝廷壯之周孝閔踐阼進爵鴈門郡公保定元年出爲岷州刺史弘雖武將而動遵法式百姓賴安之三年從隋公楊忠伐齊拜大將

軍後進柱國大將軍歷位大司空少保襄州總管薨于州子仁恭嗣
仁恭字長貴性寬仁有局度歷位幽州總管隋文帝受禪進上柱國拜太子太
師甚見親重嘗幸其第宴飲極歡禮賜甚厚尋奉詔營太廟進爵觀國公拜武
衛大將軍轉左武衛大將軍卒官贈司空謚曰敬子世師嗣
次子德懋少以孝友知名開皇初以父軍功賜爵平原郡公授太子千牛備身
丁父艱哀毀骨立廬於墓側負土成墳帝聞而嘉之遣員外散騎侍郎元志就
弔焉復降璽書存問賜帛及米下詔表其閭大業中位尚書駕部郎卒官時有
玉城郡公王景鮮虞縣公謝慶恩並位上柱國大義公辛遵及其弟韶並位柱
國隋文帝以其俱佐命功臣特加崇貴親禮與仁恭等事皆亡失云
論曰周文接喪亂之際乘戰爭之餘發跡平涼撫征關右于時外虞孔熾內難
方殷羽檄交馳戎軒屢駕終能蕩清逋孽克固鴻基雖稟算於廟堂實責成於
將帥達奚武若干惠怡峯劉亮王德赫連達韓果蔡祐常善辛威庫狄昌梁椿
梁臺田弘等並兼資勇略咸會風雲或效績中權或立功方面均分休戚同濟

艱危可謂國之爪牙朝之禦侮者也而武叶規文后得儁小關周瑜赤壁之謀賈詡烏巢之策何以能尚一言興邦斯之謂矣惠德本以果毅知名而能率由孝道雖圖史所歎何以加焉勇者不必有仁斯不然矣以赫連達之先識而加之以仁恕蔡祐之勇敢而終之以不伐斯豈企及之所致乎抑亦天性而已仁恭出內榮顯豈徒然哉德懋道協天經亦足嘉矣

北史卷六十五

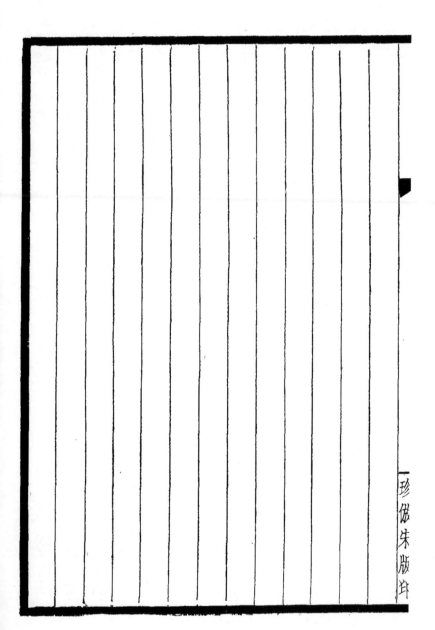

北史卷六十五考證

達奚武傳獲三人而反○三監本作二今從南本

隨公楊忠引突厥自北道○隨一本作隋

鴻鶴已翔於寥廓○鶴一本作鵠

辛威傳進爵抱罕郡公○抱一本作枹

史臣論賈詡鳥巢之策○鳥三國志作烏

北史卷六十五考證

北史卷六十六

唐　李延壽　撰

列傳第五十四

王傑　王勇　宇文虯　耿豪
高琳　李和子徹　伊婁穆　達奚寔
劉雄　侯植　李延孫　韋祐
陳欣　魏玄　泉仚　李遷哲
楊乾運　扶猛　陽雄　席固
任果

王傑金城直城人也本名文達父巢魏榆中鎮將傑少有壯志每以功名自許從孝武西遷賜爵都昌縣子周文奇其才嘗謂諸將曰王文達萬人敵也但恐勇決太過耳從復潼關破沙苑爭河橋戰芒山皆以勇敢聞親待日隆於是賜姓宇文氏進爵爲公累遷侍中驃騎大將軍開府儀同三司恭帝元年從于謹

圍江陵時柵內有人善用長矟將士登者多爲所斃謹令傑射之應弦而倒登者乃得入遂拔之謹曰濟我大事者在公此箭也周孝閔帝踐阼進爵張掖郡公爲河州刺史朝廷以傑勳望俱重故授以本州後與隋公楊忠自漢北伐齊又從齊公憲東禦齊將斛律明月進位柱國建德初除涇州總管頗爲百姓所慕宣帝卽位拜上柱國薨贈七州諸軍事河州刺史追封鄂國公諡曰威子孝遷位開府儀同大將軍

王勇代武川人也本名胡仁少雄健有膽決數從侯莫陳悅賀拔岳征討功居多拜別將周文爲丞相封包信縣子從禽竇泰復弘農戰沙苑氣蓋衆軍所當必破周文歎其勇敢賞賜特隆進爵爲公大軍不利唯胡仁及王文達耿令貴三人力戰皆有殊功軍還拜上州刺史以雍州岐州北雍州擬授胡仁等然州頗有優劣文令探籌取之胡仁遂得雍州文達得岐州令貴得北雍州仍賜胡仁名勇令貴名豪文達名傑以彰其功進侍中驃騎大將軍開府儀同三司恭帝元年從柱國趙貴征蠕蠕破之進爵新陽郡公賜姓庫汗氏又論討蠕蠕功

別封永固縣伯時有別封者例聽迴授次子勇獨請封兄子與時人義之尋進位大將軍勇性雄猛爲當時驍將矜功伐善好論人之惡時論亦以此鄙之柱國侯莫陳崇勳高望重與諸將同謁晉公護聞勇數論人短乃於衆中折辱之勇慚恚因疽發背卒子昌嗣官至大將軍

宇文虯字樂仁代武川人也驍悍有膽略少從征討累有戰功封南安侯孝武西遷以獨孤信爲行臺信引虯爲帳內都督隨信奔梁大統三年歸闕進爵爲公禽竇泰復弘農及沙苑河橋之戰皆有功又從獨孤信討梁仚定破之累遷南秦州刺史驃騎大將軍開府儀同三司虯每經行陣必身先士卒故上下同心戰無不剋後除金州刺史大將軍卒

耿豪鉅鹿人也本名令貴其先家於武川豪少麤獷有武藝好以氣陵人賀拔岳西征引爲帳內岳被害歸周文以武勇見知豪亦自謂所事得主從討侯莫陳悅及迎孝武錄前後功封平原子沙苑之戰豪殺傷甚多血染甲裳盡赤周文歎曰令貴武猛所向無前觀其甲裳足以爲驗不須更論級數也進爵爲公

從周文戰芒山豪謂所部曰大丈夫除賊須右手拔刀左手把矟直斫直刺慎莫畏死遂大呼獨入敵人鋒刃亂下當時咸謂豪歿俄然奮刀而還戰數合當豪前者死傷相繼又謂左右曰吾豈樂殺人但壯士除賊不得不爾若不能殺賊又不爲人所傷何異逐坐人也周文嘉之拜北雍州刺史賜姓和稽氏進位侍中驃騎大將軍開府儀同三司豪性凶悍言多不遜周文惜其驍勇每優容之豪亦自謂意氣冠羣終無所屈李穆蔡祐初與豪同時開府後並居豪之右豪不能平謂周文曰人間物議謂豪勝李穆蔡祐周文曰何以言之豪曰人言李穆蔡祐是丞相髆髀耿豪王勇丞相咽項以在上故爲勝也豪之麤猛皆此類卒周文痛惜之子雄嗣位至大將軍

高琳字季珉其先高麗人也仕於燕又歸魏賜姓羽真氏琳母嘗祓禊泗濱遇見一石光彩朗潤遂持以歸是夜夢人衣冠有若仙者謂曰夫人向所將來石是浮磬之精若能寶持必生令子母驚寤舉身流汗俄而有娠及生因名琳字季珉從孝武西遷封鉅野縣子河橋之役琳勇冠諸軍周文謂曰公卽我之韓

白也復從戰芒山除正平郡守齊將東方老來寇琳擊之老中數創乃退謂其左右曰吾經陣多矣未見如此健兒後除鄜州刺史加驃騎大將軍開府儀同三司侍中周孝閔帝踐阼進爵犍爲郡公武成二年討平文州氐師還帝宴郡公卿士仍賦詩言志琳詩末章云寄言竇車騎爲謝霍將軍何以報天子沙漠靜祆氛帝大悅曰獯獫陸梁未時款塞卿言有驗國之福也天和三年爲江陵副總管時陳將吳明徹來寇總管田弘與梁主蕭巋出保紀南城唯琳與梁僕射王操固守江陵三城以抗之晝夜拒戰凡經十旬明徹退走巋表言其狀帝乃優詔追琳入朝親加勞問六年進位柱國薨贈本官加五州諸軍事冀州刺史諡曰襄子儒襲爵位儀同大將軍

李和本名慶和朔方巖綠人也父僧養以累世雄豪爲夏州酋和少敢勇有識度狀貌魁偉爲州里所推賀拔岳作鎮關中引爲帳內都督後從周文累遷侍中驃騎大將軍開府儀同三司夏州刺史賜姓宇文氏周文嘗謂諸將曰宇文慶和累經任委每稱吾意又賜名意焉改封永豐縣公保定二年除司憲中大

夫尋改封德廣郡公出爲洛州刺史和前在夏州頗留遺惠及有此授商洛父
老莫不想望德音和至州以仁恕訓物獄訟爲之簡靜進柱國大將軍隋開皇
元年遷上柱國和立身剛簡老而逾勵諸子趨事若奉嚴君以意是周文帝賜
名帝朝已革慶和則父之所命義不可違至是遂以和爲名二年薨贈本官加
司徒公謚曰肅子徹嗣
徹字廣達性剛毅有器幹周武帝時從皇太子西征吐谷渾以功賜爵周昌縣
男從武帝平齊錄前後功再進爵遷左武衞將軍及隋晉王廣鎮幷州妙選府
官詔徹總晉王府軍事進爵齊安郡公時蜀王秀亦鎮益州上謂侍臣曰安得
文同王子相武如李廣達者乎其見重如此明年突厥沙鉢略可汗犯塞上令
衞王爽爲元帥擊之以徹爲長史遇虜於白道行軍總管李充請襲之諸將多
以爲疑唯徹奬成其事請同行遂掩擊大破之沙鉢略棄所服金甲而遁以功
加上大將軍沙鉢略因此稱藩改封安道郡公開皇十年進位柱國及晉王爲
揚州總管以徹爲司馬改封德廣郡公尋徙封城陽郡公其後突厥犯塞徹復

領行軍總管破之及左僕射高熲得罪以微素與熲善被疎忌後出怨言上聞召入臥內賜宴言及平生因遇鴆卒大業中其妻元氏爲孽子安遠誣以呪詛伏誅

伊婁穆字奴干代人也父靈善騎射爲周文所知嘗謂之曰若伊尹阿衡於殷致主堯舜卿既姓伊庶卿不替前緒於是賜名尹焉歷衞將軍隆州刺史盧奴縣公穆弱冠爲周文帳內親信以機辯見知歷中書舍人通直散騎常侍嘗入白事周文望見悅之字之曰奴干作儀同面見我矣於是拜儀同三司賜封安陽縣伯周孝閔帝踐阼進位驃騎大將軍建德中卒

達奚寔字什伏代河南洛陽人也父顯相武衞將軍寔少修立有幹局從魏孝武西遷封臨汾縣伯從周文禽竇泰復弘農破沙苑皆力戰有功累遷相府從事中郎寔性嚴重深見器遇六官建行蕃部中大夫加驃騎大將軍開府儀同三司進爵平陽縣公周保定初卒於刺史謚曰恭子豐嗣

劉雄字猛雀臨洮子城人也少機辯慷慨有大志初爲周文親信後拜中大夫

兼中書舍人賜姓宇文氏周孝閔帝踐阼加大都督天和中累遷驃騎大將軍開府儀同三司封周昌侯歷位納言內史中大夫侯正武帝嘗從容謂曰古人云富貴不歸故鄉猶衣錦夜遊乃以雄爲河州刺史雄先已爲本縣令復有此授鄉里榮之及皇太子西征吐谷渾雄自涼州從滕王道先入功居多加上開府儀同三司從平并州拜上大將軍進爵趙郡公平鄴城進柱國宣政元年突厥寇幽州雄戰歿贈亳州總管子昇嗣以雄死王事授儀同大將軍

侯植字仁幹其先上谷人也高祖恕爲北地太守子孫因家于北地之三水植少倜儻有大節容貌奇偉武藝絶倫仕魏爲義州刺史甚有政績後從孝武西遷賜姓侯伏氏從周文破沙苑戰河橋進大都督涼州刺史文仲和據州作逆植從開府獨孤信討禽之封肥城縣公賜姓賀屯氏後從于謹平江陵進驃騎大將軍開府儀同三司別封一子汧源縣伯周孝閔帝踐祚進爵郡公時帝幼沖晉公護執政植從兄龍恩爲護所親及護誅趙貴諸宿將等多不自安植謂從兄龍恩曰主上春秋既富安危繫於數公若多誅戮自立威權何止社稷有

累卵之危恐吾宗亦緣此敗兄安得知而不言龍恩竟不能用植又承間言於護曰公以骨肉之親當社稷之寄願推誠王室擬迹伊周則率土幸甚護曰我誓以身報國卿豈謂吾有他志邪又聞其先與龍恩言乃陰忌之植懼不免禍遂以憂卒贈大將軍平州刺史謚曰節子定嗣及護伏誅龍恩及其弟萬壽並預其禍武帝以植忠於朝廷特免其子孫

李延孫伊川人也父長壽性雄豪少與蠻酋結託侵掠關南魏孝昌中朝議恐其爲亂乃以長壽爲防蠻都督給其鼓節長壽盡其智力防遏羣蠻伊川左右寇盜爲之稍息永安之後長壽徒侶日盛魏帝藉其力用因而撫之累遷北華州刺史賜爵清河郡公及孝武西遷長壽率勵義士拒東魏後爲黃州刺史東魏遣行臺侯景攻之城陷遇害追贈太尉延孫亦雄武有將率才略少從長壽征討以勇敢聞賀拔勝爲荊州刺史表延孫爲都督蕭清鵶路頗有力焉及長壽被害延孫乃還收集其父之衆自孝武西遷後朝士流亡廣陵王欣錄尚書長孫承業潁川王斌之安昌王子均及建寧江夏隴東諸王并百官等攜持妻

子來投延孫者即率衆衛送并贈以珍玩咸達關中齊神武深患之遣行臺慕容紹宗等數道攻擊延孫大破之乃授延孫京南行臺節度河南諸軍事廣州刺史尋進車騎大將軍儀同三司大都督賜爵華山郡公延孫既蒙重委每以克清伊洛爲己任頻以寡擊衆威振敵境大統四年爲其長史楊伯蘭所害贈司空子人傑有祖父風官至開府儀同三司改封潁川郡公

韋祐字法保京兆山北人也以字行爲州郡著姓父義上洛郡守魏大統中以法保著勳追贈秦州刺史法保少好遊俠而質直少言所與交遊皆輕猾亡命父沒事母以孝聞慕李長壽之爲人遂娶其女因寓居關南正光末王公避難者或依之多得全濟以此爲貴遊所德及孝武西遷法保赴行在所封固安縣男及長壽被害其子延孫收長壽餘衆守禦東境朝廷恐延孫兵少乃除法保東洛州刺史配兵數百以援延孫法保至潼關弘農郡守韋孝寬謂曰恐子此役難以吉還法保曰古人稱不入獸穴不得獸子安危之事未可預量遂倍道兼行與延孫兵接乃并勢置柵於伏流未幾周文追法保與延孫還朝賞勞甚

厚除河南尹及延孫被害法保乃率所部據延孫舊柵營與東魏戰流矢中頸從口中出久之乃蘇大統九年鎮九曲城及侯景以豫州附法保率兵赴景欲留之法保疑其貳乃固辭還所鎮十五年加驃騎大將軍開府儀同三司尋進爵爲公會東魏遣軍送糧饋宜陽法保潛邀之中流矢卒於陣諡曰莊子初嗣位開府儀同大將軍閤韓防主

陳欣字永怡宜陽人也少驍勇有氣俠姿貌魁岸同類咸敬憚之孝武西遷後欣乃於辟惡山招集勇敢少年寇掠東魏仍密遣使歸附授立義大都督賜爵霸城縣男累遷宜陽郡守恭帝二年進位驃騎大將軍開府儀同三司加侍中宜陽邑大中正賜姓尉遲氏周文以欣著績累載贈其祖昆及父興孫俱爲儀同三司位刺史東魏洛州刺史獨孤永業號有智謀往來境上欣與韓雄等恆令間諜覘其動靜齊兵每至輒破之故永業深憚欣等不敢爲寇周孝閔帝踐阼進爵許昌縣公後除熊州刺史卒於州欣與韓雄里閈姻婭少相親昵俱總兵境上三十餘載每禦扞二人相赴常若影響故數對勍敵而常保功名雖並

有武力至於挽彊射中欣不如雄散財施惠得士衆心則雄不如欣身死之日將吏荷其恩德莫不感慟子萬敵嗣朝廷以欣雅得士心還令萬敵領其部曲

魏玄字僧智其先任城人也後徙於新安玄少慷慨有膽略孝武西還東魏北徙人情各懷去就玄每率鄉兵抗拒東魏芒山之役大軍不利宜陽洛州皆爲東魏守而玄母及弟並在宜陽玄以爲忠孝不兩立乃率義徒還闕南鎮撫周文手書勞之除洛陽令封廣宗縣子周保定元年累遷驃騎大將軍開府儀同三司鎮閤韓還熊州刺史政存簡惠百姓悅之轉和州刺史伏流防主進爵爲公及齊將斛律明月率衆向宜陽兵威甚盛玄率衆禦之每戰輒克後以疾卒於位

泉企字思道上洛豐陽人也世雄商洛自晉東度常貢屬江東曾祖景言魏大延五年率鄉里歸化仍引王師平商洛拜建節將軍假宜陽郡守世襲本縣令封丹水侯父安志復爲建節將軍宜陽郡守領本縣令降爵爲伯企九歲喪父哀毀類於成人服闋襲爵年十二鄉人皇平陳合等三百餘人詣州請企爲縣

令州爲中上時吏部尚書郭祚以企年少請別選遣終此一限令企代之宣武詔依皇平等所請巴俗事道尤重老子之術企雖童幼而好學恬靜百姓安之尋以母憂去職縣中父老復表請起復本任後除上洛郡守及蕭寶夤反遣兵趣青泥圖取上洛豪族泉杜二姓密應之企與刺史董紹掩襲二姓散走寶夤亦退遷淅州刺史別封涇陽縣伯永安中大破梁將王玄真於順陽除東雍州刺史進爵爲侯部人楊羊皮太保椿之從弟恃椿侵擾百姓守宰多被其陵侮皆畏而不敢言企收之將加極法楊氏慚懼闔宗請恩自此豪右無敢犯者性又清約纖毫不擾於人在州五年每於鄉里運米自給梁魏興郡與洛州接壤表請內屬詔企爲行臺尚書以撫納之大行臺賀拔岳以企昔莅東雍爲吏人所懷乃表企復爲刺史詔許之蜀人張國儁聚黨剽劫州郡不能制企捕戮之闔境清肅及齊神武專政孝武有西顧之心欲委企以山南之事乃除洛州刺史未幾帝西遷齊神武率衆至潼關企遣其子元禮禦之神武不敢進上洛人都督泉岳其弟猛略與順陽人杜窋等謀翻洛州以應東魏企知之殺岳及猛

略傳首詣闕大統元年加開府儀同三司兼尚書右僕射進爵上洛郡公企志尚廉慎每除一官憂見顏色寢食輒減至是頻讓魏帝手詔不許三年高敖曹圍逼州城杜窋爲其鄉導企拒守旬餘矢盡援絕城乃陷焉謂敖曹曰泉企力屈志不服也及竇泰被禽敖曹退走遂執企而東以窋爲刺史企臨發密戒二子元禮仲遵曰吾生平志願不過令長幸逢聖會位亞台司今爵祿既隆年齒又暮前途夷險抑亦可知汝等堪立功效不得以我在東遂虧臣節也乃揮涕而訣聞者莫不憤歎尋卒於鄴元禮少有志氣好弓馬頗閑草隸有士君子之風賜爵臨洮縣伯散騎常侍及洛州陷與企俱被執而東元禮於路逃歸時杜窋雖爲刺史然巴人素輕杜而重泉及元禮至與仲遵相見感父臨別之言潛與豪右結託遂率鄉人襲州城斬窋傳首長安朝廷嘉之代襲洛州刺史從周文戰於沙苑中流矢卒子貞嗣仲遵一名恭少謹實涉獵經史年十三爲郡主簿十四爲縣令及長有武藝高敖曹攻洛州與企力戰拒守矢盡以捧杖扞之爲流矢中目不堪復戰及城陷士卒歎曰若二郎不傷豈至於此企之東也仲

遵以被傷不行後與元禮斬窑以功封豐陽縣伯東豫州刺史及元禮戰沒復以仲遵爲洛州刺史頗得譽大統十三年行荊州刺史事梁司州刺史柳仲禮每爲邊寇周文令仲遵率鄉兵從開府楊忠討之梁隨郡守桓和拒守不降忠謂諸將曰先取仲禮則桓和不攻而自服也仲遵對曰若棄和深入仲禮未即就禽則首尾受敵此危道也忠從之仲遵以計由己出乃先登城遂禽和從擊仲禮又獲之進驃騎大將軍開府儀同三司本州大中正復行荊州刺史十三州諸軍事尋遭母憂請終喪制不許大將軍王雄南征上津魏興仲遵從雄討平之遂於上津置南洛州以仲遵爲刺史仲遵留情撫接百姓安之初蠻帥杜青和自稱巴州刺史以州入附朝廷因其所據而授之仍隸東梁州都督青和以仲遵善於撫御請隸仲遵朝議以山川非便弗之許也青和遂結安康酋帥黃衆寶等舉兵共圍東梁州復遣王雄討平之改巴州爲洵州隸於仲遵先是東梁州刺史劉孟良在職貪婪人多背叛仲遵以廉簡處之羣蠻帥服仲遵雖出自巴夷而有方雅之操歷官之處皆以清白見稱朝廷又以其父臨危抗節

乃令襲爵上洛郡公舊封聽迴授一子尋出爲都督金州刺史卒官贈大將軍
三州刺史謚曰莊子晅嗣位至開府儀同大將軍
李遷哲字孝彥安康人也世爲山南豪族仕於江左父元直仕梁歷東梁衡二
州刺史散騎常侍沌陽侯遷哲少修立有識度慷慨善謀畫起家文德主帥其
父爲衡州留遷哲本鄉監統部曲事時年二十撫馭羣下甚得其情後襲爵沌
陽侯位都督東梁州刺史侯景簒逆遷哲外禦邊寇自守而已大統十七年周
文遣達奚武王雄等略地山南遷哲軍敗遂降於武然猶意氣自若武乃執送
京師周文責以不早歸國答曰不能死節實以此愧耳周文深嘉之封沌陽縣
伯恭帝初直州人樂熾洋州人黃國等連結爲亂周文以遷哲信著山南乃令
與開府賀若敦同經略熾等尋並平蕩仍與敦南出狗地遷哲先至巴州入其
封郭梁巴州刺史牟安人開門請降安人子宗徹等猶據巴城不下遷哲攻剋
之軍次鹿城城主遣使請降遷哲謂其衆曰納降如受敵吾觀其使瞻視猶高
得無詐也遂不許之梁人果於道左設伏以邀遷哲遷哲進擊破之遂屠其城

自此巴濮之人降款相繼軍還周文賜以所服紫袍玉帶及所乘馬加授侍中驃騎大將軍開府儀同三司除直州刺史即本州也仍給軍儀鼓節令與田弘同討信州時信州爲蠻酋向五子王等所圍弘遣遷哲赴援比至信州已陷五子王等聞遷哲至狼狽遁走遷哲入據白帝賀若敦等復至遂共追五子王等破之及田弘旋軍周文令遷哲留鎮白帝信州先無倉儲軍糧匱乏遷哲乃收葛根造粉兼米以給之遷哲亦自取供食時有異膳即分賜兵士有疾患者又親加醫藥以此軍中感之人思効命黔陽蠻田烏度田烏唐等每抄掠江中爲百姓患遷哲隨機出討殺獲甚多由是諸蠻畏威各送糧餼又遣子弟入質者千有餘家遷哲乃於白帝城外築城以處之并置四鎮以靜峽路自此寇抄頗息軍糧贍給焉周明帝初授都督信州刺史二年進爵西城縣公武成元年朝于京師明帝甚禮之賜甲第及莊田等天和三年進位大將軍詔遷哲率金上等諸州兵鎮襄陽五年陳將章昭達攻逼江陵梁明帝告急於襄州衞公直令遷哲往救焉遷哲率其所部守江陵外城自率騎出南門又令步兵自北門出

兩軍首尾邀之陳人多投水死是夜陳人又竊於城西堞以梯登城登者已百數人還哲又率驍勇扞之陳人復潰俄而大風暴起還哲乘闇出兵擊其營陳人大亂殺傷甚衆江陵總管陸騰復破之於西隄陳人乃遁建德二年進爵安康郡公三年卒於襄州贈金州總管謚曰壯武還哲累葉雄豪爲鄉里所服性復華侈能厚自奉養妾媵至有百數男女六十九人緣漢千餘里間第宅相次姬媵之有子者分處其中各有僮僕侍婢閽人守護還哲每鳴笳導從往來其間縱酒歡讌盡生平之樂子孫參見或忘其年名者披簿以審之長子敬仁先還哲卒第六子敬猷嗣還統父兵位儀同大將軍還哲弟顯位上儀同大將軍

楊乾運字玄邈儻城興勢人也少雄武爲鄉閭信服爲安康郡守陷梁仕歷潼南梁二州刺史及武陵王蕭紀稱尊號以乾運威服巴渝乃拜梁州刺史鎮潼州封萬春縣公時紀與其兄湘東王繹爭帝乾運兄子略勸乾運歸附乾運然之會周文令乾運孫法洛至略卽夜送之乾運送款周文密賜乾運鐵券授開府儀同三司侍中梁州刺史安康郡公及尉遲迥征蜀遂降迥迥因此進軍成

都數旬剋之及至京師禮遇隆渥尋卒於長安贈尚書右僕射子端嗣略亦以歸附功位至開府儀同三司大將軍封上庸縣伯乾運女壻樂廣安州刺史封安康縣公

扶猛字宗略上甲黃土人也其種落號白獸蠻猛仕梁位南洛北司二州刺史封宕渠縣男魏廢帝元年以衆降周文厚加撫納復爵宕渠縣男割二郡爲羅州以猛爲刺史令從開府賀若敦南討信州敦令猛直道白帝所由之路人迹不通猛乃梯山捫葛備歷艱阻遂入白帝城撫慰人夷莫不悅附以功進開府儀同三司俄而信州蠻反猛復從賀若敦平之進爵臨江縣公後從田弘破漢南諸蠻進位大將軍卒

陽雄字元略上洛邑陽人也累葉豪族父猛從孝武西遷以功封郃陽伯位征東將軍楊州刺史雄起家奉朝請以軍功封安平縣侯得子孫相襲拜邑陽郡守累遷平州刺史進爵王城縣公加開府儀同三司驃騎大將軍歷京兆尸部中大夫進位大將軍轉中外府長史遷江陵總管改封魯陽縣公卒於鎮追封

郡公謚曰懷雄善附會能自謀身故任兼出內保全爵祿子長寬嗣
席固字子堅其先安定人也高祖衡因姚氏之亂寓居襄陽仕晉爲建威將軍
遂爲襄陽著姓固少有遠志梁大同中爲齊興郡守久居郡職士多附之遂有
親兵千餘人梁元帝時遷興州刺史軍人募從者至五千餘人固欲自據一州
以觀時變大統中以地歸魏時周文方南取江陵西定蜀漢聞固至甚禮遇之
就拜使持節驃騎大將軍開府儀同三司大都督侍中豐州刺史封新豐縣公
後轉湖州刺史啓求入覲及至進爵靜安郡公尋拜昌歸憲三州諸軍事昌州
刺史固居家孝友莅官頗有聲績卒於州贈大將軍五州刺史謚曰肅敕襄州
賜其墓田子雅嗣雅字彥文性方正少以孝聞位大將軍雅弟英上開府儀同
大將軍
任果字靜鸞南安人也本方隅豪族父褒仕梁爲沙州刺史新巴縣公果性勇
決志在立功魏廢帝元年率所部來附周文嘉其遠至待以優禮果因面陳取
蜀策深被納之乃授沙州刺史南安縣公從尉遲迥伐蜀尋進授驃騎大將軍

開府儀同三司及成都平除始州刺史周文以其方隅首領早立忠節進爵樂安郡公賜以鐵券聽相傳襲升賜路車駟馬及儀衛等以光寵之尋爲刺客所害

論曰王傑王勇宇文虯耿豪高琳李和伊婁穆侯植等咸以果毅之姿効節擾攘之際各能屠堅覆銳自致其功高爵厚位固其宜也仲尼稱無求備於一人信矣夫文士懷溫恭之操其弊也懦弱武夫稟剛烈之資其弊也敢悍故有使酒不遜之禍拔劍爭功之尤大則莫全其生小則僅而獲免耿豪王勇不其然乎李延孫韋祐陳欣魏玄等以勇略之姿受扞城之委灌瓜贈藥雖有愧於昔賢禦侮折衝足方駕於前烈用能觀兵伊洛保據崤函齊人阻西路之謀周朝緩東顧之慮皆其力也泉仚長自山谷素無月旦之譽而臨難慷慨無失人臣之節豈非蹈仁義之徒歟元禮仲遵聿遵其志卒成功業庶乎克負荷矣李遷哲楊乾運席固之徒屬方隅擾攘咸知委質遂享爵位以保終始觀遷哲之對周文有尚義之氣乾運受任武陵乖事人之道若乃校其優劣固不可同年而

語陽雄任兼文武聲著土內抑亦志能之士也舊史有代人宇文盛字保興以武毅顯盛弟丘字胡奴盛子述位柱國並有傳然事無足可紀盛見子述傳首丘略之云

北史卷六十六

北史卷六十六考證

宇文虯傳又從獨孤信討梁岔定破之○岔監本訛岔今改正

劉雄傳雄自涼州從滕王道先入○道一本作迶

贈亳州總管○亳監本誤毫今改正

李延孫傳少從長壽征討○征監本訛延今改從南本

魏玄傳乃率義徒還闕南鎮撫○闕一本作關

泉岔傳領本縣令○本一本作大

李遷哲傳起家文德主師○師一本作帥

各有僮僕侍婢閽人守獲○獲南本作護

北史卷六十六考證

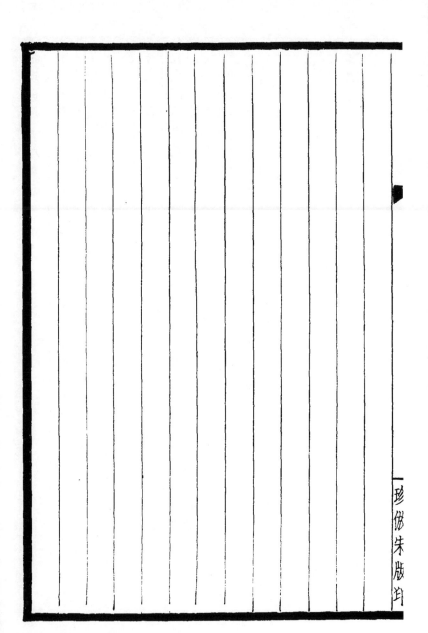

北史卷六十七

唐　李　延　壽　撰

列傳第五十五

崔彥穆　楊纂　段永　令狐整子熙

唐永子瑾　柳敏子昂　王士良

崔彥穆字彥穆清河東武城人魏司空安陽侯林之九世孫也曾祖顗後魏平東府諮議參軍祖蔚遭從兄司徒浩之難南奔江左仕宋爲給事黃門侍郎汝南義陽二郡守延興初復歸於魏拜頴川郡守因家焉後終於郢州刺史父幼位終永昌郡守隋開皇初以獻皇后外曾祖追贈上開府儀同三司新州刺史彥穆幼明悟神彩卓然魏吏部尚書隴西李神儁有知人之鑒見而歎曰王佐才也永安末除司徒府參軍事再遷大司馬從事中郎孝武西遷彥穆時不得從大統三年乃與兄彥珍於成皐舉義因攻拔滎陽禽東魏郡守蘇淑仍與鄉郡王元法威攻頴川斬其刺史李景道即拜滎陽郡守尋賜爵千乘縣侯十四

年授散騎常侍司農卿時軍國草剏衆務殷繁周文乃引彥穆入幕府兼掌文翰及于謹伐江陵彥穆以本官從平之周明帝初進驃騎大將軍開府儀同三司俄拜安州刺史總管十二州諸軍事入爲御正大夫陳氏請敦隣好詔彥穆使焉彥穆風韻閑曠器度方雅善玄言解談謔甚爲江表所稱轉戶部中大夫進爵爲公天和三年聘齊還除金州刺史總管七州諸軍事進位大將軍尋徵拜小司徒及宣帝崩隋文帝輔政三方起兵以彥穆爲行軍總管與襄州總管王誼討司馬消難軍次荊州總管獨孤永業有異志遂收而戮之及事平隋文帝徵王誼入朝即以彥穆爲襄州刺史總管六州諸軍事加授上大將軍進爵東郡公頃之永業家自理得雪彥穆坐除名尋復官爵開皇元年卒子君綽嗣君綽性夷簡博覽經史有父風大象末丞相府賓曹參軍君綽弟君肅解巾道王侍讀大象末頻川郡守

楊纂廣寧人也父安仁魏朔州鎮將纂少慷慨有志氣勇力兼人年二十從齊神武起兵於信都軍功稍遷武州刺史自以賞薄志懷怨憤每歎曰大丈夫富

貴何必故鄉若以妻子經懷豈不沮人雄志大統初乃間行入關周文執纂手曰人所貴者忠義也所懼者危亡也其能不憚危亡蹈茲忠義者今方見之於卿耳即授征南將軍大都督封永興縣侯從周文解洛陽圍經河橋芒山之戰纂每先登軍中咸推其敢勇累遷驃騎大將軍開府儀同三司加侍中進爵爲公賜姓莫胡盧氏俄授岐州刺史周孝閔帝踐阼進爵宋熙郡公保定元年位大將軍改封隴東郡公除隴州刺史從隋公楊忠東伐至并州而還天和六年進授柱國大將軍轉華州刺史纂性質樸又不識文字前後莅職但推誠信而已吏人以其忠恕頗亦懷之尋卒於州子睿位至上柱國漁陽郡公

段永字永賓其先遼西石城人晉幽州刺史匹磾之後也曾祖愢仕魏黃龍鎮將因從高陸之河陽焉永幼有志操閭里稱之魏正光末北鎮擾亂遂攜老幼避地中山後赴洛陽拜平東將軍封沃陽縣伯青州人崔社客舉兵反永討平之進爵爲侯除左光祿大夫時有賊魁元伯生西自崤潼東至鞏洛屠陷城壁所在爲患孝武遣京畿大都督疋婁昭討之昭請以五千人行永進曰此賊既

無城柵唯以寇抄爲資取之在速不在衆也若星馳電發出其不虞精騎五百足矣帝然其計於是命永代昭以五百騎倍道兼進遂破平之及帝西遷永時不及從大統初乃結宗人潛謀歸款密與都督趙業等襲斬西中郎將慕容顯和傳首京師以功別封昌平縣子徐州刺史從禽竇泰復弘農破沙苑並有戰功進爵爲公河橋之役永力戰先登授南汾州刺史累遷驃騎大將軍開府儀同三司賜姓爾綿氏廢帝元年授恆州刺史于時朝貴多其部人謁永之日冠蓋盈路當時榮之周孝閔帝踐阼進爵廣城郡公歷文瓜二州刺史戶部中大夫保定四年拜大將軍永歷任內外所在頗有聲稱輕財好士朝野以此重焉天和四年授小司寇尋爲右二軍總管率兵北道講武遇疾卒於賀葛城喪還武帝親臨贈使持節柱國大將軍同華等五州刺史諡曰基子岌嗣位至儀同三司兵部下大夫

令狐整字延保敦煌人也本名延世爲西土冠冕曾祖嗣祖紹安官至郡守咸爲良二千石父虯早以名德著聞仕歷瓜州司馬敦煌郡守郢州刺史封長城

縣子魏大統末卒於家周文帝傷悼之遣使者監護喪事又敕鄉人為營墳壟
贈龍驤將軍瓜州刺史整幼聰敏沉深有識量學藝騎射並為河右所推刺史
魏東陽王元榮辟整為主簿加盪寇將軍整進趨詳雅對揚辯暢謁見之際州
府傾目榮器整德望嘗謂僚屬曰令狐延保西州令望方成重器豈州郡之職
所可縶維但一日千里必基武步寡人當委以庶務畫諾而已頃之孝武西遷
河右擾亂榮仗整防扞州境獲寧及鄧彥竊據瓜州拒不受代整與開府張穆
等密應使者申徽執彥送京師周文嘉其忠節表為都督尋而城人張保又殺
刺史成慶與涼州刺史宇文仲和構逆規據河西晉昌人呂興等復害郡守郭
肆以郡應保初保等將圖為亂慮整守義不從既殺成慶因欲及整然人之望
復恐其下叛之遂不敢害雖外加禮敬內甚忌整整亦偽若親附而密欲圖之
陰令所親說保曰君與仲和結為脣齒今東軍漸逼涼州彼勢孤危恐不能敵
若或摧衂則禍及此土宜分遣銳師星言救援二州合勢則東軍可圖然後保
境息人計之上者保然之而未知所任整又令說保曰歷觀成敗在於任使所

擇不善旋致傾危令狐延保兼資文武才堪統御若使爲將蔑不濟矣保納其計且以整父兄等並在城中弗之疑也遂令整至玉門郡召集豪傑說保罪逆馳還襲之先定晉昌斬呂興進軍擊保州人素服整威名並棄保來附保遂奔吐谷渾衆議推整爲刺史整曰本以張保肆逆殺害無辜闔州之人俱陷不義今者同心務在除凶若其相推薦復恐效尤致禍於是乃推波斯使主張道義行州事具以狀聞詔以申徽爲刺史徵整赴闕授壽昌郡守封襄武縣男周文謂整曰卿早建殊勳今官位未足酬賞方當與卿共平天下同取富貴遂立爲瓜州義首整以國難未寧常願舉宗効力遂率鄉親二千餘人入朝隨軍征討整善於撫馭躬同豐約是以士衆並忘羈旅盡其力用周文嘗從容謂整曰卿遠祖立忠而來可謂積善餘慶世濟其美者也整遠祖漢建威將軍邁不爲王莽屈其子稱避地河右故周文稱之云累遷驃騎大將軍開府儀同三司加侍中周文又謂整曰卿勳同婁項義等骨肉立身敦雅可以範人遂賜姓宇文氏并賜名整焉宗人二百餘戶並列屬籍周孝閔帝踐阼拜司憲中大夫處法平

允爲當時所稱進爵彭城縣公初梁興州刺史席固以州來附周文以固爲豐州刺史固莅職既久猶習梁法凡所施爲多虧政典朝議密欲代之而難其選令整權鎭豐州委以代固之略整廣布威恩傾身撫接數月之閒化洽州府於是除整豐州刺史以固爲湖州豐州舊不居民中賦役參集勞逸不均整請移居武當詔可其奏獎勵撫導遷者如歸旬月之閒城府周備固之遷也其部曲多願留爲整左右整諭以朝制弗之許焉莫不流涕而去及整秩滿代至人吏戀之老幼送整遠近畢集數日停留方得出界其得人心如此拜御正中大夫出爲中華郡守轉同州司會遷始州刺史整雅識情僞尤明政術恭謹廉愼常懼盈滿故歷居內外所在見稱進位大將軍晉公護之初執政也欲委整以腹心整辭不敢當頗忤其意護以此踈之及護誅附會者咸伏法而整獨保全時人稱其先覺卒贈本官加四州諸軍事鄜州刺史諡曰襄子熙嗣

熙字長熙性嚴重有雅量雖在私室終日儼然不妄通賓客凡所交結必一時名士博覽羣書尤明三禮善騎射頗知音律起家以通經爲吏部上士轉夏官

府都上士俱有能名以母憂去職殆不勝哀其父戒之曰大孝在於安親義不
絶嗣吾今見存汝又隻立何得過爾毀頓貽吾憂也熙自是稍加饘粥服闋除
少駕部復丁父憂非杖不起人有聞其哭聲莫不爲之下泣河陰之役詔令墨
衰從事授職方下大夫襲彭城縣公及武帝平齊以留守功進位儀同歷司勳
吏部二曹中大夫甚有當時譽隋文帝受禪之際熙以本官行納言事尋除司
徒左長史加上儀同進爵河南郡公時吐谷渾寇邊以行軍長史從元帥元諧
討之以功進上開府後拜滄州刺史在職數年風教大洽稱爲良二千石開皇
四年上幸洛陽熙來朝吏人恐其遷悲泣於道及還百姓出境迎謁歡叫盈路
在州獲白烏白麞嘉麥甘露降於庭前柳樹八年徙爲河北道行臺度支尚書
吏人追思相與立碑頌德及行臺廢累遷鴻臚卿後以本官兼吏部尚書往判
五曹尚書事號爲明幹上甚任之及上祠太山還次汴州惡其殷盛多有姦俠
以熙爲汴州刺史下車禁游食抑工商人有向術開門者杜之船客停於郭外
星居者勒爲聚落僑人逐令歸本其有滯獄並決遣之令行禁止上聞而嘉之

顧侍臣曰鄰都天下難臨處敕相州刺史豆盧通令習熙法其年來朝考績爲天下之最賜帛三百疋頒告天下以嶺南夷數起亂徵拜桂州總管十七州諸軍事許以便宜從事刺史已下官得承制補授給帳内五百人帛五百疋發傳送其家累改封武康郡公熙至部大弘恩信其溪洞渠帥更相謂曰前總管皆以兵威相脅今者乃以手教相諭我輩其可違乎於是相率歸附先是州縣生梗長吏多不得之官寄政於總管府熙悉遣之爲建城邑開設學校人夷感化焉時有寗猛力者與陳後主同日生自言貌有貴相在陳世已據南海平陳後文帝因而撫之即拜安州刺史然驕倨恃險未常參謁熙手書諭之申以交友之分其母有疾熙復遺以藥猛力感之詣府請謁不敢爲非熙以州縣多有同名於是奏改安州爲欽州黄州爲峯州利州爲智州德州爲驩州東寧州爲融州上皆從之在職數年上表以年老疾患請解所任優詔不許賜以醫藥熙奉詔令交州渠帥李佛子入朝佛子欲爲亂請至仲冬上道熙意在羈縻遂從之有人詣闕訟熙受佛子賂而捨之上聞佛子反問至上大怒以爲信然遣使鎖

熙詰闕熙性素剛鬱鬱不得志行至汞州憂憤病卒上怒不解沒其家財及行
軍總管劉方禽佛子送京師言熙實無贓上悟乃召其四子聽仕少子德棻最
知名整弟休幼聰敏有文武材用與整同起兵逐張保授帥都督後爲中外府
樂曹參軍時諸功臣多爲本州刺史晉公護謂整曰以公勳望應得本州但朝
廷藉公委任無容遠出然公一門之內須有衣錦之榮乃以休爲敦煌郡守在
郡十餘年甚有政績卒於合州刺史
唐永北海平壽人也本居晉昌之懁安縣晉亂徙於丹陽祖揣始還魏官至北
海太守因家焉父倫青州刺史永身長八尺少耿介有將帥才讀班超傳慨然
有萬里之志正光中爲北地太守當郡别將俄而賊將宿勤明達車金雀等寇
郡境永擊破之境內稍安永善馭下士人競爲之用臨陣常著帛展襦把角如
意以指麾處分辭色自若在北地四年與賊數十戰未常敗北時人語曰莫陸
梁恐爾逢唐將永所營處至今猶稱唐公壘也行臺蕭寶夤表永爲南幽州刺
史夷人送故者莫不垂淚當路遮留隨數日始得出境大統元年拜東雍州刺

史尋加衞將軍封平壽伯卒贈司空公永性清廉家無蓄積妻子不免飢寒世以此稱之子陵少習武藝頗閑吏職位大都督應州刺史車騎大將軍儀同三司陵子悟美風儀博涉經史文詠可觀周大象中頗被宣帝任遇位至內史下大夫漢陽公隋文帝得政廢於家而卒陵弟瑾

瑾字附璘性温恭有器量博涉經史雅好屬文身長八尺二寸容貌甚偉年十七周文聞其名乃貽永書曰聞公有二子曰陵曰瑾陵從橫多武略瑾雍容富文雅可並遣入朝孤欲委以文武之任因召拜尙書員外郞相府記室參軍事軍書羽檄瑾多掌之從破沙苑戰河橋並有功封姑臧縣子累遷尙書右丞吏部郞中于時魏室播遷庶務草創朝章國典瑾並參之遷戶部尙書進位驃騎大將軍開府儀同三司賜姓宇文氏時燕公于謹勳高望重朝野所屬白周文言瑾學行兼修願與之同姓結爲兄弟庶子孫承其餘論有益義方周文歎異者久之更賜瑾姓万紐于氏謹乃深相結納敦長幼之序瑾亦廷羅子孫行弟姪之敬其爲朝望所宗如此進爵臨淄縣伯轉吏部尙書銓綜衡流雅有人倫

之鑒以父憂去職尋起令視事時六尚書皆一時之秀周文自謂得人號爲六俊然瑾尤見器重于謹南伐江陵以瑾爲元帥府長史軍中謀略多出瑾焉江陵既平衣冠仕伍並沒爲僕隸瑾察其才行有片善者輒議免之賴瑾獲濟者甚衆時論多焉及軍還諸將多因虜掠大獲財物瑾一無所取唯得書兩車載之以歸或白周文曰唐瑾大有輜重悉是梁朝珍玩周文初不信之然欲明其虛實密遣使檢閱之唯見墳籍而已乃歎曰孤知此人來二十許年明其不以利干義向若不令檢視恐常人有投杼之疑孤所以益明之耳凡受人委任當如此也論平江陵功進爵爲公六官建授禮部中大夫出爲蔡州刺史歷拓州硤州所在皆有德化人吏稱之轉荆州總管府長史入爲吏部中大夫歷御正納言內史中大夫曾未十旬遂遷四職搢紳咸以爲榮久之除司宗中大夫兼內史尋卒于位贈小宗伯謚曰方瑾性方重有風格退朝休假恒著衣冠以對妻子遇迅雷風烈雖閑夜宴寢必起冠帶端笏危坐又好施與家無餘財所得祿賜常散之宗族其尤貧乏者又割膏腴田宅以振之所留遺子孫者並墝埆

之地朝野以此稱之撰新儀十篇所著賦頌碑誄二十餘萬言孫大智嗣瑾次子令則性好篇章兼解音律文多輕艷爲時人所傳天和初以齊馭下大夫使於陳大象中官至樂部下大夫仕隋位太子左庶子皇太子勇廢被誅

柳敏字白澤河東解縣人晉太常純之七世孫也父懿魏車騎大將軍儀同三司汾州刺史敏九歲而孤事母以孝聞性好學涉獵經史陰陽卜筮之術靡不習焉年未弱冠起家員外散騎侍郎累遷河東郡丞朝議以敏之本邑故有此授敏雖統御鄉里而處物平允甚得時譽及周文剋復河東見而器異之乃謂之曰今日不喜得河東喜得卿也卽拜丞相府參軍事俄轉戶曹參軍兼記室每有四方賓客恆令接之爰及吉凶禮儀亦令監綜又與蘇綽等修撰新制爲朝廷政典遷禮部郎中封武城縣子加帥都督領本鄉兵俄進大都督遭母憂居喪旬日之閒鬢髮半白尋起爲吏部郎中毀瘠過禮杖而後起周文見而歎異之特加稟賜及尉遲迥伐蜀以敏爲行軍司馬軍中籌略並以委之益州平進驃騎大將軍開府儀同三司加侍中遷尚書賜姓宇文氏六官建拜禮部中

大夫周孝閔帝踐阼進爵爲公又除河東郡守尋復徵拜禮部出爲郢州刺史甚得物情及將還朝夷夏士人感其惠政並齎酒餚及物產候之於路敏乃從他道而還復拜禮部後改禮部爲司宗仍以敏爲之敏操履方正性又恭勤每日將朝必夙興待旦文久處臺閣明練故事近儀或乖先典者皆案據舊章刊正取中還小宗伯監修國史轉小司馬又監修律令進位大將軍出爲鄜州刺史以疾不之部武帝平齊進爵武德郡公敏自建德以後寢疾積年武帝及宣帝並親幸其第問疾焉開皇元年進位上大將軍太子太保其年卒贈五州諸軍事晉州刺史臨終戒其子等喪事所從務從簡約其子等並涕泣奉行少子昂

昂字千里幼聰穎有器識幹局過人周武帝時爲內史中大夫開府儀同三司賜爵文城郡公當塗用事百寮皆出其下昂竭誠獻替知無不爲謙虛自處未嘗驕物時論以此重之武帝崩受遺輔政稍被宣帝疏然不離本職隋文帝爲丞相深自結納文帝以爲太宗伯拜日遂得偏風不能視事文帝受禪疾愈加

上開府拜潞州刺史昂見天下無事上表請勸學行禮上覽而善之優詔答昂自是天下州縣皆置博士習禮焉昂在州甚有惠政卒官子調歷祕書郎侍御史左僕射楊素嘗於朝堂見調因獨言曰柳條通體弱獨搖不須風調斂版正色曰調信無取公不當以爲侍御信有可取不應發此言公當具瞻之地樞機何可輕發素甚奇之煬帝嗣位累遷尚書左司郎中時王綱不振朝士多贓貨唯調清素守常爲時所美然幹用非其所長

王士良字君明其先太原晉陽人也後因晉亂避地涼州魏太武平沮渠氏曾祖景仁歸魏爲敦煌鎭將祖公禮平城鎭司馬因家於代父延蘭陵郡守士良少修謹不妄交游孝莊末尒朱仲遠啓爲府參軍事歷大行臺郎中諫議大夫封石門縣男後與紇豆陵步藩交戰軍敗爲藩所禽遂居河右僞行臺紇豆陵伊利欽其才擢授右丞妻以孫女士良既爲姻好便得盡言遂曉以禍福伊利等卽歸附朝廷嘉之太昌初進爵晉陽縣子尋進爵琅邪縣侯授太中大夫右將軍出爲殷州車騎府司馬東魏徙鄴之後置京畿府專典兵馬時齊文襄爲

大都督以士良爲司馬領外兵參軍尋遷長史加安西將軍徙封符壘縣侯武定初除行臺右中兵郎中又轉大將軍府屬從事中郎仍攝外兵事王思政鎮頴川齊文襄率衆攻之授士良大行臺左丞加鎮西將軍進爵爲公令輔其弟演於幷州居守齊文宣卽位入爲給事黃門侍郎領中書舍人仍總知幷州兵馬事加征西將軍別封新豐縣子俄除驃騎將軍尚書吏部郎中文宣自晉陽赴鄴宮復以士良爲尚書左丞統留後事仍遷御史中丞轉七兵尚書未幾入爲侍中轉殿中尚書頃之復爲侍中吏部尚書士良少孤事繼母梁氏以孝聞及卒居喪合禮文宣尋起令視事士良屢表陳誠再三不許方應命文宣見其毀瘠乃許之因此臥疾歷年文宣每自臨視疾愈除滄州刺史乾明初徵還鄴授儀同三司孝昭卽位遣三道使搜揚人物士良與尚書令趙郡王高叡太常卿崔昂分行郡國但有一介之善者無不以聞齊武成初除太子少傅少師復除侍中轉太常卿尋加開府儀同三司出爲豫州道行臺豫州刺史保定四年晉公護東伐權景宣以山南兵圍豫州士良舉城降授大將軍小司徒賜爵廣

昌郡公尋除荊州總管行荊州刺史復入爲小司徒俄除鄀州刺史轉荊州刺史士良去鄉既久忽臨本州耆老故人猶有存者遠近咸以爲榮加授上大將軍以老病乞骸骨優詔許之開皇元年卒時年八十二子德衡大象末儀同大將軍

論曰昔陽貨外叛庶其竊邑而春秋譏之韓信背項陳平歸漢而史遷美之蓋以運屬既安君道已著則狥利忘德者罪也時逢擾攘臣禮未備則轉禍爲福者可也崔彥穆楊纂段永等昔在山東沉淪下位並以羈旅之士遭回於燕雀之伍終佩龜組可謂見機者乎令狐整幹用確然雅望重於河右處州里則勳著方隅升朝廷則績宣出內而畏避權寵克保終吉不然何以自致顯名而取高位也熙歷職流譽風政克舉雖古之循吏亦何以加茲而毫釐爲爽丘山成過唯命也夫唐永良能之名所在著美清白之譽顯於累職所謂幹能之士也瑾敏並挺杞梓之材蘊瑚璉之器博觀載籍多識舊章固乃國之名臣時之領袖周無君子斯焉取斯王士良之于齊職居卿牧而失忠與義臨難茍免其背

叛之徒歟

北史卷六十七

北史卷六十七考證

崔彥穆傳因攻拔滎陽○滎監本作榮今從南本

段永傳晉幽州刺史匹磾之後也○匹監本訛疋今改從晉書

令狐整傳整進趨詳雅對揚辯暢○趨監本訛趣今從南本

遂令整至玉門郡○玉監本訛王今改正

若其相推薦復恐效尤致禍○其一本作共

熙傳歷司勳吏部二曹中大夫○二監本訛一今改從南本

東寧州爲融州○融字下監本缺州字今從南本增入

唐瑾傳退朝休假恆著衣冠○恆監本誤烜今改正

王士良傳後與紇豆陵步藩交戰○紇監本訛訖今改從南本

北史卷六十七考證

北史卷六十八

唐　李　延　壽　撰

列傳第五十六

豆盧寧 子勣 孫毓　楊紹 子雄　王雅 子世積　韓雄 子禽

賀若敦 子弼 弟誼

豆盧寧字永安昌黎徒何人其先本姓慕容氏燕北地王精之後也高祖勝以燕皇始初歸魏授長樂郡守賜姓豆盧氏或云北人謂歸義爲豆盧因氏焉又云避難改焉未詳孰是父萇魏柔玄鎮將有威重見稱於時武成中以寧勳追贈柱國大將軍少保涪郡公寧少驍果有志氣身長八尺美姿容善騎射魏永安中以別將隨尒朱天光入關以破万俟醜奴以功賜爵靈壽縣男嘗與梁仙定遇於平涼川相與肄射乃相去百步縣莎草以射之七發五中仚定服其能贈遺甚厚天光敗從侯莫陳悅及周文討悅寧與李弼來歸孝武西遷以奉迎勳封河陽縣伯後進爵爲公從禽竇泰復弘農破沙苑除衞大將軍兼大都督

大統七年從于謹破稽胡帥劉平伏於上郡及梁仙定反以寧爲軍司監隴右諸軍事賊平進位侍中使持節驃騎大將軍開府儀同三司九年從周文迎高仲密與東魏戰於芒山還左衞將軍進爵范陽郡公十六年拜大將軍羌帥傍乞鐵公及鄭五醜等反叛寧討平之恭帝二年改封武陽郡公遷尚書右僕射周孝閔帝踐阼授柱國大將軍武成初出爲同州刺史還大司寇進封楚國公邑萬戶別食鹽亭縣一千戶收其租賦保定四年授岐州刺史屬大兵東討寧輿疾從軍薨於同州贈太保十州諸軍事同州刺史謚曰昭初寧未有子養弟永恩子勣及生子讚親屬皆請讚爲嗣寧曰兄弟之子猶子也吾何擇焉遂以勣嗣時以此多之及寧薨勣襲爵

勣字定東生時周文親幸寧家稱慶時遇新破齊軍周文因字曰定東勣聰悟有器局初以勳臣子封義安縣侯周明帝受禪授稍伯下大夫開府儀同三司改封丹陽郡公明帝時爲左武伯中大夫勣自以經業未通請解職遊露門學帝嘉之敕以本官就學齊王憲納勣妹爲妃恩禮愈厚武帝嗣位渭源燒當羌

因饑作亂以勳有才略拜渭州刺史甚有惠政華夷悅服大致祥瑞鳥鼠山俗呼爲高武隴其下渭水所出其山絕壁千尋由來乏水諸羌苦之勳馬足所踐忽飛泉涌出有白烏飛上廳前乳子而後去有白狼見於襄武人爲之謠曰我有丹陽山出玉漿濟我人夷神烏來翔百姓因號其泉曰玉漿泉後丁父艱毀瘁過禮襲爵楚國公大象二年累遷利州總管尋拜柱國隋文帝爲丞相益州總管王謙作亂勳嬰城固守謙將達奚惎等攻之起土山鑿城爲七十餘穴堰江以灌之勳時戰士不過二千晝夜相拒經四旬梁睿軍且至賊解去授上柱國賜一子爵中山縣公開皇中爲夏州總管帝以其家貴戚勳効克彰後爲漢王諒納其女爲妃恩遇彌厚七年追守利州功詔食始州臨津縣邑千戶十年以疾徵還京師詔諸王並至勳第中使顧問道路不絕卒謚曰襄子賢嗣位顯州刺史大理少卿武賁郎將次子毓

毓字道生少英果有氣節漢王諒出鎮幷州毓以妃兄爲王府主簿以征突厥功授儀同三司及煬帝即位諒納諮議王頍謀作亂毓苦諫不從因謂其弟懿

曰吾匹馬歸朝自得免禍此乃身計非爲國也今且僞從以思後計毓兄顯州刺史賢言於帝曰臣弟毓素懷志節必不從亂但逼兇威不能克遂臣請從軍與毓爲表裏諒不足圖也帝許之賢密遣家人齎敕書至毓所與之計諒將往介州令毓與總管屬朱濤留守毓與濤議拒之濤拂衣不從毓追斬之時諒司馬皇甫誕以諫被囚毓出之與協計及開府盤石侯宿勤武等閉城拒諒部分未定有人告諒諒攻之城陷見害時年二十八諒平贈大將軍封正義縣公謚曰愍子願師嗣拜儀同三司大業初行新令五等並除未幾帝復下詔改封雍丘侯復以願師襲

讃以寧勳建德初賜爵華陰縣侯累遷開府儀同大將軍進爵武陽郡公永恩少有識度與寧俱歸周文以迎孝武功封新興伯屢從征討皆有功進位驃騎大將軍開府儀同三司周孝閔帝踐阼授鄯州刺史改封沃野縣公保定元年入爲司會中大夫寧封楚國公請以先封武陽郡三千戶益沃野之封詔許焉卒于官贈少保謚曰敬子通嗣

通字平東一名會弘厚有器局在周以父功賜爵臨貞縣侯改封沃野縣公位開府北徐州刺史開皇初進爵南陳郡公尙隋文帝妹昌樂縣長公主歷定相二州刺史夏洪二州總管並以寬惠稱卒官謚曰安子寬嗣

楊紹字子安弘農華陰人也祖興魏新平郡守父國中散大夫紹少慷慨有志略屢從征伐力戰有功普泰初封平鄉縣男大統元年進爵冠軍縣公四年爲鄜城郡守紹性恕直兼有威惠百姓安之累遷驃騎大將軍開府儀同三司鄜州刺史賜姓叱呂引氏周孝閔帝踐祚進爵儻城郡公位大將軍卒贈成文等八州刺史謚曰信子雄嗣

雄初名惠美姿容有器度雍容閑雅進止可觀周武帝時爲太子司旅下大夫帝幸雲陽宮衞王直作亂襲肅章門雄逆拒破之封武陽郡公遷右衞上大夫大象中進爵邗國公隋文帝爲丞相雍州牧畢王賢構作難雄時爲別駕知其謀以告文帝賢伏誅以功授柱國雍州牧仍領相府虞候周宣帝葬備諸王有變令雄率六千騎送至陵所進位上柱國文帝受禪除左衞將軍兼宗正卿遷

右衛大將軍參預朝政封廣平王以邢公別封一子雄請封弟士貴朝廷許之或奏高熲朋黨者帝言之於朝雄深明其虛帝亦以為然雄時貴寵冠絕一時與高熲虞慶則蘇威稱為四貴雄寬容下士朝野顧屬帝陰忌之不欲其典兵馬乃改授司空外示優崇而內實奪其權也雄乃閉門不通賓客尋改封清漳王仁壽初帝以清漳不允聲望命職方進地圖指安德郡示羣臣曰此號足為名德相稱乃改封安德王大業初授太子太傅元德太子薨檢校鄭州刺史遷懷州刺史京兆尹帝親征吐谷渾詔雄總管澆河道諸軍及還改封觀王遼東之役檢校左翊衛大將軍出遼東道次瀘河鎮遘疾薨帝為之廢朝詔鴻臚監護喪事有司請謚曰懿帝曰王道高雅俗德冠生靈乃謚曰德贈司徒襄國等十郡太守子恭仁位吏部侍郎恭仁弟綝性和厚頗有文學歷義州刺史淮南郡太守及父薨起為司隸校尉遼東之役楊玄感反其弟玄縱自帝所逃赴其兄路逢綝綝避人偶語久之司隸刺史劉休文奏之時恭仁將兵於外帝寢其事綝憂發病而卒

雄弟達字士達有學行仕周位儀同內史下大夫封遂寧縣男文帝受禪拜給事黃門侍郎進爵爲子遷兼吏部侍郎加開府轉內史侍郎鄯鄭趙三州刺史俱有能名平陳後帝差品天下牧宰達爲第一擢拜工部尚書加上開府達爲人弘厚有局度楊素每曰有君子貌兼君子心者唯楊達耳獻皇后及文帝山陵制度達並參預焉煬帝嗣位轉納言領營東都副監遼東之役領右武衞將軍進位左光祿大夫卒於師贈吏部尚書始安侯謚曰恭

王雅字度容闡熙新囶人也少沉毅木訥寡言有膽勇善騎射周文聞其名召入軍以功賜爵居庸縣子從禽竇泰於潼關沙苑之戰雅謂所部曰彼軍殆有百萬今我不滿萬人常理論之實難與敵但相公神武以順討逆豈計衆寡大丈夫不以此時破賊何用生爲乃擐甲出戰所向披靡周文壯之又從戰芒山時大軍失利諸將皆退雅獨拒之敵人見其無繼步騎競進雅左右奮擊斬九級敵衆稍退雅乃還周文歎曰王雅舉身悉是膽也進爵爲伯累遷驃騎大將軍開府儀同三司明帝初除汾州刺史勵精爲政人庶悅附自遠至者七百餘

家卒於夏州刺史子世積嗣
世積容貌魁岸腰帶十圍風神爽拔有人傑之表在周以功拜上儀同封長子
縣公隋文帝受禪進封宜陽郡公高熲美其才能甚善之嘗謂熲曰吾輩俱周
臣子社稷淪沒若何熲深拒之未幾授蘄州總管平陳之役以舟師自蘄水趣
九江以功進位柱國荊州總管後桂州人李光仕作亂世積以行軍總管討平
之進位上柱國甚見隆重世積見帝性忌刻功臣多獲罪由是縱酒不與執政
言及時事上以爲有酒疾舍之宮內令醫者療之世積詭稱疾愈始得就第及
征遼東世積與漢王並爲行軍元帥至柳城遇疾而還拜涼州總管令騎士七
百人送之官未幾其親信安定皇甫孝諧有罪吏捕之亡抵世積不納由是有
憾孝諧竟配防桂州事總管令狐熙熙又不禮焉甚困窮因徼幸上變稱世積
嘗令道人相其貴不道人云當爲國主謂其妻曰夫人當爲皇后又將之涼州
其所親謂世積曰河西天下精兵處可圖大事世積曰涼州土曠人稀非用武
國由是被徵案其事有司奏左衞大將軍元旻右衞大將軍元冑左僕射高熲

並與世積交通受其名馬之贈世積竟坐誅旻胄等免官拜孝諧爲上大將軍

韓雄字木蘭河南東垣人也祖景孝文時爲赭陽郡守雄少敢勇膂力絶人工騎射有將率材略及孝武西遷雄便慷慨有立功之志大統初遂與其屬六十餘人於洛西舉兵數日間衆至千人與河南行臺楊琚共爲犄角每抄掠東魏所向剋獲東魏洛州刺史韓賢以狀聞鄴乃遣其軍司慕容紹宗與賢合勢討雄戰數十合雄衆略盡兄及妻子皆爲賢所獲將以爲戮乃遣人告雄皆免之雄乃詣賢軍卽隨賢還洛潛引賢黨謀欲襲之事洩遁免謁周文於弘農封武陽縣侯遣還鄉里更圖進取雄乃招集義衆從獨孤信入洛陽芒山之役周文命雄邀齊神武於隘道神武怒命三軍并力取雄雄突圍得免除東徐州刺史東魏雍州刺史郭叔略接境頗爲邊患雄密圖之輕將十騎夜入其境伏於道側遣都督韓仕於略城服東魏人衣服詐若自河陽叛投關西者略出馳之雄自後射之再發咸中遂斬略首除河南尹進爵爲公尋進驃騎大將軍開府儀同三司侍中河南邑中正周孝閔帝踐祚進爵新義郡公賜姓宇文氏明帝二

年除都督中州刺史雄久在邊具知敵人虛實每率衆深入不避艱難前後經四十五戰雖時有勝負而雄志氣益壯東魏深憚之卒于鎮贈大將軍五州諸軍事謚曰威子禽嗣

禽字子通少慷慨以膽略稱容貌魁岸有雄傑之表性又好書經史百家皆略知大旨周文見而異之令與諸子遊集以軍功稍遷儀同三司襲爵新義郡公武帝伐齊禽說下獨孤永業於金墉城及平范陽加上儀同永州刺史隋文帝作相遷和州刺史陳將甄慶任蠻奴蕭摩訶等共爲聲援頻寇江北前後入界禽屢挫其鋒陳人奪氣開皇初文帝潛有吞江南志拜禽廬州總管委以平陳之任甚爲敵人所憚及大舉伐陳以禽爲先鋒禽領五百人宵濟襲採石守者皆醉遂取之進攻姑熟半日而拔次於新林江南父老素聞其威信來謁軍門晝夜不絕其將樊巡魯世真田瑞等相繼降晉王遣行軍總管杜彥與禽合軍陳叔寶遣領軍蔡徵守朱雀航聞禽將至衆懼而潰任蠻奴爲賀若弼所敗棄軍降禽禽以精騎直入朱雀門陳人欲戰蠻奴撝之曰老夫尚降諸君何事衆

皆散走遂平金陵執陳主叔寶時賀若弼亦有功乃下詔晉王曰此二公者朕本委之悉如朕意以名臣之功成太平之業天下盛事何用過此又下優詔於禽弼曰申國威於萬里宣朝化於一隅使東南之人俱出湯火數百年賊旬日廓清專是公之功也高名塞於宇宙盛業光於天壤逖聽前古罕聞其匹班師凱入誠知非遠相思之甚寸陰若歲及至京弼與禽爭功於上前弼曰臣在蔣山死戰破其銳卒禽其驍將震揚威武遂平陳國禽略不交陣豈臣之比禽曰本奉明旨令臣與弼同取僞都弼乃敢先期逢賊遂戰致將士傷死甚多臣以輕騎五百兵不血刃直取金陵降任蠻奴執陳叔寶據其府庫傾其巢穴弼至夕方扣北掖門臣啓關而納之斯乃救罪不暇安得與臣爲比上曰二將俱合上勳於是進位上柱國賜物八千段有司劾禽縱士卒淫汙陳宮坐此不得國公及真食邑大軍之始出也上敕有司曰亡國物我一不以入府可於苑內築五垜當悉賜文武百官大射以取之及是上御玄堂大陳陳之奴婢貨賄會王公文武官七品已上武職領兵都督已上及諸考使以射之先是江東謠曰黃

班青驄馬發自壽陽洎來時冬氣末去日春風始皆不知所謂禽本名禽武平
陳之際又乘青驄馬往返時節與歌相應至是方悟後突厥來朝上謂曰汝聞
江南有陳國天子乎對曰聞之上命左右引突厥詣禽前曰此是執得陳國天
子者禽勵然顧之突厥惶恐不敢仰視其威容如此別封壽光縣公眞食千戶
以行軍總管屯金城禦備胡寇卽拜涼州總管俄徵還京恩禮殊厚無何其隣
母見禽門下儀衞甚盛有同王者母異而問之其中人曰我來迎王忽不見又
有人疾篤忽驚走至禽家曰我欲謁王左右問何王曰閻羅王禽子弟欲撻之
禽止之曰生爲上柱國死作閻羅王亦足矣因寢疾卒子世諤嗣
世諤倜儻驍捷有父風楊玄感亂引爲將每戰先登玄感敗爲吏所拘時帝在
高陽送詣行在所世諤日令守者市酒殽以酣暢揚言曰吾死在朝夕不醉何
爲漸以酒進守者守者狎之遂飲令醉因得逃奔山賊不知所終禽母弟僧壽
字玄慶亦以勇烈知名周武帝時爲侍伯中旅下大夫隋文帝得政從韋孝寬
平尉遲迥以功授大將軍封昌樂縣公開皇初拜安州刺史時禽爲廬州總管

朝廷不欲其兄弟同在淮南轉熊蔚二州刺史進爵廣陵郡公尋以行軍總管擊破突厥於雞頭山後坐事免數歲復拜蔚州刺史突厥甚憚之後檢校靈州總管事從楊素破突厥進位上柱國改封江都郡公煬帝即位封新蔡郡公自是不復任用大業五年從幸太原時有京兆人達奚通妾王氏能清歌朝臣多相命觀之僧壽亦預焉坐除名尋命復位卒於京師子孝基

僧壽弟洪字叔明少驍勇善騎射膂力過人仕周以軍功拜大都督隋文帝爲丞相從韋孝寬破尉遲迥加上開府封甘棠縣侯及帝受禪進爵爲公開皇九年平陳之役授行軍總管及陳平晉王廣大獵於蔣山有猛獸在圍中衆皆懼洪馳馬射之應弦而倒陳氏諸將列觀皆歎伏焉王大喜賜縑百匹尋以功加柱國拜蔣州刺史轉廉州時突厥屢爲邊患朝廷以洪驍勇令檢校朔州總管事尋拜代州總管仁壽元年突厥達頭可汗犯塞洪率蔚州刺史劉隆大將軍李藥王拒之遇虜於恆安衆寡不敵洪四面搏戰身被重創將士沮氣虜悉衆圍之矢下如雨洪僞與虜和圍少懈洪率所領潰圍而出死者大半殺虜亦倍

洪及藥王除名隆竟坐死煬帝北巡至恆安見白骨被野以問侍臣曰往者韓洪與虜戰處也帝憫然傷之收葬骸骨命五郡沙門爲設齋供拜洪隴西太守未幾朱崖人王萬昌作亂詔洪平之以功加金紫光祿大夫領郡如故俄而萬昌弟仲通復叛又詔洪平之還師未幾旋遇疾卒

賀若敦河南洛陽人也其先居漠北世爲部落大人曾祖貸魏獻文時入國爲都官尚書封安富縣公祖伏連仕魏位雲州刺史父統勇健不好文學以祖蔭爲祕書郎永安初從太宰元天穆討邢杲以功封當亭子齊神武初起以統爲潁川長史執刺史田迅以州降拜兗州刺史賜爵當亭縣公歷位北雍恆二州刺史卒贈司空公謚曰哀敦少有氣幹統之將執田迅也慮事不果又以累弱既多難以自救沈吟者久之敦年十七進策贊成其謀統流涕從之遂定謀歸西時羣盜蜂起大龜山賊張世顯潛來襲統敦挺身赴戰手斬七八人賊乃走統大悅謂左右僚屬曰我少從軍旅戰陣非一如此兒年時膽略未見其人非唯成我門戶亦當爲國名將明年從河內公獨孤信於洛陽被圍敦彎三石弓

箭不虛發信乃言於周文引至麾下授都督封安陵縣伯嘗從校獵甘泉宮時圍人不齊獸多越逸周文大怒人皆股戰圍內唯有一鹿俄亦突圍而走敦躍馬馳之鹿上東出敦棄馬步逐至山半便乃掣之而下周文大悅諸將因得免責累遷太子庶子廢帝二年拜右衛將軍俄加驃騎大將軍開府儀同三司進爵廣鄉縣公時岷蜀初開人情尚梗巴西人譙淹據南梁州與梁西江州刺史王開業共爲表裏扇動羣蠻周文令敦討平之進爵武都郡公拜典祀中大夫尋爲金州都督蠻帥向白彪向五子王等聚衆爲寇圍逼信州詔敦與開府田弘赴救未至而城已陷乃進軍追討遂平信州是歲荆州蠻帥文子榮自號仁州刺史復令敦與開府段韶討禽子榮幷虜其衆武成元年入爲軍司馬陳將侯瑱侯安都等圍逼湘州遏絕糧援乃令敦度江赴救敦連戰破瑱乘勝遂次湘州俄而秋水汎溢江路遂斷糧援既絕恐瑱等知其糧少乃於營內多爲聚土覆之以米召側近村人陽有所訪問隨即遣之瑱等聞之良以爲實敦又增修營壘造廬舍亦以持久湘羅之間遂廢農業瑱等無如之何初土人亟乘輕

船載米粟及籠鷄鴨以餉頊軍敦患之乃僞爲土人裝船伏甲士於中頊軍人望見謂餉船之至逆來爭取敦甲士遂禽之又敦軍數有叛人乘馬投頊頊輒納之敦又別取一馬牽以趣船令船中逆以鞭鞭之如是者再三馬便畏船不上後伏兵於江岸使人乘畏船馬以招頊軍詐云投附頊便遣兵迎接競來牽馬馬既畏船不上伏兵發盡殺之此後實有饋餉及亡奔頊者猶謂敦之詐並不敢受相持歲餘頊等不能制求借船送敦度江敦慮其詐或謂曰舍我百里當爲汝去頊等遂留船於是將兵去津路百里敦覘之非詐勒衆而還在軍病死者十五六晉公護以敦失地無功除其名保定五年累遷中州刺史鎮函谷敦恃功負氣顧其流輩皆爲大將軍敦獨未得兼以湘州之役全軍而反翻被除名每出怨言晉公護怒徵還逼令自殺臨刑呼子弼謂曰吾必欲平江南然心不果汝當成吾志吾以舌死汝不可不思因引錐刺弼舌出血誡以愼口建德初追贈大將軍謚曰烈

弼字輔伯少有大志驍勇便弓馬解屬文博涉書記有重名周齊王憲聞而敬

之引爲記室封當亭縣公遷小內史與韋孝寬伐陳攻拔數十城弼計居多拜

壽州刺史改封襄邑縣公隋文帝爲丞相尉遲迥作亂帝恐弼爲變遣長孫平

馳驛代之及帝受禪陰有平江南志訪可任者高熲薦弼有文武才幹於是拜

吳州總管委以平陳事弼忻然以爲己任與壽州總管源雄並爲重鎮弼遺雄

詩曰交河驃騎幕合浦伏波營勿使騏驎上無我二人名獻取陳十策上稱善

賜以寶刀開皇九年大舉伐陳以弼爲行軍總管將度江酹酒呪曰弼親承廟

略遠振國威若使福善禍淫大軍利涉如事有乖違得葬江魚腹中死且不恨

先是弼請緣江防人每交代際必集歷陽於是大列旗幟營幕被野陳人以爲

大兵至悉發國中士馬既知防人交代其衆復散後以爲常不復設備及此弼

以大軍濟江陳人弗覺襲陳南徐州拔之執其刺史黃恪軍令嚴肅秋毫不犯

有軍士於人間酤酒者弼立斬之進屯蔣山之白土岡陳將魯廣達周智安任

蠻奴田瑞孔範蕭摩訶等以勁兵拒戰田瑞先犯擊走之魯廣達等相繼遞進

弼軍屢却弼揣知其驕士卒且惰於是督厲將士殊死戰遂大破之麾下士開

府員明禽摩訶至錫命左右牽斬之摩訶顏色自若錫釋而禮之從北掖門入時韓禽已執陳叔寶錫至呼叔寶視之叔寶惶懼流汗股慄再拜錫謂曰小國之君當大國卿拜禮也入朝不失作歸命侯無勞恐懼既而錫恚恨不獲叔寶於是與禽相詢挺刃而出令蔡徵為叔寶作降牋命乘騾車歸己事不果上聞錫有功大悅下詔襃揚之晉王以錫先期決戰違軍命於是以錫屬吏上驛召之及見迎勞曰剋定三吳公之功也命登御坐賜物八千段加位上柱國進爵宋國公真食襄邑三千戶加寶劍寶帶金甕金盤各一幷雉尾扇曲蓋雜綵二千段女樂二部又賜陳叔寶妹為妾拜右領軍大將軍平陳後六年錫撰其書策上之謂為御授平陳七策上弗省曰公欲發揚我名我不求名公宜自載家傳七策其一請廣陵頓兵一萬番代往來陳人初見設備後以為常及大兵南伐不復疑也其二使兵緣江時獵人馬喧噪及兵臨江陳人以為獵也其三以老馬多買陳船而匿之買弊船五六十艘於瀆內陳人覘以為內國無船其四積葦荻於楊子津其高蔽艦及大兵將度乃卒通瀆於江其五塗戰船以黃與

枯荻同色故陳人不預覺之其六先取京口倉儲速據白土岡置兵死地故一戰而剋其七臣奉敕兵以義舉及平京口俘五千餘人便悉給糧勞遣付其敕書命別道宣喻是以大兵度江莫不草偃十七日之間南至林邑東至滄海西至象林皆悉平定轉右武候大將軍弼時貴盛位望隆重其兄隆爲武都郡公弟東萬榮郡公並刺史列將弼家珍翫不可勝計婢妾曳綺羅者數百時人榮之弼自謂功名出朝臣之右每以宰相自許既而楊素爲右僕射弼仍爲將軍甚不平形於言色由是免官弼怨望愈甚後數載下弼獄上謂曰我以高熲楊素爲宰相汝每昌言此二人唯堪噉飯耳是何意也弼曰熲臣之故人素臣之舅子臣並知其爲人誠有此語公卿奏弼怨望罪當死上曰臣下守法不移公可自求活理弼曰臣恃至尊威靈將八千兵渡江卽禽陳叔寶竊以此望活上曰此已格外酧賞何用追論弼曰平陳之日諸公議不許臣行推心爲國已蒙格外重賞今還格外望活既而上低徊者數日惜其功特令除名歲餘復其爵位上亦忌之不復任使然每宴賜遇之甚厚十九年上幸仁壽宮讌王公詔弼

爲五言詩詞意憤怨帝覽而容之明年春弼又有罪在禁所詠詩自若上數之曰人有性善行惡者公之爲惡乃與行俱有三太猛嫉妬心太猛自是非人心太猛無上心太猛昔在周朝已教他兒子反此心終不能改邪他日上謂侍臣曰初欲平陳時弼謂高熲曰陳叔寶可平不作高鳥盡良弓藏邪熲云必不然平陳後便索內史又索僕射我語熲曰功臣正宜授勳官不可豫朝政弼後語熲皇太子於己出口入耳無所不盡公終久何必不得弼力何脉脉邪意圖鎮廣陵又求荊州總管並是作亂處意終不改也後突厥入朝上賜之射突厥一發中的上曰非弼無能當此乃命弼弼再拜呪曰臣若赤誠奉國當一發破的如不然發不中也弼射一發而中上大悅顧謂突厥曰此人天賜我也煬帝之在東宮嘗謂曰楊素韓禽史萬歲三人俱良將也優劣如何弼曰楊素是猛將非謀將韓禽是鬬將非領將史萬歲是騎將非大將太子曰然則大將誰也弼拜曰唯殿下所擇弼意自許爲大將及煬帝嗣位尤被疏忌大業三年從駕北巡至榆林時爲大帳下可坐數千人召突厥啓人可汗饗之弼以爲太侈與高

頹宇文弼等私議得失爲人所告竟坐誅時年六十四妻子爲官奴婢羣從徙邊子懷亮慷慨有父風以柱國世子拜儀同三司坐弼爲奴俄亦誅死敦弟誼性剛果有幹略周文據關中引之左右累遷儀同三司略陽公府長史周閔帝受禪封霸城縣子加開府歷原信二州總管及兄敦以讒毀伏誅坐免官從武帝平齊拜洛州刺史進封建威縣侯開皇中位左武侯將軍海陵郡公後以突厥爲邊患誼素有威名拜靈州刺史進位柱國誼時年老猶能重鎧上馬甚爲北夷所憚數載上表乞骸骨卒於家子舉襲爵

論曰周文帝屬禍亂之辰以征伐而定海內大則連兵百萬繫之以存亡小則轉戰邊亭不闋於旬月是以兵無少長士無賢愚莫不投筆要功橫戈請奮豆盧寧楊紹王雅韓雄等或攀翼雲漢底績屯夷雖運移年代而名成終始美矣哉豆盧勣譽宣分竹毓節見臨危可謂載德象賢也觀德王位登台衮慶流後嗣保茲寵祿實仁厚之所致乎王世積儁才雖多適足爲害者矣賀若敦志略慷慨深入敵境勍寇絕其糧道江淮沮其歸塗臨危而策出無方事迫而雄心

彌厲故能利涉死地全師以反而茂勳莫紀嚴刑已及天下是以知宇文護之不能終其位也自南北分隔將三百年隋文爰應千齡將一函夏賀若弼慷慨申必取之長策韓禽奮發賈餘勇以爭先隋氏自此一戎威加四海稽諸天道或時有廢興考之人謀實二臣之力其倜儻英略賀弼居多武毅威雄韓禽稱重方於晉之王杜勳庸綽有餘地然賀弼功成名立矜伐不已竟顛殞於非命亦不密以失身若念父臨終之言必不及於斯禍韓禽累葉將家威聲動俗敵國既破名遂身全幸也廣陵甘棠咸有武藝驍雄膽略並爲當時所推赳赳干城難兄難弟矣

北史卷六十八

北史卷六十八考證

王雅傳時大軍失利諸將皆退雅獨拒之○失監本訛未今改從周書

世積傳可圖大事○大監本訛太今改正

韓雄傳贈大將軍五州諸軍事○隋書官至大將軍洛虞等八州刺史與此小異

禽傳禽字子通○禽陳書作擒

禽本名禽○隋書禽本名豹

世譜傳朝臣多相命覿之○命一本作會

賀若敦傳河南洛陽人也○河南一本作河陽

弼傳陳將魯廣達周智安任蠻奴田瑞孔範蕭摩訶等○田瑞下隋書有樊毅二字

北史卷六十八考證

北史卷六十九

唐　李　延　壽　撰

列傳第五十七

申徽　陸通弟逞　庫狄峙　楊荐

王慶　趙剛子仲卿　趙昶　王悅

趙文表　元定　楊摽

申徽字世儀魏郡人也六世祖鍾爲後趙司徒冉閔末中原喪亂鍾子邃避地江左曾祖爽仕宋位雄州刺史祖隆道宋北兗州刺史父明仁郡功曹早卒徽少與母居盡力孝養及長好經史性審慎不妄交遊遭母憂喪畢乃歸於魏元顥入洛以元邃爲東徐州刺史邃引徽爲主簿顥敗邃被檻車送洛陽故吏賓客並委去唯徽送之及邃得逸乃廣集賓友歎徽有古人風尋除太尉府行參軍孝武初徽以洛陽兵難未已遂間行入關見周文周文與語奇之薦之於賀拔岳岳亦雅相敬待引爲賓客周文臨夏州以徽爲記室參軍兼府主簿周文

察徽沉密有度量每事信委之乃爲大行臺郎中時軍國草創幕府務殷四方書檄皆徽之辭也以迎孝武功封博平縣子本州大中正大統初進爵爲侯四年拜中書舍人修起居注河橋之役大軍不利近侍之官分散者衆徽獨不離左右魏帝稱歎之十年遷給事黃門侍郎先是東陽王元榮爲瓜州刺史其女壻劉彥隨焉及榮死瓜州首望表榮子康爲刺史彥遂殺康而取其位屬四方多難朝廷不遑問罪因授彥刺史頻徵不奉詔又南通吐谷渾將圖叛逆周文難於動衆欲以權略致之乃以徽爲河西大使密令圖彥徽輕以五十騎行既至止於賓館彥見徽單使不以爲疑徽乃遣一人微勸彥歸朝以揣其意彥不從徽又使贊成其住計彥便從之遂來至館徽先與瓜州豪右密謀執彥遂叱而縛之彥辭無罪徽數之曰君無尺寸之功濫居方岳之重恃遠背誕不恭貢職戮辱使人輕忽詔命計君之咎實不容誅但受詔之日本令相送歸闕所恨不得卽申明罰以謝邊遠耳於是宣詔慰勞吏人及彥所部復云大軍續至城內無敢動者使還遷都官尚書十二年瓜州刺史成慶爲城人張保所殺都督

令狐延等起義逐保啓請刺史以徵信洽西土拜假節瓜州刺史徵在州五歲儉約率下邊人樂而安之十六年徵兼尚書右僕射加侍中驃騎大將軍開府儀同三司廢帝二年進爵爲公正右僕射賜姓宇文氏徵性勤至凡所居官案牘無大小皆親自省覽以是事無稽滯吏不得爲姦後雖歷公卿此志不懈出爲襄州刺史時南方初附舊俗官人皆通餉遺徵性廉慎乃畫楊震像於寢室以自戒及代還人吏送者數十里不絕徵自以無德於人慨然懷愧因賦詩題於清水亭長幼聞之皆競來就讀遞相謂曰此是申使君手迹並寫誦之明帝以御正任總絲綸更崇其秩爲上大夫員四人號大御正又以徵爲之歷小司空少保出爲荆州刺史入爲小司徒小宗伯天和六年上疏乞骸骨詔許之薨贈泗州刺史謚曰章子康嗣位瀘州刺史司織下大夫上開府康弟敦汝南郡守敦弟靜齊郡守靜弟處上開府同昌縣侯卒

陸通字仲明吳郡人也曾祖載從宋武帝平關中軍還留載隨其子義真鎮長安遂沒赫連氏魏太武平赫連氏載仕魏位中山郡守父政性至孝其母吳人

好食魚北土魚少政求之常苦難後宅側忽有泉出而有魚遂得以供膳時人以爲孝感所致因謂其泉爲孝魚泉從尒朱天光討伐及天光敗歸周文周文爲行臺以政爲行臺左丞原州長史賜爵中都縣伯大統中卒通少敦敏好學有志節幼從政在河西遂逢寇難與政相失通乃自拔東歸從尒朱榮榮死又從尒朱兆及尒朱氏滅乃入關周文時在夏州引爲帳內督頃之賀拔岳爲侯莫陳悅所害時有傳岳軍府已亡散者周文憂之通以爲不然居數日間至果如所策自是愈見親禮遂晝夜陪侍家人罕見其面通雖處機密愈自恭謹周文以此重之後以迎孝武功封都昌縣伯大統元年進爵爲侯從禽竇泰復弘農沙苑之役力戰有功又從解洛陽圍軍還屬趙青雀反於長安周文將討之以人馬疲弊不可速行又謂青雀等一時陸梁不足爲慮乃云我到長安但輕騎臨之必當面縛通進曰青雀等既以大軍不利謂朝廷傾危同惡相求遂成反亂然其逆謀久定必無遷善之心且其詐言大軍敗績東寇將至若以輕騎往百姓謂爲信然更沮兆庶之望大兵雖疲弊精銳猶多以明公之威率思歸

之衆以順討逆何慮不平周文深納之因從平青雀錄前後功進爵為公徐州刺史以寇難未平留不之部與于謹討劉平伏加大都督從周文拔玉壁進儀同三司九年高仲密以地求附通從若干惠戰於芒山衆軍皆退唯惠與通率所部力戰至夜中乃陰引還敵亦不敢逼進授驃騎大將軍開府儀同三司太僕卿賜姓部六孤氏進爵綏德郡公周孝閔踐祚拜小司空保定五年累遷大司寇通性柔謹雖久處列位常清慎自守所得祿賜盡與親故共之家無餘財常曰凡人患貧而不貴不患貴而不貧也建德元年轉大司馬其年薨通弟逞

逞字季明初名彥字世雄魏文帝常從容謂之曰爾既溫裕何因乃字世雄且為世之雄非所宜也於爾兄弟又復不類遂改焉逞少謹密早有名譽兄通先以軍功別受茅土乃讓父爵中都縣伯令逞襲之起家羽林監周文內親信時輩皆以驍勇自達唯逞獨兼文雅周文由此加禮遇焉大統十四年參大丞相府軍事尋兼記室保定初累遷吏部中大夫歷蕃部御伯中大夫進驃騎大將軍開府儀同三司徙授司宗中大夫轉軍司馬逞幹識詳明歷任三府所在著

績朝廷嘉之進爵爲公天和三年齊遣侍中斛斯文略中書侍郎劉逖來聘初
脩隣好盛選行人詔逞爲使主尹公正爲副以報之逞美容止善辭令敏而有
禮齊人稱焉還居近畿詔令路車儀服郊迎而入時人榮之四年除京兆尹郡
界有豕生數子經旬而死其家又有豶遂乳養之諸豚賴之以活時論以逞仁
政所致俄遷司會中大夫出爲河州刺史晉公護雅重其才表爲中外府司馬
頗委任之尋復爲司會兼納言遷小司馬及護誅坐免官頃之起爲納言又以
疾不堪劇任及除宜州刺史故事刺史奉辭例備鹵簿逞以時屬農要奏請停
之武帝深嘉焉詔遂其所請以彰雅操逞在州有惠政吏人稱之東宮初建授
太子太保卒贈大將軍子操嗣
庫狄峙其先遼東人本姓段匹磾之後也因避難改焉後徙居代世爲豪右祖
淩武威郡守父貞上洛郡守峙少以弘厚知名善騎射有謀略仕魏位高陽郡
守政存仁恕百姓頗悅之孝武西遷峙乃棄官從入關大統元年拜中書舍人
參掌機密以恭謹見稱遷黃門侍郎時與東魏爭衡蠕蠕乘虛屢爲邊患朝議

欲結和親乃使峙往峙狀貌魁梧善於辭令蠕蠕主雅信重之自是不復爲寇
周文謂峙曰昔魏絳和戎見稱前史以君方之彼有愧色封高邑縣公累遷驃
騎將軍開府儀同三司拜侍中蠕蠕滅後突厥強盛雖與周通好而外連齊氏
周文又令峙銜命喻之突厥感悟卽執齊使歸諸京師進爵安豐郡公歷小司
空小司寇明帝初爲益州刺史都督三十一州諸軍事峙性寬和尙清靖爲夷
獠所安後爲宜州刺史入爲少師以年老乞骸骨詔許之卒諡曰定子嶷嗣少
知名位開府儀同三司職方中大夫蔡州刺史卒官嶷弟徵從平齊以功拜儀
同大將軍賜爵樂陵縣公徵弟徽亦以軍功至儀同大將軍保城縣男徽弟歆
性弘厚有局度以齊右下大夫從武帝東伐入幷州軍敗侍臣殲焉及帝之出
唯歆侍從以功授上儀同大將軍還開府歷右宮伯賜爵樂城縣侯仕隋位至
戶部尙書
楊薦字承略秦郡寧夷人也父寶昌平郡守薦幼孤早有名譽性廉謹喜怒不
形於色魏永安中隨尒朱天光入關討羣賊封高邑縣男周文臨夏州補帳內

都督及平侯莫陳悅使萇入洛請事孝武授周文關西大行臺仍除萇直閤將
軍時馮翊長公主嫠居孝武意欲歸諸周文乃令武衞元毗喻旨萇歸白周文
又遣萇入洛陽請之孝武即許焉孝武欲向關中萇贊成其計孝武曰卿歸語
行臺迎我周文又遣萇與長史宇文測出關候接孝武至長安進爵清水縣子
大統元年蠕蠕請和親周文遣萇與楊寬使並結婚而還進爵爲侯又使萇納
幣於蠕蠕魏文帝郁久閭后崩周文遣僕射趙善使蠕蠕更請婚善至夏州聞
蠕蠕貳於東魏欲執使者善懼乃還周文乃使萇往賜黃金十斤雜綵三百匹
萇至蠕蠕責其背惠食言並論結婚之意蠕蠕感悟乃遣使隨萇報命焉及侯
景來附周文令萇助鎮遏萇知景飜復遂求還具陳事實周文乃遣使密追助
景之兵尋而景叛十六年大軍東討周文恐蠕蠕乘虛寇掠乃遣萇往更論和
好以安慰之進使持節驃騎大將軍開府儀同三司加侍中周孝閔帝踐阼除
御伯大夫進爵姚谷縣公仍使突厥結婚突厥可汗弟地頭可汗阿使郁庫頭
居東面與齊通和說其兄欲背先約計謀已定將以萇等送齊萇知其意乃正

色責之辭氣慷慨涕泗橫流可汗慘然良久曰幸無所疑當共平東賊然後發遣我女乃令荐先報命仍請東討以奉使稱旨遷大將軍保定四年又納幣於突厥還行小司馬又行大司徒從陳公純等逆女於突厥進爵南安郡公天和三年遷總管梁州刺史後以疾卒

王慶字興慶太原祁人也父因魏靈州刺史懷德縣公慶少開悟有才略初從周文征伐復弘農破沙苑並有戰功每獲殊賞大統十年授殿中將軍周孝閔帝踐阼晉公護引爲典籤慶樞機明辯漸見親待授大都督武成元年以前後功賜爵始安縣男二年行小賓部保定二年使吐谷渾與其分疆仍論和好之事渾主悅服遣所親隨慶貢獻初突厥與周和親許納女爲后而齊人知之懼成合從之勢亦遣使求婚財饋甚厚突厥貪其重賂便許之朝議以魏氏昔與蠕蠕結婚遂爲齊人離貳今者復恐改變欲遣使結之遂授慶左武伯副楊荐爲使是歲遂與入并之役慶乃引突厥騎與隋公楊忠至太原而還及齊人許送皇姑及世母朝廷遂與通和突厥聞之復致疑阻於是又遣慶往諭之可汗

感悅結好如初五年復與宇文貴使突厥逆女自此以慶信著北蕃頻歲出使
後更至突厥屬其可汗暴殂突厥謂慶曰前後使來逢我國喪者皆剺面表哀
況今二國和親豈得不行此事慶抗辭不從突厥見其守正卒不敢逼武帝聞
而嘉之錄慶前後使功遷開府儀同三司兵部中大夫進爵爲公歷丹中二州
刺史爲政嚴肅吏不敢犯大象元年授小司徒加上大將軍總管汾石二州五
鎭諸軍事汾州刺史又除延州總管進位柱國開皇元年進爵平昌郡公卒于
鎭贈上柱國謚曰莊子淹嗣
趙剛字僧慶河南洛陽人也祖寧魏高平太守父和太平中陵江將軍南討度
淮聞父喪輒還所司將致之於法和曰罔極之恩終天莫報若許安厝禮畢而
即罪戮死且無恨言訖號慟悲感傍人主司以聞遂宥之喪畢除寧遠將軍大
統初追贈膠州刺史剛少機辯有幹能起家奉朝請累遷金紫光祿大夫領司
徒府從事中郎加閤內都督及孝武與齊神武構隙剛密奉旨召東荊州刺史
馮景昭未及發而神武已逼洛陽孝武西遷景昭集府僚文武議其去就司馬

馮道和請據州待北方處分剛抽刀投地曰公若爲忠臣可斬道和如欲從賊可見殺景昭感悟遂率衆赴關右屬侯景逼穰城東荆州人楊歡等起兵應景以其衆邀景昭於路景昭戰敗剛遂沒於蠻後自贖免乃見東魏東荆州刺史李魔憐勸令歸關西魔憐納之使剛至幷州密觀事勢神武引剛內宴因令剛賫書申勑荆州剛還報魔憐仍說魔憐斬楊歡等以州歸西魔憐乃使剛入朝大統初剛於灞上見周文具陳關東情實周文嘉之封陽邑縣子論復東荆州功進爵臨汝縣伯初賀拔勝獨孤信以孝武西遷之後並流寓江左至是剛言於魏帝帝請追而復之乃以剛爲兼給事黃門侍郎使梁魏與齊移書與其梁州刺史杜懷瑤等即與剛盟歃受移送建康仍遣人隨剛報命是年又詔剛使三荆聽在所便宜從事使還稱旨進爵武成縣侯除大丞相府帳內都督復使魏與重申前命尋而梁人禮送賀拔勝獨孤信等頃之御史中尉董紹進策請圖梁漢以紹爲行臺梁州刺史剛以爲不可而朝議已決遂出軍紹竟無功還免爲庶人除剛頳州郡守高仲密以北豫州來附兼大行臺左丞持節赴頳川

節度義軍師還剛別破侯景前驅於南陸復獲其郡守二人時有流言傳剛東叛神武因設反間聲遣迎接剛乃率騎襲其丁塢拔之周文知剛無貳乃加賚焉除營州刺史進爵爲公渭州人鄭五醜構逆與叛羌傍乞鐵忽相應令剛往鎭之將發魏文帝引見內寢舉觴屬剛曰昔侯景在東爲卿所困黠羌小醜豈足勞卿謀慮也時五醜已剋定夷鎭所在立柵剛至並攻破之散其黨與五醜於是西奔鐵忽剛又進破鐵忽僞廣寧郡守宇文貴等西討詔以剛行渭州事資給糧餼加驃騎大將軍開府儀同三司入爲光祿卿六官建拜膳部中大夫周孝閔帝踐阼進爵浮陽郡公出爲利州總管沙州氐恃險逆命剛再討復之方州生獠自此始從賦役剛以信州濱江負阻乃表請討之詔剛率利沙等十四州兵往經略焉仍加授渠州刺史剛初至渠帥憚其軍威相次降款剛師出踰年士卒疲弊尋復亡叛後遂以無功而還又與所部儀同尹才失和被徵赴闕遇疾卒於路贈中浙涿三州刺史諡曰成子元卿弟仲卿

仲卿性麤暴有旅力周齊王憲甚禮之以軍功位上儀同爲畿伯中大夫後以

平王謙功進位大將軍封長垣縣公隋文帝受禪進河北郡公尋拜石州刺史法令嚴猛纖介之失無所寬捨鞭笞輒至二百吏人戰慄無敢違犯盜賊屏息皆稱其能遷朔州總管時塞北盛興屯田仲卿總統之微有不理者仲卿輒召主掌撻其胸背或解衣倒曳於荊棘中時人謂之於菟事多克濟由是收穫歲廣邊戍無餽運之憂會突厥啓人可汗求婚上許之仲卿因是間其骨肉遂相攻擊十七年啓人窘迫與隋使長孫晟投通漢鎮仲卿率騎千餘援之達頭不敢逼潛遣人誘致啓人所部至者二萬餘家其年從高熲指白道以擊達頭仲卿爲前鋒至族蠡山與虜遇交戰七日大破之追奔至乞伏泊復啓人突厥悉衆而至仲卿爲方陣四面拒戰經五日會高熲大兵至合擊之虜乃敗走追度白道踰秦山七百餘里時突厥降者萬餘家上令仲卿處之恆安以功進上柱國朝廷慮達頭掩襲啓人令仲卿屯兵二萬以備之代州總管韓洪永康公李藥王蔚州刺史劉隆等將步騎一萬鎮恆安達頭來寇韓洪軍大敗仲卿自樂寧鎮邀擊斬千餘級明年督役築金河定襄二城以居啓人時有上表言仲卿

酷暴上命御史王偉按之並實惜其功不罪因勞之曰知公清正爲下所惡賜物五百段仲卿益恣由是免官仁壽初檢校司農卿蜀王秀之得罪奉詔往益州按之秀賓客經過處仲卿必深文致法州縣長吏坐者太半上以爲能賞奴婢三十口黄金二百兩米粟五千石奇珤雜物稱是煬帝嗣位判兵部工部二尚書事卒官諡曰肅子世弘嗣

趙昶字長舒天水南安人也曾祖襄仕魏至中山郡守因家於代焉昶少聰敏有志節弱冠以材力聞魏北中郎將高于鎮陝以昶爲長史中軍都督周文平弘農擢爲相府典籤大統九年大軍失律於芒山清水氏酋李鼠仁自軍逃還憑險作亂周文將討之先求可使者遂令昶使焉見鼠仁喻以禍福羣酋或從或不從其命者復將加刃於昶而昶神色自若志氣彌厲鼠仁感悟遂相率降氐梁道顯叛攻南田周文復遣昶慰喻之道顯等皆卽款附東秦州刺史魏光因徙其豪帥三十餘人幷部落於華州周文卽以昶爲都督領之先是汾州胡叛再遣昶慰勞之皆知其虛實及大軍往討昶爲先驅遂破之以功封章武縣

伯十五年拜安夷郡守帶長蚍鎮將氐俗荒獷昶威懷以禮莫不悅服期歲之
後樂從軍者千餘人加授帥都督時屬軍機科發切急氐情難支復相率謀叛
昶又潛遣誘說離間其情因其攜貳遂輕往臨之羣氐不知所爲咸來見昶乃
收其首逆者二十餘人斬之餘衆遂定朝廷嘉之除大都督行南秦州事時氐
帥蓋鬧等反昶復討禽之又與史寧破宕昌羌獠二十餘萬拜武州刺史恭帝
初加驃騎大將軍開府儀同三司潭水羌叛殺武陵潭水二郡守昶率儀同駱
天人等討平之周明帝初鳳州人仇周貢魏興等反自號周公破廣化郡攻沒
諸縣分兵西入圍廣業脩城二郡廣業郡守薛爽脩城郡守杜果等請昶爲援
遣使報果爲周貢黨樊伏興等所獲興等知昶將至解脩城圍據泥功嶺設六
伏以待昶昶至遂遇其伏合戰破之廣業之圍亦解昶追之至泥陽川而還與
州人段吒及氐酋羌多復反攻昶郡縣昶討斬之昶自以被拔擢居將帥之任
傾心下士虜獲氐羌撫而使之皆爲昶盡力周文常曰不煩國家士馬而能威
服氐羌者趙昶有之矣至是明帝錄前後功進爵長道郡公賜姓宇文氏賞勞

甚厚二年徵拜賓部中大夫行吏部尋以疾卒

王悅字衆喜京兆藍田人也少有氣幹爲州里所稱周文初定關隴悅率募鄉里從軍屢有戰功大統元年除相府刑獄參軍封藍田縣伯四年東魏將侯景攻圍洛陽周文赴援悅又率鄉里千餘人從軍至洛陽將戰之夕悅磬其行資市牛饗戰士悅所部盡力斬獲居多遷大行臺右丞轉左丞久居管轄頗獲時譽三年侯景據河南來附仍請兵爲援周文先遣韋法保賀蘭願德等帥衆助之悅言於周文曰侯景之於高歡始則篤鄉黨之情末乃定君臣之契位居上將職重台司論其分義有同魚水今歡始死景便離貳豈不知君臣之道有違忠義之禮不足蓋其圖既大不卹小嫌然尚能背德於高氏豈肯盡節於朝廷今若益之以勢援之以兵非唯侯景不爲池中之物亦恐朝廷貽笑將來也周文納之乃遣追法保等而景尋叛後拜京兆郡守散騎常侍還大行臺尚書從達奚武征梁漢軍出武令悅說其城主楊賢悅乃貽之書賢於是遂降悅又白武云白馬衝要是必爭之地今城守寡弱易可圖也若蜀兵更至攻之實難武

然之卽令悅率輕騎徑趣白馬悅示其禍福梁將深悟遂以城降時梁武陵王蕭紀果遣其將任珍奇欲先據白馬行次關城聞其已降乃還及梁州平周文卽以悅行刺史事招攜初附人吏安之廢帝二年徵還本任屬改行臺爲中外府尚書員廢悅以儀同領兵還鄉里悅既久居顯職及此之還私懷怏怏猶陵駕鄉里失於宗黨之情其長子康恃悅舊望遂自驕縱所部軍人將有婚禮康乃非理陵辱軍人訴之悅及康並坐除名仍配遠防及于謹伐江陵令悅從軍展効江陵平因留鎮之周孝閔帝踐阼依例復官授郢州刺史尋拜使持節驃騎大將軍開府儀同三司大都督司水中大夫進爵藍田縣侯俄還司憲中大夫賜姓宇文氏又進爵河北縣公往險約不營生業雖出內榮顯家徒四壁而已明帝手敕勞勉之保定元年卒於位子康嗣官至司邑下大夫

趙文表其先天水西人也後徙居南鄭累世爲二千石父珤性方嚴有度量位闕伯中大夫封昌國縣伯贈虞絳二州刺史諡曰貞文表少而脩謹志存忠節起家爲周文親信累遷左金紫光祿大夫保定五年授畿伯下大夫還許國公

宇文貴府長史尋拜車騎大將軍儀同三司仍從貴使突厥迎皇后進止儀注
皆令文表典之文表斟酌而行皆合禮度及皇后將入境突厥託以馬瘦徐行
文表慮其爲變遂說突厥使羅莫緣曰后自發彼蕃已淹時序途經沙漠人馬
疲勞且東寇每伺間隙吐谷渾亦能爲變今君以可汗愛女結姻上國曾無防
慮豈人臣之體乎莫緣然之遂倍道兼行數日至甘州以迎后功別封伯陽縣
伯天和三年除梁州總管府長史所管地名恆稜者方數百里並夷獠所居恃
其險固常懷不軌文表率衆討平之遷蓬州刺史政尚仁恕夷獠懷之加驃騎
大將軍開府儀同三司又加大將軍進爵爲公大象中拜吳州總管時開府毛
顓爲吳州刺史及隋文帝執政尉遲迥等舉兵遠近騷然人懷異望顓自以秩
大且爲國家肺腑懼文表負己謀欲先之乃稱疾不出文表往問之顓遂手刃
文表因令其吏人告云文表謀反仍馳啓其狀帝以諸方未定恐顓爲變遂授
顓吳州總管以安之後知文表無異志雖不罪顓而聽其子仁海襲爵
元定字願安河南洛陽人也祖比魏婺州刺史父道龍鉅鹿郡守定惇厚少言

內沈審而外剛毅從周文討侯莫陳悅以功拜步兵校尉孝武西遷封高邑縣男定有勇略累從征伐每戰必陷陣然未嘗自言其功周文深重之諸將亦稱其長者累加驃騎大將軍開府儀同三司進爵爲公廢帝二年以宗室進封建城郡王三年行周禮爵隨例降改封長湖郡公周明帝初拜岷州刺史威恩兼濟甚得羌豪之情先時生羌據險不賓者至並出山谷從征賦焉及定代還羌豪等咸戀慕之保定中授左宮伯中大夫久之轉左武伯中大夫進位大將軍天和二年陳湘州刺史華皎舉州歸梁梁王欲因其隙更圖攻取乃遣使請兵詔定從衞公直率衆赴之梁人與華皎皆爲水軍定爲陸軍直總督之俱至夏口而陳郢州堅守不下直令定圍之陳遣其將淳于量徐度吳明徹等水陸來拒皎爲陳人所敗直得脫身歸梁定既孤軍縣隔進退無路陳人乘勝水陸逼之定乃率所部斫竹開路且戰欲趣湘州而湘州已陷徐度等知定窮迫遣使僞與定通和重爲盟誓許放還國定疑其詭詐欲力戰死之而定長史長孫隆及諸將等多勸定和定乃許之於是與度等刑牲歃血解仗就船爲度所執所

部衆軍亦被囚虜送詣丹陽居數月憂憤發病卒子樂
楊摽字顯進正平高涼人也祖貴父猛並爲縣令摽少豪俠有志氣魏孝昌中尒朱榮殺害朝士大司馬城陽王元徽逃難投摽摽藏而免之孝莊帝立徽乃出復爲司馬由是摽以義烈聞擢拜伏波將軍給事中元顥入洛孝莊北度大行及尒朱榮奉帝南討至馬渚摽乃具船以濟王師顥平封肥如縣伯加鎮遠將軍步兵校尉行濟北郡事進都督平東將軍大中大夫從孝武入關進爵爲侯加撫軍將軍銀青光祿大夫時東魏遷鄴周文欲知其所爲乃遣摽間行詣鄴以觀察之使還稱旨授通直散騎常侍車騎將軍稽胡恃險不賓屢行鈔竊以摽兼黄門侍郎往慰撫之摽頗有權略能得邊情誘化酋渠多來款附乃有隨摽入朝者時弘農爲東魏守摽從周文攻拔之然自河以北猶附東魏摽父猛先爲邵郡白水令摽與其豪右相知請微行詣邵郡舉兵以應朝廷周文許之摽遂行與土豪王覆憐等陰謀舉事密相應會內外俱發遂拔郡禽守程保及縣令四人並斬之衆議推摽行郡事摽以因覆憐成事遂表覆憐爲邵郡守

以功授大行臺左丞仍率義徒更爲經略於是遣諜人誘說東魏城堡旬月之間正平河北南汾二絳建州大寧等諸城並有請爲內應者大軍因攻而拔之以𢯱行正平郡事左丞如故齊神武敗於沙苑其將韓軌潘樂可朱渾元等爲殿𢯱分兵要截殺傷甚衆東雍州刺史司馬恭懼𢯱威聲棄城遁走𢯱遂移據東雍州周文以𢯱有謀略堪委邊任乃表行建州事時建州遠在敵境然𢯱威恩夙著所經之處多贏糧附之比至建州衆已一萬東魏州刺史車折於洛出兵逆戰𢯱擊敗之又破其行臺斛律俱於州西大獲甲杖及軍資以給義士由是威名大振東魏遣太保尉景攻陷正平復遣行臺薛脩義與斛律俱相會於是敵衆漸盛𢯱以孤軍無援且腹背受敵謀欲拔還復恐義徒背叛遂僞爲周文書遣人若從外送來者云已遣軍四道赴援因令人泄使所在知之又分土人義酋令各領所部四出抄掠擬供軍費𢯱分遣訖遂於夜中拔還邵郡朝廷嘉其權以全軍即授建州刺史時東魏以正平爲東雍州遣薛榮祖鎮之乃先遣奇兵急攻汾橋榮祖果盡出城中戰士於汾橋拒守其夜𢯱從他道濟遂襲

剋之進驃騎將軍邵郡人以郡東叛郡守郭武安脫身走免摽又率兵攻而復之轉正平郡守又擊破東魏南絳郡虜其郡守屈僧珍錄前後功封郃陽縣伯芒山之戰摽攻拔柏谷塢因即鎮之及大軍不利摽亦拔還而東魏將侯景率騎追摽摽與儀同韋法保同心抗禦且戰且前景乃引退周文嘉之復授建州刺史鎮車箱摽久從軍役未及葬父至是表請還葬詔贈其父車騎大將軍儀同三司晉州刺史贈其母夏陽縣君並給儀衛州里榮之及齊神武圍玉壁別令侯景趣齊子嶺摽恐入寇邵郡率騎禦之景遠聞摽至斫木斷路者六十餘里猶驚而不安遂退還河陽其見憚如此十二年進授大都督加晉建二州諸軍事又攻破蓼塢獲東魏將李顯進儀同三司尋加開府復鎮邵郡十六年大軍東討授大行臺尚書率義衆先驅敵境攻其四戍拔之時以齊軍不出乃追摽還改封華陽縣侯又於邵郡置邵州以摽爲刺史率所部兵鎮之保定四年遷少師其年大軍圍洛陽詔摽出軹關然摽自鎮東境二十餘年數與齊人戰每常克獲以此遂有輕敵之心時洛陽未下而摽深入敵境又不設備齊人奄

至大破擲軍擲以衆敗遂降於齊擲之立勳也有慷慨壯烈之志及軍敗遂就虜以求苟免時論以此鄙之朝廷猶錄其功不以爲罪令其子襲爵

論曰申徽局量深沉文之以經史陸通鑒悟明敏飾之以溫恭並夙奉龍顏早蒙任遇效宣提戟功預披荊義結周旋恩生契闊遂得入居端揆出撫列藩雖以識用成名抑亦情兼惟舊陸逞於戎旅之際以文雅見知出境播延譽之能莅官著從政之美歷居顯要豈徒然哉庫狄峙建和戎之功楊荐成入關之策趙剛之克翦凶狡趙昶之懷服氐羌王悅之料侯景文表之譎突厥或明稱先覺或識表見機觀其立功立事皆一時志力之士也元定敗亡同黃權之無路楊擲攻勝亦兵破而身囚功名寥落良可嗟矣易曰師出以律否臧凶傳曰不備不虞不可以師其擲之謂也

北史卷六十九

北史卷六十九考證

申徽傳案牘無大小皆親自省覽○大監本訛太今改正

陸通傳遂逢寇難與政相失○政通之父也與監本訛明今改從隋書

陸剛傳剛密奉旨召東荊州刺史馮景昭○召監本訛石今改從南本

仲卿傳仲卿必深文致法○監本缺卿字今從南本增入

趙昶傳喻以禍福羣酋或從或不從其命者復將加刃於昶○酋監本訛酉今從南本改正

五悅傳始則篤鄉黨之情末乃定君臣之契○末監本訛未今改從南本

史臣論出境播延譽之能莅官著從政之美○官監本訛宮今改從南本

北史卷六十九考證

北史卷七十

唐　李延壽　撰

列傳第五十八

韓褒　趙肅子軌　張軌　李彥

郭彥　梁昕　皇甫璠子誕　辛慶之族子昂

王子直　杜杲　呂思禮　徐招

檀翥　孟信　宗懍　劉璠子祥 兄子行本

柳遐子靖 莊

韓褒字弘業，頴川頴陽人也。祖瓌，魏平涼郡守、安定郡公。父演，恆州刺史。褒少有志尚，好學而不守章句。其師怪問之，對曰：「文字之間，常奉訓誘，至於商較異同，請從所好。」師因此奇之。及長，涉獵經史，深沉有遠略。屬魏室喪亂，避地夏州。時周文帝爲刺史，素聞其名，待以客禮。及賀拔岳爲侯莫陳悅所害，諸將遣使迎周文，周文問以去留之計。褒曰：「此天授也，何可疑乎！」周文納焉。及爲丞相，引爲錄事參軍賜姓侯呂陵氏大統初遷行臺左丞賜爵三水縣伯丞相府從事中郎出鎮淅酈居二年徵拜丞相府司馬進爵爲侯出爲北雍州刺史州帶北山多有盜賊褒密訪之並豪右所爲也而陽不之知厚加禮遇謂曰刺史起自書生安知督盜所賴卿等共分其憂耳乃悉召桀黠少年素爲鄉里患者置爲主帥分其地界有盜發而不獲者以故縱論於是諸被署者莫不惶懼皆首伏曰前盜發者並某等爲之所有徒侶皆列其姓名或亡命隱匿者亦悉言其所在褒乃取盜名簿藏之因大牓州門曰自知行盜者可急來首卽除其罪盡今月不首者顯戮其身籍沒妻子以賞前首者旬日之閒諸盜咸悉首盡褒取名簿勘之一無差異並原其罪許以自新由是羣盜屏息入爲給事黃門侍郎遷侍中除都督西涼州刺史羌胡之俗輕貧弱尚豪富豪富之家侵漁百姓同於僕隸故貧者日削豪者益富褒乃悉募貧人以充兵士優復其家蠲免徭賦又調富人財物以振給之每西域商貨至又先盡貧者市之於是貧富漸均戶口殷實廢帝元年爲會州刺史後以驃騎大將軍開府儀同三司進爵爲公累遷

汾州刺史先是齊寇數入人廢耕桑前後刺史莫能防扞褒至適會寇來乃不下屬縣人既不備以故多被抄掠齊人喜於不覺以爲州先未集兵今還必不能追躡由是益懈不爲營壘褒已先勒精銳伏北山中分據險阻邀其歸路乘其衆怠縱伏擊之盡復其衆故事獲生口者並送京師褒因是奏曰所獲賊衆不足爲多俘而辱之但益其忿耳請一切放還以德報怨有詔許焉自此抄兵頗息遷河州總管仍轉鳳州刺史尋以年老請致事詔許之天和五年拜少保褒歷事三帝以忠厚見知武帝深相敬重常以師道處之每入朝見必有詔令坐然始論政事卒贈涇岐燕三州刺史諡曰貞子繼伯嗣仕隋位終衞尉少卿

趙肅字慶雍河南洛陽人也世仕河西及沮渠氏滅曾祖武始歸於魏賜爵金城侯祖興中書博士父申侯舉秀才爲後軍府主簿肅早有操行知名於時孝昌中起家殿中侍御史累遷左將軍大中大夫東魏天平初除新安郡守秩滿還洛陽大統三年獨孤信東討肅率宗人爲鄉導授司州別駕監督糧儲軍用不匱周文帝聞之謂人曰趙肅可謂洛陽主人也九年行華山郡事十三年除

廷尉卿明年元日當行朝禮非有封爵者不得預焉肅時未有茅土左僕射長孫儉啓周文請之周文乃召肅謂曰歲初行禮豈得使卿不預然何爲不早言也於是令肅自選封名肅曰河清乃太平之應竊所願也於是封清河縣子十六年除廷尉卿加征東將軍肅久在理官執心平允凡所處斷咸得其情廉慎自居不營產業時人以此稱之十七年進位車騎大將軍儀同三司散騎常侍賜姓乙弗氏先是周文命肅撰法律肅積思累年遂感心疾去職卒家子軌

軌少好學有行檢周蔡王引爲記室以清苦聞隋文帝受禪爲齊州別駕有能名其東隣有桑葚落其家軌遣人悉拾還其主戒其諸子曰吾非以此求名意者非機杼物不願侵人汝等宜以爲戒在州考績連最持節使者郃陽公梁子恭上狀文帝賜以米帛甚優令入朝父老將送者各揮涕曰別駕在官水火不與百姓交是以不敢以盃酒相送公清如水請酌一盃水奉餞軌受飲之至京詔與牛弘撰定律令格式時衞王爽爲原州總管召爲司馬在道夜行其左右馬逸入田中暴人禾軌駐馬待明訪知禾主酬直而去原州人吏聞之莫不改

操後檢校硤州刺史甚有恩惠轉壽州總管長史芍陂舊有五門堰蕪穢不通軌勸課吏人更開三十六門灌田五千餘頃人賴其利秩滿歸卒于家子弘安弘智並知名

張軌字元軌濟北臨邑人也父崇高平令軌少好學志識開朗初在洛陽家貧與大安孫樹仁爲莫逆之交每易衣而出以此見稱軌常謂所親曰秦雍之間必有王者爾朱榮敗後遂杖策入朝賀拔岳以軌爲記室參軍典機密尋轉倉曹時穀糴踊貴或有請貸官倉者軌曰以私害公非吾宿志濟人之難詎得相忘遂賣所服衣物糴粟以振其乏及岳被害周文帝以軌爲都督從征侯莫陳悅悅平使於洛陽見領軍斛斯椿椿曰高歡逆謀已傳行路人情西望以日爲年未知宇文何如賀拔也軌曰宇文公文足經國武足定亂至於高識遠度非愚管所測椿曰誠如卿言真可恃也周文爲行臺授軌郎中孝武西遷除中書舍人封壽張縣子兼著作佐郎修起居注遷給事黃門侍郎兼吏部郎中出爲河北郡守在郡三年聲績甚著臨人政術有循吏之美大統閒言宰人者多推

尙之入爲丞相府從事中郎行武功郡事章武公導出鎭秦州以軌爲長史廢帝元年進車騎大將軍儀同三司散騎常侍二年賜姓宇文氏行南秦州事恭帝二年徵拜度支尙書復除隴右府長史卒於位諡曰質軌性淸素臨終之日家無餘財唯有書數百卷子肅周明帝初爲宣納上士轉中外府記室參軍中山公訓侍讀早有才名性頗輕猾時人比之魏諷卒以罪考竟終

李彥字彥士梁郡下邑人也祖光之魏淮南郡守父靜南靑州刺史彥少有節操好學慕古孝建中解褐奉朝請孝武入關兼著作佐郎修起居注大統初除通直散騎侍郎累遷左戶郎中十二年省三十六曹爲十二部改授戶部郎中封平陽縣子廢帝初拜尙書右丞轉左丞彥在尙書十有五載屬軍國草創庶務殷繁留心省閣未嘗懈怠斷決如流略無疑滯臺閣莫不歎其公勤服其明察還給事黃門侍郎仍左丞賜姓宇文氏出爲鄜州刺史彥以東夏未平固辭州任詔許之拜兵部尙書加驃騎大將軍開府儀同三司仍兼著作六官建改授軍司馬進爵爲伯彥性謙恭有禮節雖居顯要於親黨之閒恂恂如也輕財

重義好施愛士時論以此稱之然素多疾而勤於莅職雖沈頓枕席猶理務不輟遂至於卒謚曰敬彥臨終遺誡其子等曰昔人以窽木爲櫝葛虆爲緘下不亂泉上不泄臭實吾平生之志也但事既矯枉恐爲世士所譏今可斂以時服葬於磽确之地勿用明器芻塗及儀衞等爾其念哉朝廷嘉焉不奪其志子昇明嗣少歷顯職大象末太府中大夫儀同大將軍仕隋終於齊州刺史子仁政長安縣長義軍至以罪誅

郭彥太原陽曲人也其先從宦關右遂居馮翊父胤靈武令彥少知名周文帝臨雍州辟爲西曹書佐累遷虞部郎中大統十二年初選當州首望統領鄉兵除帥都督以居郎官著稱封龍門縣子進大都督恭帝元年除兵部尚書仍以本兵從柱國于謹南伐江陵進驃騎大將軍開府儀同三司進爵爲伯六官建拜戶部中大夫周孝閔帝踐祚出爲澧州刺史蠻左生梗不營農業彥勸以耕稼人皆務本亡命之徒咸從賦役先是以澧州糧儲乏少每令荊州遞送自彥莅職倉庾充實無轉輸之勞齊南安城主馮顯密遣使歸降其衆未之知也柱

國宇文貴令彥率兵應接時齊人先令顯率所部送糧南下彥懼其衆不從命乃於路邀之顯因得自拔其衆果拒戰彥縱兵奮擊並虜獲之以南安無備卽引軍掩襲遂有其城晉公護嘉之進爵懷德縣公入爲工部中大夫保定四年晉公護東討彥從尉遲迥攻洛陽迥復令彥與權景宣出汝南及軍次豫州使彥鎮之天和中爲隴右府總管府長史卒於官贈少司空宜鄜丹三州刺史

梁昕字元明安定烏氏人也世爲關中著姓其先因官徙居京兆之盩厔祖重耳漳縣令父勸儒中散大夫贈涇州刺史昕少溫恭見稱州里從爾朱天光征討拜右將軍太中大夫周文帝迎魏孝武軍次雍州昕以三輔望族上謁周文見昕容貌瓌偉深賞異之卽授右府長流參軍累遷丞相府主簿大統十二年除河南郡守還東荊州刺史昕撫以仁惠蠻夷悅之封安定縣子周孝閔帝踐祚進位驃騎大將軍開府儀同三司明帝初進爵胡城縣伯天和初拜工部中大夫出爲陜州總管府長史昕性溫裕有幹能歷官內外咸著聲稱尋卒官贈大將軍謚曰貞昕弟榮位計部下大夫開府儀同三司朝那縣伯贈涇寧豳三

州刺史謚曰靜子巘仕隋爲給事郎貞觀中終於鄭州刺史

皇甫璠字景瑜安定三水人也世爲西州著姓後徙居京兆父和本州中從事大統末追贈散騎常侍儀同三司涇州刺史璠少忠謹有幹略永安中辟州都督周文帝爲牧補主簿以勤事被知大統四年引爲丞相府行參軍周孝閔帝踐祚爲守廟下大夫長樂縣子保定中爲鴻州刺史入爲小納言累遷蕃部中大夫進驃騎大將軍開府儀同三司璠性平和小心奉法安貞守志恆以清白自處當時稱爲善人建德三年爲隨州刺史政存簡惠百姓安之卒官贈交渭二州刺史謚曰恭子諒少知名大象中位吏部下大夫諒弟誕

誕字玄慮少剛毅有器局開皇中累遷治書侍御史朝臣無不肅憚焉後爲尚書左丞時漢王諒爲并州總管朝廷盛選寮佐拜誕并州總管司馬總府政事一以諮之諒甚敬焉及煬帝即位諒用諮議王頍謀發兵作亂誕數諫止諒不納誕因流涕以死固請諒怒囚之及楊素將至諒屯清涼以拒之諒主簿豆盧毓出誕於獄協謀閉城拒諒諒襲擊破之並抗節遇害帝以誕亡身殉國嘉悼者

久之詔贈柱國封弘義公謚曰明子無逸嗣尋爲淯陽太守甚有聲稱大業初令行舊爵例除以無逸誠義之後賜爵平輿侯入爲刑部侍郎守右武衛將軍初漢王諒之反州縣莫不響應有嵐州司馬陶世模繁時令敬釗並抗節不從世模京兆人性明敏有器幹仁壽初爲嵐州司馬諒反刺史喬鍾葵將赴之世模以義拒之臨之以兵辭氣不撓鍾葵義而釋之軍吏請斬之於是被囚及諒平拜開府授大興令從衛玄擊楊玄感以功進位銀青光祿大夫釗字積善河東蒲坂人父元約周布憲中大夫釗仁壽中爲繁時令甚有能名漢王諒反師陷其城賊帥墨弼執送僞將喬鍾葵署爲代州總管司馬釗正色拒之誓之以死會鍾葵敗釗遂免卒於朝邑令

辛慶之字餘慶隴西狄道人也世爲隴右著姓父顯宗馮翊郡守贈雍州刺史慶之少以文學徵詣洛陽對策第一除祕書郎屬爾朱氏作亂魏孝莊帝令司空楊津爲北道行臺節度山東諸軍以討之津啓慶之爲行臺左丞與參謀議至鄴聞孝莊帝崩遂出兗冀閒謀結義徒以赴國難尋而節閔帝立乃還洛陽

及賀拔岳爲行臺復啓慶之爲行臺吏部郎大統初從周文帝東討爲行臺左丞六年行河東郡事九年入爲丞相府右長史兼給事黃門侍郎除度支尚書復行河東郡事遷南荆州刺史加儀同三司慶之位遇雖隆而率性儉素車馬衣服亦不尚華侈志量淹和有儒者風度特爲當時所重又以其經明行修令與盧誕等教授諸王廢帝二年拜祕書監卒官子加陵主寢上士慶之族子昂

昂字進君數歲便有成人志行有善相人者謂其父仲略曰公家雖世載冠冕然名德富貴莫有及此兒者仲略亦重昂志氣深以爲然年十八侯景辟爲行臺郎中景後來附昂遂入朝除丞相府行參軍後追論歸朝勳封襄城縣男及尉遲迥伐蜀昂占募從軍蜀平迥表昂爲龍州長史領龍安郡事州帶山谷舊俗生梗昂威惠洽著吏人畏而愛之成都一方之會風俗舛雜迥以昂達於從政復表昂行成都令昂到縣便與諸生祭文翁學堂因共歡宴謂諸生曰子孝臣忠師嚴友信立身之要如斯而已若不事斯語何以成名各宜自勉克成令譽昂言切理至諸生等並深感悟歸而告其父老曰辛君教誡如此不可違之

於是井邑肅然咸從其化遷梓潼郡守六官建入爲司隸上士襲爵繁昌縣公保定二年爲小吏部時益州殷阜軍國所資經塗艱險每苦刦盜詔昂使於益梁軍人之務皆委決焉昂撫導荒梗頗得寧靜天和初陸騰討信州蠻詔昂便於通渠等州運糧饋之時臨信楚合等諸州人庶多從送昂諭以禍福赴者如歸乃令老弱負糧壯夫拒戰莫有怨者使還屬巴州萬榮郡人反叛圍郡城昂於是遂募通開二州得三千人倍道兼行出其不意又令其衆皆作中國歌直趣賊壘謂有大軍赴救望風瓦解朝廷嘉其權以濟事詔梁州總管杞國公亮即於軍中賞昂奴婢二十口繒綵四百疋又以昂威信布於宕渠遂表爲渠州刺史轉通州推誠布信甚得夷獠歡心秩滿還京首領皆隨昂詣闕朝覲以昂化洽夷落進位驃騎大將軍開府儀同三司時晉公護執政昂稍被護親待武帝頗銜之及誅護加之捶楚因此遂卒昂族人仲景好學有雅量其高祖欽後趙吏部尚書雍州刺史子孫因家焉父歡魏隴州刺史朱陽公仲景年十八舉文學對策高第拜司空府主簿建德中位內史下大夫開府儀同三司卒于家

子衡

王子直字孝正京兆杜陵人也世爲郡右族父琳州主簿東雍州長史子直性節儉有幹能魏正光中州辟主簿起家奉朝請永安初拜鴻臚少卿孝武西遷封山北縣男大統初漢熾屠各阻兵於南山與隴東屠各共爲脣齒周文帝令子直率涇州步騎五千討破之賜書勞問除尚書左外兵郎中兼中書舍人從解洛陽圍經河橋戰兼尚書左丞出爲秦州總管府司馬時涼州刺史宇文仲和據州逆命子直從隴右大都督獨孤信討平之復入爲大行臺郎中兼丞相府記室除太子中庶子領齊王友尋行馮翊郡事廢帝元年拜使持節大都督行瓜州事務以德政化人西土悅附恭帝初徵拜黃門侍郎卒官子宣禮柱國府參軍

杜杲字子暉京兆杜陵人也祖建魏輔國將軍贈蒙州刺史父皎儀同三司武都郡守杲學涉經史有當世幹略其族父攢清貞有識鑒深器重之常曰吾家千里駒也攢時仕魏爲黃門侍郎兼度支尚書衞大將軍西道大行臺尚孝武

妹新豐公主因薦之朝廷永熙三年起家奉朝請周明帝初爲修城郡守屬鳳州人仇周貢等構亂攻逼修城杲信洽於人部內遂無叛者尋率郡兵與開府趙昶合勢並破平之入爲司會上士初陳文帝弟安成王頊爲質於梁及江陵平頊隨例遷長安陳人請之周文帝許而未遣至是帝欲歸之命杲使焉陳文帝大悅卽遣使報聘幷賂黔中數州地仍請畫野分疆永敦鄰好以杲奉使稱旨進授都督行小御伯更往分界陳於是歸魯山郡帝乃拜頊柱國大將軍詔杲送之還國陳文帝謂杲曰家弟今蒙禮遣實是周朝之惠然不還魯山亦恐未能及此杲答曰安成之在關中乃咸陽一布衣耳然是陳之介弟其價豈止一城本朝親睦九族恕己及物上遵太祖遺旨下思繼好之義所以發德音者蓋爲此也若知止侔魯山固當不貪一鎮況魯山梁之舊地梁卽本朝藩臣若以始末言之魯山自合歸國云以尋常之土易己骨肉之親使臣猶謂不可何以聞諸朝廷陳文帝慚恧久之乃曰前言戲之耳自是接遇有加常禮及還引升殿親降御座執手以別朝廷嘉之授大都督小載師下大夫行小納言復聘

於陳及華皎來附詔令衞公直都督元定等援之定等犇沒自是連兵不息東南擾動武帝授杲御正中大夫使陳論保境息人之意陳宣帝遣其黃門侍郎徐陵謂杲曰兩國通好彼朝受我叛人何也杲曰陳主昔在本朝非慕義而至主上授以柱國位極人臣子女玉帛備禮將送今主社稷孰謂非恩郝烈之徒邊人狂狡曾未報德而先納之今受華氏正是相報過自彼始豈在本朝陵曰彼納華皎志圖吞噬此受郝烈容之而已且華皎方州列將竊邑叛亡郝烈一百許戶脫身逃竄大小有異豈得同年而語乎杲曰大小雖殊受降一也若論先後本朝無失陵曰周朝送主上還國既以爲恩衞公共元定度江孰云非怨計恩與怨亦足相埒杲曰元定等軍敗身因其怨已滅陳主負扆馮玉其恩猶在且怨由彼國恩起本朝以怨酬恩未之聞也陵笑而不答杲因陳和通之便陵具以聞陳宣許之遂遣使來聘建德初授司城中大夫仍使於陳宣帝謂杲曰長湖公軍人等雖築館處之然恐不能無北風之戀王褒庾信之徒既覊旅關中亦當有南枝之思耳杲揣陳宣意欲以元定軍將士易王褒等乃答之曰

長湖總戎失律臨難苟免既不死節安用此爲且猶牛之一毛何能損益本朝
之議初未及此陳宣帝乃止及杲還至石頭又遣謂之曰若欲合從共圖齊氏
能以樊鄧見與方可表信杲答曰合從圖齊豈唯弊邑之利必須城鎮宜待得
之於齊先索漢南使臣不敢聞命還除司倉中大夫又使於陳杲有辭辯閑於
占對前後將命陳人不能屈陳宣帝甚敬異之時元定已卒乃禮送開府賀拔
華及定棺柩杲受之以歸除河東郡守遷温州刺史賜爵義興縣伯大象元年
徵拜御正中大夫復使陳二年除申州刺史加開府儀同大將軍進爵爲侯除
同州刺史隋開皇元年以杲爲同州總管進爵爲公俄還工部尚書二年除西
南道行臺兵部尚書尋以疾卒子運大象末宣納上士杲兄長暉位儀同三司
呂思禮東平壽張人也性温潤不雜交遊年十四受學於徐遵明長於論難諸
生爲之語曰講書論易鋒難敵十九舉秀才對策高第除湘州功曹參軍葛榮
圍鄴思禮有守禦勳賜爵平陸縣伯除欒城令普泰中僕射司馬子如薦爲尚
書二千石郎中尋以地寒被出兼國子博士乃求爲關西大行臺郎中與姚幼

瑜茹文就俱入關爲行臺賀拔岳所重專掌機密甚得時譽岳爲侯莫陳悅所害趙貴等議遣赫連達迎周文帝思禮預其謀及周文爲關西大都督以思禮爲府長史尋除行臺右丞以迎魏孝武功封汝陽縣子加冠軍將軍拜黃門侍郎文帝卽位領著作郎除安東將軍都官尚書兼七兵殿中二曹事從禽竇泰進爵爲侯大統四年以謗訕朝政賜死思禮好學有才雖務兼軍國而手不釋卷晝理政事夜卽讀書令蒼頭執燭燭燼夜有數升沙苑之捷命爲露布食頃便成周文歎其工而且速所爲碑誄表頌並傳於世七年追贈車騎將軍定州刺史子亶嗣大象中位至駕部下大夫時有博陵崔騰早有名譽歷職清顯爲丞相府長史亦以投書謗議賜死

徐招字思賢高平鄉人也世爲著姓招少好法律及朝廷舊事發言措筆常欲辯析秋毫初入洛陽雖未登仕已爲時知朝廷疑事多預議焉延昌中從征浮山堰有功賜爵高廣男及廣陽王深北討鮮于修禮啓爲員外散騎侍郎深府長流參軍招陳策請離間之葛榮竟殺修理自爲魁帥以功進爵爲侯永安初

射策甲科除員外散騎常侍領尚書儀曹郎中招少習吏事未能精究朝儀常恨才達恐名迹不立久之方轉二千石郎中爾朱榮死爾朱世隆屯兵河橋莊帝以招爲行臺左丞自武牢北度引馬場河內之衆以抗世隆後爾朱兆得招鎖送洛陽仲遠數招罪將斬之招曰不虧君命得死爲幸仲遠重之曰凡人受命理各爲主今若爲戮何以勸人臣乃釋之用爲行臺右丞及仲遠南奔招獨還洛永熙末從孝武入關中拜給事黃門侍郎兼尚書右丞時朝廷播遷典章遺闕至於臺省法式皆招所記論者多焉大統三年拜驃騎將軍侍中時文帝舅子王起化犯罪死有詔追贈招執奏正之後卒於度支尚書子山雲嗣

檀翥字鳳翔高平金鄉人也六世祖毓晉步兵校尉父江始還北仕至太常少卿贈兗州刺史翥十歲喪父還京師宅與營人雜居雖幼孤寒不與鄰人來往好讀書解屬文能鼓琴早爲琅邪王誦所知年十九以名家子爲魏明帝挽郎後客遊三輔時毛遐爲行臺鎮北維表翥爲行臺郎中莊帝既誅尒朱榮遐使翥詣京師因除著作佐郎郎中如故後孝武帝西幸除兼中書舍人修國史大

統初又兼著作佐郎以守關迎駕勳封高堂子後坐談論輕躁爲黃門侍郎徐招所糺死於廷尉獄

孟信字脩仁廣川索盧人也家世貧寒頗傳學業信常曰窮則變變則通吾家世傳儒學而未有通官當由儒非世務也遂感激棄書從軍永業末除奉朝請從孝武帝入關封東州子趙平太守政尚寬和權豪無犯山中老人曾以豚酒饋之信和顏接引殷懃勞問乃自出酒以鐵鐺温之素木盤盛蕪菁葅唯此而已又以一鐺借老人但執一盃各自斟酌申酬酢之意謂老人曰吾至郡來無人以一物見遺今卿獨有此餉且食菜已久欲爲卿受一豚髀耳酒旣自有不能相費老人大悅再拜擘豚進之酒盡方別及去官居貧無食唯有一老牛其兄子賣之擬供薪米券契已訖市法應知牛主住在所信適從外來見買牛人方知其賣也因告之曰此牛先來有病小用便發君不須也杖其兄子二十買牛人嗟異良久呼信曰孟公但見與牛未必須其力也苦請不得乃罷買牛者周文帝帳下人周文深歎異焉未幾舉爲太子少師後還太子太傅儒者榮之

特加車騎大將軍儀同三司散騎常侍辭老請退周文不奪其志賜車馬几杖衣服牀帳卒於家贈冀州刺史謚曰戴子儒

宗懍字元懍南陽涅陽人也八世祖承永嘉亂討陳敏有功封柴桑縣侯除宜都郡守卒官子孫因居江陵父高之梁山陰令懍少聰敏好讀書晝夜不倦語輒引古事鄉里呼爲小兒學士梁大同六年舉秀才以不及二宮元會例不對策及梁元帝鎭荆州謂長史劉之遴曰貴鄉多士爲舉一有意少年之遴以懍應命卽日引見令兼記室嘗夕被召宿省使製龍川廟碑一夜便就詰朝呈上梁元帝歎美之後歷臨汝建城廣晉三縣令遭母憂去職哭輒嘔血兩旬之內絕而復蘇者三每旦有羣烏數千集于廬舍候哭而來哭止而去時論以爲孝感所致梁元帝卽位擢爲尚書侍郎封信安縣侯累遷吏部尚書懍父高之先爲南臺書侍御史犯憲懍顧父釋罪當終身菜食高之理雪故懍菜食鄉里稱之在元帝府府中多言其矯至是大進魚肉國子祭酒沛國劉瑴讓之曰本知卿不忠猶謂卿孝今日便是忠孝並無懍不能對懍博學有才藻口未嘗譽人

朋友以此少之初侯景平後梁元帝議還建鄴唯懍勸都渚宮以鄉在荊州故也及江陵平與王褒等入關周文帝以懍名重南土甚禮之周孝閔帝踐祚拜車騎大將軍儀同三司明帝即位又與王褒等在麟趾刊定羣書數蒙宴賜保定中卒有集二十卷行於世

劉璠字寶義沛人也六世祖敏以永嘉亂徙居廣陵父臧性方正篤志好學居家以孝聞仕梁爲著作郎璠九歲而孤居喪合禮少好讀書兼善文筆十七爲上黃侯蕭曄所器重范陽張綰梁之外戚才高口辯見推於世以曄懿貴亦假借之璠年少未仕而負才使氣不爲之屈綰嘗於新渝侯宅因酒後詬京兆杜杲曰寒士不遜璠厲色曰此坐誰非寒士璠本意在綰而曄以爲屬己辭色不平璠曰何王之門不可曳長裾也遂拂衣而去曄謝之乃止後隨曄在淮南璠母在建康遘疾璠弗之知嘗忽一日舉身楚痛尋而家信至云其母病璠即號泣戒道絕而又蘇當身痛之辰即母死之日居喪毀瘠遂感風氣服闋後一年猶杖而後起及曄終於毗陵故吏多分散璠獨奉曄喪還都墳成乃退梁簡文

時東宮遇睥素重諸不送者多被劾責唯璠獨被優賞解褐王國常侍非好也璠少慷慨好功名志欲立事邊城不樂隨牒平進會宜豐侯蕭脩出爲北徐州刺史卽請爲其輕車府主簿兼記室參軍脩爲梁州又補爲中記室補華陽太守屬侯景度江梁室大亂脩以璠有才略甚親委之時寇難繁興未有所定璠乃喟然賦詩以見志其末章曰隨會平王室夷吾匡霸功虛薄無時用徒然慕昔風脩開府置佐史以璠爲諮議參軍仍領記室梁元帝承制授樹功將軍鎮西府諮議參軍賜書曰鄧禹文學尙或執戈葛洪書生且云破賊前脩無遠屬望良深元帝尋以脩紹鄱陽之封且爲雍州刺史復以璠爲脩平北府司馬及武陵王紀稱制於蜀以璠爲中書侍郎遣召璠使者八反乃至蜀又以爲黃門侍郎令長史劉孝勝深布心腹使工畫陳平度河歸漢圖以遺之璠苦求還中記室韋登私曰殿下忍而蓄憾足下不留將致大禍脫使盜遮於葭萌則卿殆矣孰若共構大夏使身名俱美哉璠正色曰卿欲緩頰於我耶我與府侯分義已定豈以寵辱夷險易其心乎丈夫立志當死生以之耳殿下方布大義於天

下終不逞志於一人紀知不爲己用乃厚贈而遣之臨別紀又解其佩刀贈璠曰想見物思人璠曰敢不奉揚威靈剋翦姦宄紀於是遣使拜脩爲益州刺史封隨郡王以璠爲府長史加蜀郡太守遠至白馬西屬達奚武軍已至南鄭璠不得入城遂降武周文帝素聞其名先戒武曰勿使劉璠死故武先令璠赴闕周文見之如舊謂僕射申徽曰劉璠佳士古人何以過之徽曰晉人滅吳利在二陸明公今平梁漢得劉璠也時南鄭尙拒守達奚武請屠之周文將許焉唯令全脩一家而已璠乃請之於朝周文怒而不許也璠泣而固請移時不退柳仲禮侍側曰此烈士也周文旣納蕭脩降又許其反國脩至長安累月未之遣也璠因侍宴周文曰我於古誰比曰常以公命世英主湯武莫逮今日所見曾是齊桓晉文之不若周文曰我不得比湯武望與伊周爲匹何桓文之不若乎對曰齊桓存三亡國晉文不失信於伐原語未終周文撫掌曰我解爾意欲激我耳卽命遣脩脩請與璠俱還周文不許以璠爲中外府記室遷黃門侍郎儀同三司嘗臥疾居家對雪興感乃作雪賦以遂志焉初蕭脩在漢中與蕭紀牋

及答西魏書移襄陽文皆璠辭也周明帝初授內史中大夫掌綸誥尋封平陽縣子在職清白簡亮不合於時左遷同和郡守璠善於撫御莅職未期生羌降附者五百餘家前後郡守多經營以致貲產唯璠秋毫無所取妻子並隨羌俗食麥衣皮始終不改洮陽洪和二郡羌常越境詣璠訟理蔡公廣時鎮隴右嘉其善政及還鎮陝州欲啓璠自隨羌人樂從者七百人聞者莫不歎異陳公純作鎮隴右引爲總管府司錄甚禮敬之卒於官著梁典三十卷有集二十卷行於世子祥

祥字休徵幼聰慧賓客見者皆號神童事嫡母以至孝聞其伯父黃門郎瓘有名江左在嶺南聞而奇之乃令名祥字休徵後以字行於世十歲能屬文十二通五經仕梁爲宜豐侯記室參軍江陵平隨例入關中齊公憲召爲記室府中書記皆令掌之封漢安縣子憲進爵爲王以休徵爲王友俄除內史上士武帝東征休徵陪侍帷幄平齊露布即休徵文也累遷車騎大將軍儀同大將軍歷長安萬年二縣令頗獲時譽卒於官初璠所撰梁典始就未及刊定而卒臨終

謂休徵曰能成我志其在此書乎休徵脩定繕寫勒成一家行於世
行本璠兄子也父環仕梁歷職清顯行本起家梁武陵王國常侍遇蕭脩以梁州北附遂與叔父璠歸周寓居新豐每以諷讀爲事精力忘疲雖衣食乏絕宴如也性剛烈有不可奪之志周大冢宰宇文護引爲中外府記室武帝親總萬機轉御正中士兼領起居注累遷掌朝下大夫周代故事天子臨軒掌朝典筆硯持至御坐則承御大夫取進之及行本爲掌朝將進筆於帝承御復欲取之行本抗聲曰筆不可得帝驚視問之行本曰臣聞設官分職各有司存臣既不得佩承御刀承御亦焉得取臣筆帝曰然因令二司各行所職及宣帝嗣位多失德行本切諫忤旨出爲河內太守及尉遲迥作亂攻懷州行本率吏人拒之拜儀同賜爵文安縣子隋文帝踐祚拜諫議大夫檢校中書侍郎上嘗怒一郎於殿前笞之行本進曰此人素清其過又小上不顧行本正當上前曰陛下不以臣不肖令臣在左右臣言若是陛下安得不聽臣言若非當致之於理安得輕臣而不顧臣所言非私因置笏於地而退上斂容謝之遂原所笞者時天下

大同四夷內附行本以党項羌密邇封域最爲後服上表劾其使者曰臣聞南蠻遵校尉之統西域仰都護之威比見西羌鼠竊狗盜不父不子無君無臣異類殊方於斯爲下不悟羈縻之惠詎知含養之恩狼戾爲心獨乖正朔使人近至請付推科上奇其志雍州別駕元肇言於上曰有一州吏受人饋錢二百文律令杖一百然臣下車之始與其爲約此吏故違請加徒一年行本駮之曰律令之行蓋發明詔今肇乃敢重其教命輕忽憲章虧法取威非人臣之禮上嘉之賜絹百匹拜太子左庶子領書侍御史如故皇太子虛襟敬憚時唐令則爲左庶子太子昵狎之每令以弦歌教內人行本責之曰庶子當匡太子以正道何嬖昵房帷之閒哉令則甚慚而不能改時沛國劉臻平原明克讓河南陸爽等並以文學爲太子所親行本怒其不能調護每謂三人曰卿等正解讀書耳時左衛率長史夏侯福爲太子所昵嘗於閤內與太子戲福大笑聲聞於外行本時在閤下聞之待其出數之曰汝何小人敢爲褻慢因付執法者推之太子爲請乃釋之太子嘗得良馬令福乘而觀之太子甚悅因欲令行本復乘行本

正色曰至尊置臣於庶子位欲輔導殿下以正道非爲殿下作弄臣太子慚而止復以本官領大興令權貴憚其方正無敢至其門者由是請託路絶吏人懷之未幾卒于官上甚傷惜之及太子廢上曰嗟乎若使劉行本在勇當不及此乎行本無子

柳遐字子昇河東解人宋太尉元景從孫也祖叔珍義陽內史事見南史父季遠梁宜都太守遐幼而爽邁神彩嶷然髫歲便有成人之量篤好文學動合規矩其世父慶遠特器異之謂曰吾昔逮事伯父太尉公嘗謂吾云我昨夢汝登一樓甚峻麗吾以坐席與汝汝後名宦必達恨吾不及見耳吾向聊復晝寢又夢將昔時坐席還以賜汝汝之官位當復及吾特宜免勵以應嘉祥也梁西昌侯藻鎮雍州遐時年十二以百姓禮脩謁風儀端肅進止詳雅藻羡之試遣左右踐遐衣裾欲觀其舉措遐徐步稍前曾不顧盼仕梁稍遷尚書功論郎陳郡謝舉時爲僕射引遐與語甚嘉之顧謂人曰江漢英靈見於此矣岳陽王蕭詧於襄陽承制授遐吏部郎賜爵聞喜公尋進位持節侍中驃騎大將軍開府儀

同三司及詧踐帝位於江陵以襄陽來歸辭詧曰陛下中興鼎業龍飛舊楚臣昔因幸會早奉名節理當以身許國期之始終自晉氏南遷臣宗族蓋寡從祖太尉世父儀同從父司空並以位望隆重遂家于金陵唯留先臣獨守墳柏嘗誡臣等使不違此志今襄陽既入北朝臣若陪隨鑾蹕進則無益塵露退則有虧先旨詧重違其志遂許之因留鄉里以經籍自娛周文帝明帝頻徵固辭以疾及詧殂遐舉哀行舊臣之服保定中又徵之遐始入朝授驃騎大將軍開府儀同三司霍州刺史遐導人務先以德再三不用命者乃微加貶異示恥而已其下感而化之不復爲過咸曰我君仁惠如此其可欺乎卒贈金安二州刺史遐有至行初爲州主簿其父卒于揚州遐自襄陽奔赴六日而至哀感行路毀悴不可識後舉喪西歸中流風起舟中人相顧失色遐抱棺號慟愬天求哀俄頃風止浪息其母嘗乳間發疽醫云此疾無可救理唯得人吮膿或望微止其痛遐應聲即吮旬日遂瘳咸以爲孝感所致性又溫裕略無喜愠之容弘獎名教未嘗論人之短尤尚施與家無餘財臨終遺誡薄葬其子等並奉行之有十

子靖莊最知名

靖字思休少方雅博覽墳籍仕梁正員郎隨退入周授大都督歷河南廣德二郡守所居皆有政術吏人畏而愛之然性愛閑素其於名利澹如也及秩滿還鄉便有終焉之志隋文帝踐極特詔徵之以疾固辭優游不仕閉門自守所對唯琴書而已足不歷園庭殆將十載子弟奉之若嚴君焉其有過者靖必下帷自責於是長幼相率拜謝於庭靖然後見之勗以禮法鄉里亦慕而化之或有不善者皆曰唯恐柳德廣知也時論方之王烈前後總管到官皆親至靖家問疾遂以爲故事秦王俊臨州賚以几杖幷致衣物靖唯受几杖餘並固辭其爲當時所重如此開皇中壽終

莊字思敬少有器量博覽墳籍兼善辭令濟陽蔡大寶有重名於江左時爲岳陽王蕭詧諮議見莊歎曰襄陽水鏡復在於茲大寶遂以其女妻之俄而詧辟爲參軍及詧稱帝累遷鴻臚卿及隋文帝輔政蕭巋令莊奉書入關時三方構難文帝懼巋有異志及莊還謂曰孤昔以開府從役江陵深蒙梁王殊眷今主

幼時艱猥蒙顧託梁主奕業重光委誠朝廷而今已後方見松筠之節君還申孤此意於梁主也遂執莊手而别時梁之將帥咸請與尉遲逈連衡進可盡節於周氏退可席卷山南唯巋疑不可會莊至自長安申文帝結託之意遂言於巋曰今尉遲逈雖曰舊將昏耄已甚消難王謙常人之下者非有匡合之才況山東庸蜀從化日近周室之恩未洽於朝廷臣料之逈等終當覆滅隋公必私周國未若保境息人以觀其變巋深以爲然未幾消難奔陳逈及謙相次就戮巋謂莊曰近若從衆言社稷已不守矣文帝踐祚莊又入朝帝深慰勉之及爲晉王廣納妃于梁莊因是往來四五反前後賜物數千段梁國廢授開府儀同三司除給事黄門侍郎莊明習舊章雅達政事凡所駁正帝莫不稱善蘇威爲納言重莊器識常奏帝云江南人有學業者多不習世務習世務者又無學業能兼之者不過柳莊高熲亦與莊甚厚莊與陳茂同官不能降意茂見上及朝臣多屬意於莊心每不平帝與茂有舊譖愬頗行尚書省嘗奏犯罪人依法合流而上處以大辟莊據法執之帝不從由是忤旨俄屬尚藥進丸藥不稱旨茂

因奏莊不親監帝怒十一年徐璒等反於江南詔莊以行軍總管長史隨軍討之璒平卽授饒州刺史甚有能名卒於官

論曰韓褒奉事三帝以忠厚知名趙肅平允當官張軌循良播美李彥譽流省閣郭彥信著蠻貊歷官出納並當時之選也梁昕皇甫璠辛慶之王子直杜杲之徒並關右之舊族或紆組登朝獲當官之譽或張旝出境有專對之才旣茂國猷克隆家業美矣魏文帝云文人不護細行其呂思禮之謂乎徐招檀翥孟信各以才學自立又加之以清介並志能之士也宗懍才辭幹局見重宋元遠乎播越秦中不預政事豈亡國俘虜不與圖存者乎梁氏據有江東五十餘載挾筴紀事蓋亦多人劉璠學思通博有著述之譽雖傳疑傳信頗有詳略而屬辭比事爲一家之言行本正色抗言具存乎骨鯁柳遐立身之道進退有節觀其眷戀墳隴其孝可移於朝廷盡禮舊主其忠可事於新君夫能推此類以求賢則知人幾於易矣莊亮直之風不殞門表忠而獲謗蓋亦自古有之

北史卷七十

北史卷七十考證

趙軌傳周蔡王引爲記室○蔡監本訛蓺今改從隋書

其東隣有桑葚落其家○葚監本訛蓂今改從隋書

張軌傳奉雍之間必有王者○奉周書作秦

郭彥傳累遷虞部郎中○虞監本訛寘今改從南本

皇甫誕傳諒用諮議王頍謀發兵作亂○頍隋書作頍本書王頒弟頍傳云授漢王諒府諮議參軍又云諒遂舉兵反頍之計也可知頍字之訛矣

孟信傳又以一鐺借老人○又監本訛文今改從南本

柳遐傳其世父慶遠特器異之○下文伯父太尉云夢以坐席與汝汝後名宦必遠等語與梁書慶遠從父兄世隆謂慶遠語略同

北史卷七十考證

北史卷七十一

唐　李延壽　撰

列傳第五十九

隋宗室諸王

蔡景王整　滕穆王瓚　道宣王嵩　衛昭王爽
河間王弘　義城公處綱　離石太守子崇　文帝四王
煬帝三子

蔡景王整隋文帝之次弟也文帝四弟唯整及滕穆王瓚與帝同生次道宣王嵩次衛昭王爽並異母整周明帝時以武元軍功賜爵陳留郡公位開府車騎大將軍從武帝平齊力戰而死文帝初居武元之憂率諸弟負土爲墳人植一柏四根鬱茂西北一根整栽者獨黃夜因大風雨根失之果終不吉文帝作相贈柱國大司徒八州刺史及受禪追封諡焉子智積襲又封其弟智明爲高陽郡公智才開封縣公尋拜智積開府儀同三司授同州刺史儀衛資送甚盛

整娶同郡尉遲綱女生智積開皇中有司奏智積將葬尉太妃帝曰昔幾殺我
我有同生二弟並倚婦家勢常憎疾我我向笑之云爾既嗔我不可與爾角嗔
並云阿兄止倚頭額時有醫師邊隱逐勢言我後百日當病癩二弟私喜以告
父母父母泣謂我曰爾二弟大劇不能愛兄我因言一日有天下當改其姓夫
不愛其親而愛他人者謂之悖德當改之爲悖父母許我此言父母亡後二弟
及婦又讒我言於晉公于時每還欲入門常不喜如見獄門託以患氣常鎖閤
靜坐唯食至時暫開閤每飛言入耳竊云復未邪當時實不可耐羨人無兄弟
世間貧家兄弟多相愛由相假藉達官兄弟多相憎爭名利故也智積在同州
未嘗嬉戲游獵聽政之暇端坐讀書門無私謁有侍讀公孫尚義山東儒士府
佐楊君英蕭德言並有文學時延於坐所設唯餅果酒纔三酌家有女妓唯年
節嘉慶奏於太妃前始文帝龍潛時與景王不睦太妃尉氏又與獨孤皇后不
相諧以是智積常懷危懼每自貶損帝亦以是哀憐之人或勸智積爲產業智
積曰昔平原露朽財帛苦其多也吾幸無可露何更營乎有五男止教讀論語

孝經而已亦不令交通賓客或問其故智積曰恐兒子有才能以致禍也開皇二十年徵還京無佗職任闔門自守非朝覲不出煬帝即位滕王綸衞王集並以讒構得罪高陽公智明亦以交通奪爵智積愈懼大業三年授弘農太守委政寮佐清靜自居及楊玄感作逆自東都引軍而西智積謂官屬曰玄感欲西圖關中若成其計則根本固矣當以計縻之使不得進不出一旬自可禽耳及玄感軍至城下智積登陴詈辱之玄感怒甚留攻之城門爲賊所燒智積乃更益火賊不得入數日宇文述等軍至合擊破之尋拜宗正卿十二年從駕江都寢疾帝時疎薄骨肉智積每不自安及遇患不呼醫臨終謂所親曰吾今日始知得保首領沒於地矣時人哀之有子道玄

滕穆王瓚字恆生一名慧仕周以武元軍功封竟陵郡公尚周武帝妹順陽公主保定四年累遷納言瓚貴公子又尚公主美姿容好書愛士甚有當時譽時人號曰楊三郎武帝甚親愛之平齊之役諸王咸從留瓚居守謂曰六府事殷一以相付朕無西顧之憂矣宣帝即位遷吏部中大夫加上儀同宣帝崩文帝

入禁中將總朝政令廢太子勇召之瓚素與帝不協不從曰作隋國公恐不能保何乃更爲族滅事耶文帝作相拜大宗伯典修禮律進位上柱國邵國公瓚見帝執政恐爲家禍陰有圖帝計帝每優容之及受禪立爲滕王拜雍州牧帝數與同坐呼爲阿三後坐事去牧以王就第瓚妃宇文氏素與獨孤皇后不平至是鬱鬱不得志陰有呪詛帝命瓚出之瓚不忍離絕固請帝不得已從之宇文氏竟除屬籍由是恩禮更薄開皇十一年從幸栗園坐樹下方飲酒鼻忽流血暴薨時年四十四人皆以爲遇鴆子綸嗣

綸字斌籀性弘厚美姿容頗知鍾律文帝受禪封邵國公明年拜邵州刺史晉王廣納妃於梁詔綸致禮甚爲梁人所敬綸以穆王故當文帝世每不自安煬帝即位尤被猜忌綸憂懼呼術者王姿問之姿答曰王相祿不凡滕即騰也此字足爲善應有沙門惠恩崛多等頗解占候綸每與交通嘗令此三人爲厭勝法有人告綸怨望呪詛帝令黃門侍郎王弘窮驗之弘希旨奏綸厭蠱惡逆坐當死帝令公卿議之司徒楊素等曰綸懷惡之由積自家世惟皇運之始四海

同心在於孔懷彌須叶力其先乃離阻大謀棄同郎異父悖於前子逆於後爲
惡有將其罪莫大請依前科帝以皇族不忍除名徙邊郡大業七年帝征遼東
綸欲上表請從軍自効爲郡司所遏未幾徙珠崖及天下大亂爲賊林仕弘逼
攜妻子竄儋耳後歸國封懷化縣公尋病卒綸弟坦字文籍初封竟陵郡公坐
綸徙長沙坦弟猛字武籍徙衡山猛弟温字明籍初徙零陵温好學解屬文既
而作零陵賦以自寄其詞哀思帝見而怒之轉徙南海温弟詵字弘籍前亦徙
零陵帝以其修謹襲封滕王以奉穆王嗣大業末於江都爲宇文化及所害

道宣王嵩在周以武元軍功賜爵興城公早卒文帝受禪追封謚焉以滕穆王
瓚子靜襲卒謚曰悼無子以蔡王智積子世澄襲

衞昭王爽字師仁小字明達在周以武元軍功於襁褓中封同安郡公六歲而
武元崩爲獻皇后所養由是寵愛特異諸弟年十七爲內史上大夫文帝執政
授蒲州刺史柱國及受禪立爲衞王所生李氏爲太妃爽位雍州牧右領軍大
將軍權領幷州總管上柱國涼州總管爽美風儀有器局政甚有聲大軍北伐

河間王弘豆盧勣竇榮定高熲虞慶則等分道而進以爽爲元帥俱受爽節度親率李充等四將出朔州遇沙鉢略可汗於白道接戰大破之沙鉢略中重瘡而遁帝大悅賜爽真食梁安縣千戶六年復爲元帥步騎十五萬出合川突厥遁逃徵爲納言帝甚重之未幾爽疾帝使薛榮宗視之云衆鬼爲厲爽令左右驅逐之居數日有鬼物來擊榮宗走下階而斃其夜爽薨年二十五贈太尉冀州刺史子集嗣集字文會初封遂安王尋襲封衞王煬帝時諸侯王恩禮漸薄猜防日甚集憂懼乃呼術者俞普明章醮以祈福助有人告集呪詛憲司希旨鍛成其獄奏集惡逆坐當死詔下其議楊素等曰集密懷左道厭蠱君親是君父之罪人非臣子之所赦請論如律時滕王綸坐與相連帝不忍加誅除名遠徙邊郡天下亂不知所終

河間王弘字辟惡文帝從祖弟也祖愛敬早卒父元孫少孤隨母郭氏養於舅族及武元帝與周文建義關中元孫時在鄴懼爲齊人所誅因假外家姓爲郭氏元孫死齊爲周滅弘始入關與文帝相得帝哀之爲買田宅弘性明悟有文

武幹略數從征伐累遷開府儀同三司文帝爲丞相常置左右委以心腹帝詔周趙王宅將及於難弘時立於戶外以衞文帝尋加上開府賜爵永康縣公及受禪拜大將軍進爵郡公尋贈其父柱國尚書令河間郡公其年立弘爲河間王拜右衞大將軍尋進柱國以行軍元帥出靈州道征突厥大破之拜寧州總管進上柱國政尚清靜甚有恩惠還蒲州刺史得以便宜從事時河東多盜賊弘奏爲盜者百餘人投之邊裔州境恬然號爲良吏每晉王廣入朝弘輒領揚州總管及王歸藩弘復還蒲州在州十餘年風教大洽煬帝嗣位拜太子太保歲餘薨大業六年追封郇王子慶嗣慶傾曲善候時變帝猜忌骨肉滕王綸等皆被廢放唯慶獲全累遷滎陽太守頗有政績及李密據洛口倉滎陽諸縣多應密慶勒兵拒守歲餘城中糧盡兵勢日蹙密遺慶書曰王之先世家住山東本姓郭氏乃非楊族婁敬之於漢高殊非血胤呂布之於董卓良異天親芝焚蕙歎事不同此江都荒湎流宕忘歸骨肉崩離人神怨憤舉烽火於驪山諸侯莫至浮膠船於漢水還日未期王獨守孤城援絕千里糧糈支計僅有月餘弊

卒之多纔盈數百有何恃賴欲相抗拒求枯魚於市肆卽事非虛因歸鴈以運
糧竟知何日止恐禍生七首釁發蕭牆空以七尺之軀懸賞千金之購可爲酸
鼻者也幸能三思自求多福于時江都敗問亦至慶得書遂降于密改姓爲郭
氏密破歸東都又爲楊氏越王侗不之責也及侗稱制拜宗正卿世充旣僭僞
號降爵爲郇國公後爲郭氏世充以兄女妻之署滎州刺史及世充將敗慶欲
將妻同歸長安其妻曰國家以妾奉箕帚於公者欲以申厚意結公心耳今父
叔窮迫家國阽危而不顧婚姻孤負付屬爲全身之計非妾所能責公也妾若
至長安公家一婢耳何用妾爲願送還東都君之惠也慶不許其妻遂沐浴靚
莊仰藥而死慶遂歸國爲宜州刺史郇國公復姓楊氏其嫡母元太妃年老兩
目喪明世充斬之
義城公處綱文帝族父也生長北邊少習騎射在周以軍功拜上儀同文帝受
禪贈其父鍾葵柱國尚書令義城縣公以處綱襲焉累遷右領軍將軍綱雖無
才藝而性質直在官強濟亦爲當時所稱拜蒲州刺史吏人悅之卒於秦州總

管諡曰恭弟處樂官至洛州刺史漢王諒反朝廷以爲二心廢錮不齒
離石太守子崇武元帝族弟也父盆生贈荊州刺史子崇少好學涉獵書記有
風儀愛賢好士開皇初拜儀同以車騎將軍恆典宿衞後爲司門侍郎煬帝嗣
位累遷候衞將軍坐事免未幾復檢校將軍事從帝幸汾陽宮子崇知突厥必
爲寇屢請早還京師不納尋有鴈門之圍及賊退帝怒之曰子崇怯懦妄有陳
請驚動我衆心不可居爪牙寄出爲離石郡太守有能名自是突厥屢寇邊塞
胡賊劉六兒復擁衆劫掠郡境子崇表請兵鎮遏帝復大怒令子崇行長城子
崇行百餘里四面路絕不得進而歸歲餘朔方梁師都馬邑劉武周等各作亂
郡中諸胡復反子崇患之言欲朝集遂與心腹數百人自孟門關將還京師遇
道路隔絕退歸離石左右聞太原兵起不復入城各叛去子崇悉收叛者父兄
斬之後數日義兵至城中應之城陷爲讎家所殺
文帝五男皆文獻皇后所生長曰房陵王勇次煬帝次秦孝王俊次庶人秀庶
人諒

房陵王勇小名睍地伐周世以武元軍功封博平縣侯及文帝輔政立爲世子拜大將軍左司衛封長寧郡公出爲洛州總管東京少冢宰總統舊齊之地後徵還京師進上柱國大司馬領內史御正諸禁衛皆屬焉文帝受禪立爲皇太子軍國政事及尚書死罪已下皆令勇參決帝以山東人多流冗遣使案檢又欲徙人北實邊塞勇上書諫以爲戀土懷舊人之本情波迸流離蓋不獲已有齊之末主闇時昏周平東夏繼以威虐人不堪命致有逃亡非厭家鄉願爲羈旅若假以數歲沐浴皇風逃竄之徒自然歸本雖北夷犯邊令所在嚴固何待遷配以致勞擾上覽而嘉之時晉王廣亦表言不可帝遂止是後時政不便多所損益帝每納之帝常從容謂羣臣曰前世皇王溺於嬖幸廢立之所由生朕傍無姬侍五子同母可謂真兄弟也豈若前代多諸內寵孽子忿爭爲亡國之道邪勇頗好學解屬詞賦性寬仁和厚率意任情無矯飾之行引明克讓姚察陸開時等爲之賓友勇嘗文飾蜀鎧帝見而不悅恐致奢侈之漸因誡之曰我歷觀前代帝王未有奢華而能長久者汝當儲后若不上稱帝心下合人意何

以承宗廟之重居兆人之上吾昔衣服各留一物時復看以自警戒又擬分賜汝兄弟恐汝以今日皇太子之心忘昔時之事故令高熲賜汝我舊所帶刀子一枚并葅醬一合汝昔作上士時所常食如此若存憶前事應知我心後經冬至百官朝勇勇張樂受賀帝知之問朝臣近聞至節內外百官相率朝東宮是何禮也太常少卿辛亶對曰於東宮是賀不得言朝帝曰改節稱賀正可三數十人逐情各去何因有司徵召一朝普集太子法服設樂以待之東宮如此殊乖禮制乃下詔曰皇太子雖居上嗣義兼臣子而諸方岳牧正冬朝賀任土作貢別上東宮事非典則宜悉停斷自此恩寵始衰漸生疑阻時帝令選強宗入上臺宿衞高熲奏若盡取強者恐東宮宿衞太劣帝作色曰我有時行動宿衞須得雄毅太子毓德東宮左右何須強武始我商量恆於交番之日分向東宮上下團伍不別豈非好事耶我熟見前代公不須仍踵舊風蓋疑熲男尙勇女形於此言以防之勇多內寵昭訓雲氏嬖幸禮匹於嫡而妃元氏無寵嘗遇心疾二日而薨獻皇后意有他故甚責望勇又自妃薨雲昭訓專擅內政后彌不

平頗求勇罪過晉王廣知之彌自矯飾姬妾恆備員數唯與蕭妃居處皇后由是薄勇愈稱晉王德行後晉王來朝車駕侍從皆爲儉素接朝臣禮極卑屈聲名籍甚冠於諸王臨還揚州入內辭皇后因哽咽流涕伏不能興皇后泫然泣下相對歔欷王曰臣性識愚下常守平生昆弟之意不知何罪失愛東宮恆蓄盛怒欲加屠陷每恐讒譖出於杼柚鴆毒遇於盃杓皇后忿怒曰睍地伐漸不可耐我爲伊索得元家女望隆基業竟不聞作夫妻專寵阿雲有如許豚犬前新婦本無病痛忽爾暴亡遣人投藥致此夭逝事已如此我亦不窮何因復於汝處發如此意我在尚爾我死後當魚肉汝乎每思東宮竟無正嫡至尊千秋萬歲後遣汝等兄弟向阿雲兒前再拜問訊此是幾許大苦痛邪晉王又拜嗚咽不能止皇后亦悲不自勝此別之後知皇后意移始構奪宗之計因引張衡定策遣褒公宇文述深交楊約令喻旨於越公素具言皇后此語素瞿然曰但不知皇后如何但如所言之旨又何爲者後數日素入侍宴微稱晉王孝悌恭儉有禮用此揣皇后意后泣曰公言是也我兒大孝順每聞至尊及我遣內使

到必迎於境首又其新婦亦大可憐我使婢去常與同寢共食豈如睍地伐共阿雲相對而坐終日酣宴昵近小人疑阻骨肉我所以益憐阿麽者嘗恐暗地殺之素既知意盛言太子不才皇后遂遺素金始有廢立之意勇頗知其謀憂懼計無所出聞新豐人王輔賢能占候召而問之輔賢曰白虹貫東宮門太白襲月皇太子廢退象也以銅鐵五兵造諸厭勝又於後園內作庶人村屋宇卑陋太子時於中寢息布衣草褥冀以當之帝知其不安在仁壽宮使楊素觀勇素至東宮偃息未入勇束帶待之故亦不進以怒勇勇銜之形於言色素還言勇怨望恐有他變帝甚疑之皇后又遣人伺覘東宮纖介事皆聞奏因加媒孽構成其罪帝惑之遂疏忌勇迺於玄武門達至德門量置人候以伺動靜皆隨事奏聞又東宮宿衛人侍官已上名籍悉令屬諸衛府有健兒者咸屏去之晉王又令段達私貨東宮幸臣姬威令取太子消息密告楊素於是內外諠謗過失日聞段達脅姬威曰東宮罪過主上皆已知之已奉密詔定當廢立君能告之則大富貴威遂許諾開皇二十年車駕至自仁壽宮御大興殿謂侍臣曰我

新還京師應開懷歡樂不知何意翻悒然愁苦吏部尚書牛弘對曰由臣等不稱職故至尊憂勞帝既數聞譏譖疑朝臣具委故有斯問冀聞太子之愆弘既此對大乖本指帝因作色謂東宮官屬曰仁壽宮去此不遠令我每還京師嚴備如入敵國我爲患利不脫衣臥夜欲得近廁故在後房恐有驚急還就前殿豈非爾輩欲壞我家國邪乃執唐令則等數人付所司訊鞫令楊素陳東宮事狀以告近臣素顯言之曰奉敕向京令皇太子檢校劉居士餘黨太子忿然作色肉戰淚下云居士黨已盡遣我何處窮討爾作右僕射受委自求何關我事又云昔大事不遂我先被誅今作天子竟乃令我不如弟一事已上不得自由因長歎回視云我大覺身妨又云諸王皆得奴獨不與我乃向西北奮頭喃喃細語帝曰此兒不堪承嗣久矣皇后相勸我廢我以布素時生復長子望其漸改隱忍至今勇昔從南兗州來語衛王曰阿孃不與我一好婦女亦是可恨因指皇后侍兒曰皆我物此言幾許異事其婦初亡即以斗帳安餘老嫗新婦初亡我深疑使馬嗣明藥殺我曾責之便懟曰會當殺元孝矩此欲害我而遷怒

耳初長寧誕育朕與皇后共抱養之自懷彼此連遣來索且云定與女在外私合而生想此由來何必是其體胤昔晉太子取屠家女其兒即好屠割今儻非類便亂宗祏又劉金驎佞人也呼定與作家翁定與愚人受其此語我前解金驎者爲其此事勇昔在宮引曹妙達共定與女同宴妙達在外云我今得勸妃酒直以其諸子偏庶畏人不服故逆縱之欲收天下望耳我雖德慚堯舜終不以萬姓付不肖子我恆畏其加害如防大敵今欲廢之以安天下左衞大將軍元旻諫曰廢立大事天子無貳言詔旨若行後悔無及讒言罔極惟陛下察之旻辭直事強聲色俱厲帝不答時姬威又表告太子非法帝使威盡言威對曰皇太子由來共臣語惟意在驕奢欲得樊川以至散關總規爲苑兼云昔漢武將起上林苑東方朔諫賜朔黃金百斤幾許可笑我實無金輒賜此等若有諫者正當斬之不過殺百許人自然永息前蘇孝慈解左衞率皇太子奮髯揚肘曰大丈夫當有一日終不忘之決當快意又宮內所須尚書多執法不與便怒曰僕射已下五人會展三人腳便使知慢我之禍又於苑內築一小城春夏秋

冬作役不輟營起亭殿朝更夕改每云至尊嗔我多側庶高緯陳叔寶豈是孽
子平嘗令師姥卜吉凶語臣曰至尊忌在十八年此期促矣帝泫然曰誰非父
母生乃至於此我有舊使婦女令看東宮奏云勿令廣平王至皇太子處東宮
憎婦亦廣平王教之元贇亦知其陰惡勸我於左藏東加置兩隊初平陳後宮
人好者悉配春坊如聞不知猒足於外更有求訪朕近覽齊書見高歡縱其兒
子不勝忿憤安可効尤於是勇及諸子皆被禁錮部分收其黨與楊素舞文鍛
鍊以成其獄勇由是遂敗居數日有司承素意奏元旻身備宿衛常曲事於勇
情有附託在仁壽宮裴弘將勇書於朝堂與旻題封云勿令人見帝曰朕在仁
壽宮有纖小事東宮必知疾於驛馬怪之甚久豈非此徒邪遣武士執旻及弘
付法先是勇嘗於仁壽宮參起居還途中見一枯槐樹根幹蟠錯大且五六圍
顧左右曰此堪作何器用或對曰古槐尤堪取火于時衛士皆佩火燧勇因令
匠者造數千枚欲以分賜左右至是獲於庫又藥藏局貯艾數斛亦搜得之大
將爲怪以問姫威威曰太子此意別有所在比令長寧王已下詣仁壽宮還每

常急行一宿便至恆飼馬千匹云徑往捉城門自然餓死素以威言詰勇勇不服曰竊聞公家馬數萬匹勇忝備位太子有馬千匹乃是反乎素又發泄東宮服玩似加琱飾者悉陳於庭以示文帝羣官爲太子罪帝曰前簿王世積得婦女領巾狀似稍幡當時徧示百官欲以爲戒今我兒乃自爲之領巾爲稍幡此是服祆使將諸物示勇以詰之皇后又責之罪帝使使問勇勇不服太史令袁充進曰臣觀天文皇太子當廢上曰玄象久見矣羣臣無敢言者於是使人召勇勇見使者驚曰得無殺我邪帝戎服陳兵御武德殿集百官立於東面諸親立於西面引勇及諸子列於殿庭命薛道衡宣詔廢勇及其男女爲王公主者並爲庶人命道衡謂勇曰爾之罪惡人神所棄欲求不廢其可得邪勇再拜曰臣合尸之都市爲將來鑒誡幸蒙哀憐得全性命言畢泣下流襟既而舞蹈而去左右莫不憫嘿又下詔左衞大將軍元旻任掌禁兵委以心膂乃包藏姦伏離間君親崇長厲階最爲魁首太子左庶子唐令則策名儲貳位長宮察諂曲取容音技自進躬執樂器親教內人贊成驕侈導引非法太子家令鄒文騰專

行左道偏被親昵占問國家希覬災禍左衛率司馬夏侯福內事諂諛外作威勢陵侮上下褻瀆宮闈典膳監元淹謬陳愛憎開示怨隙進引祆巫營事厭禱前吏部侍郎蕭子寶往居省閣舊非宮臣進畫姦謀要射榮利前主璽下士何竦假託玄象妄說祆怪志圖禍亂心在速發兼諸奇服皆竦規模增長驕奢靡費百姓此之七人爲害斯甚並處斬刑妻妾子孫皆沒官車騎將軍閻毗東郡公崔君綽游騎尉沈福寶瀛州人章仇太翼等四人所爲之事並是悖逆論其狀迹罪合極刑但未能盡戮並特免死各決杖一百身及妻子資財田宅悉沒官副將作大匠高龍叉預追番丁輒配東宮使役營造亭舍進入春坊率更令晉文建通直散騎侍郎判司農少卿事元衡料度之外私自出給虛破丁功擅割園地並處自盡於是集羣官于廣陽門外宣詔以戮之乃移勇於內史省給五品料食立晉王廣爲皇太子仍以勇付之復囚於東宮賜楊素物三千段元胄楊約並千段楊難敵五百段皆鞫勇之功賞也時文林郎楊孝政上書諫言皇太子爲小人所誤不宜廢黜帝怒撻其胸尋而貴州長史裴肅表稱庶人罪

黜已久當克己自新請封一小國帝知勇黜不允天下情乃徵肅入朝具陳廢立意時勇自以廢非其罪頻請見上面申寃屈皇太子遏不得聞勇於是升樹叫聞於帝冀得引見楊素因奏言勇情志昏亂又癲鬼所著不可復收帝以爲然卒不得見帝遇疾於仁壽宮皇太子入侍醫姦亂事聞於帝帝抵牀曰枉廢我兒遣追勇未及發使而崩祕不發喪遽收柳述元巖繫大理獄僞敕賜庶人死追封房陵王不爲立嗣勇有十男雲昭訓生長寧王儼平原王裕安城王筠高良娣生安平王嶷襄城王恪王良媛生高陽王該建安王韶成姬生穎川王煚後宮生孝實孝範初儼誕帝聞之曰此乃皇太孫何乃生不得地雲定興奏曰天生龍種所以因雲而出時人以爲敏對六歲封長寧郡王勇敗亦坐廢上表求宿衞辭情哀切帝覽之惻然楊素進曰伏願聖心同於螫手不宜留意煬帝踐阼儼常從行遇鴆卒諸弟分徙嶺外皆敕殺之

秦王俊字阿祇開皇元年立爲秦王二年拜上柱國河南道行臺尙書令洛州刺史時年十二加右衞大將軍領關東兵三年還秦州總管隴右諸州盡隸焉

俊仁恕慈愛崇敬佛道請爲沙門不許六年還山南道行臺尚書令伐陳之役爲山南道行軍元帥督三十總管水陸十餘萬屯漢口爲上流節度尋授揚州總管四十四州諸軍事鎮廣陵轉并州總管二十四州諸軍事初頗有令問文帝聞而大悅後漸奢侈違犯制度出錢求息帝遣按其事與相連坐者百餘人於是盛修宮室窮極侈麗俊有巧思每親運斤斧工巧之器飾以珠玉爲妃作七寶冪籬重不可戴以馬負之而行徵役無已置渾天儀測景表又爲水殿香塗粉壁玉砌金堦梁柱楣棟之間周以明鏡間以寶珠極瑩飾之美每與賓客伎女絃歌於上俊頗好內妃崔氏性妬甚不平之遂於瓜中進毒俊由是遇疾徵還京師以俊奢縱免官以王就第左武衛將軍劉昇諫曰秦王非有他過但費官物營廨舍而已臣謂可容帝曰法不可違昇固諫帝忿然作色昇乃止楊素復進諫以秦王過不應至此帝曰我是五兒之父非兆人之父若如公意何不別制天子兒律以周公爲人尚誅管蔡我誠不及周公遠矣安能虧法乎卒不許俊病篤含銀銀色變以爲遇蠱未能起遣使奉表陳謝帝責以失德大都

督皇甫統上表請復王官不許歲餘以疾篤復拜上柱國二十年六月薨於秦
邸帝哭之數聲而已曰晉王前送一鹿我令作脯擬賜秦王今亡可置靈坐之
前心已許之不可虧信帝及后往視見大蜘蛛大蛜螋從枕頭出求之不見窮
之知妃所爲也俊所爲侈麗物悉命焚之敕送終之具務從儉約以爲後世法
王府僚佐請立碑帝曰欲求名一卷史書足矣何用碑爲若子孫不能保家徒
與人作鎮石耳妃崔氏以毒王故下詔廢絕賜死於其家子浩崔氏所生也以
其母譴死遂不得立於是以秦國官爲喪主俊長女永豐公主年十二遭父憂
哀慕盡禮免喪遂絕酒肉每忌日輒流涕不食有開府王延者性忠厚領俊親
信兵十餘年俊甚禮之及俊疾延恆在閤下衣不解帶俊薨勺飲不入口者數
日羸頓骨立帝聞憫之賜以御藥授驃騎將軍典宿衞俊葬日延號慟而絕帝
嗟異之令通事舍人弔祭詔葬延於俊墓側煬帝即位立浩爲秦王以奉孝王
嗣封浩弟湛濟北侯後以浩爲河陽都尉楊玄感作逆之際左翊衞大將軍宇
文述勒兵討之至河陽修啓於浩浩詣述營共相往復有司劾浩以諸侯交通

內臣竟坐廢免宇文化及弒逆立浩爲帝化及敗於黎陽北走魏縣自僭爲帝因而害之湛驍果有膽烈大業初爲滎陽太守坐浩免亦爲化及所害

庶人秀開皇元年立爲越王未幾徙封於蜀拜柱國益州總管二十四州諸軍事二年進上柱國西南道行臺尙書令本官如故歲餘而罷十二年入爲內史令右領軍大將軍尋出鎭於蜀秀有膽氣容貌瓌偉美鬚髯多武藝甚爲朝臣所憚帝每謂文獻皇后曰秀必以惡終我在當無慮至兄弟必反兵部侍郎元衡使於蜀秀深結於衡以左右爲請衡既還京師請益左右帝不許大將軍劉噲之討西爨帝令上開府楊武通將兵繼進秀使嬖人萬知先爲武通行軍司馬帝以秀任非其人譴責之因謂羣臣曰壞我法者必在子孫譬如猛獸物不能害反爲毛間蟲所損食耳於是遂分秀所統秀漸奢侈違犯制度車馬被服擬於天子及太子勇廢秀甚不平皇太子恐秀終爲後變陰令楊素求其罪狀而譖之仁壽二年徵還京師見不與語明日使使切讓之皇太子及諸王流涕庭謝帝曰頃者俊糜費財物我以父道訓之今秀蠹害生靈當以君道繩之乃

下以法開府慶整諫曰庶人勇既廢秦王已薨陛下兒子無多何至如是蜀王性甚耿介今被責恐不自全帝大怒欲斷其舌因謂羣臣曰當斬秀於市以謝百姓乃令楊素蘇威牛弘柳述趙綽推之太子陰作偶人書帝及漢王姓字縛手釘心令人埋之華山下令楊素發之又作檄文曰逆臣賊子專弄威柄陛下唯守虛器一無所知陳甲兵之盛云指期問罪置秀集中因以聞奏帝曰天下寧有是邪乃廢爲庶人幽之內侍省不得與妻子相見令給獠婢二人驅使之與連坐百餘人秀既幽逼憤懣不知所爲乃上表陳己愆請與其愛子爪子相見幷請賜一穴令骸骨有所帝乃下詔數其罪曰汝地居臣子情兼家國庸蜀險要委以鎭之汝乃干紀亂常懷惡樂禍睥睨二宮佇望災釁容納不逞結構異端我有不和汝便覘候望我不起便有異心皇太子汝兄也次當建立汝假記妖言乃云不終其位妄稱鬼怪又道不得入宮自言骨相非人臣德業堪承重器妄道清城出聖欲己當之詐稱益州龍見託言吉兆重述木易之姓更修城都之宮妄說禾乃之名以當八千之運橫生京師祆異以證父兄之災妄造

蜀地徵祥以符己身之籙汝豈不欲得國家惡也天下亂也輒造白玉之珽又爲白羽之箭文物服飾豈似有君鳩集左道符書厭鎭漢王於汝親則弟也乃畫其形像題其姓名縛手釘心枷鎖杻械仍云請西岳華山慈父聖母神兵九億萬騎收楊諒魂神閉在華山下勿令散蕩我之於汝親則父也復云請西岳華山慈父聖母賜爲開化楊堅夫妻回心歡喜又畫我形像縛手撮頭仍云請西岳神兵收楊堅魂神如此形狀我今不知楊諒楊堅是汝何親也包藏兇慝圖謀不軌逆臣之迹也希父之災以爲身幸賊子之心也懷非分之望肆毒心於兄悖惡之行也嫉妬於弟無惡不爲無孔懷之情也違犯制度壞亂之極也多殺不辜豺狼之暴也剝削人庶酷虐之甚也唯求財貨市井之業也專事袄邪頑嚚之性也弗克負荷不材之器也凡此十者滅天理逆人倫汝皆爲之不祥之甚也欲免患禍長守富貴其可得乎後聽與其子同處煬帝卽位禁錮如初宇文化及之弒逆也欲立秀爲帝羣議不許於是害之并其諸子

庶人諒字德章一名傑小字益錢開皇元年立爲漢王十二年爲雍州牧加上

柱國右衞大將軍轉左衞大將軍十七年出爲幷州總管帝幸溫湯而送之自山以東至于滄海南距黄河五十二州盡隸焉特許以便宜不拘律令十八年起遼東之役以諒爲行軍元帥至遼水師遇疾疫不利而還十九年突厥犯塞以諒爲行軍元帥竟不臨戎文帝甚寵愛之諒自以居天下精兵處以太子讒廢居常怏怏陰有異圖遂諷帝云突厥方強太原卽爲重鎭宜修武備帝從之於是大發工役繕修器械貯納於幷州招集亡命左右私人殆將數萬王頍者梁將王僧辯之子少倜儻有奇略爲諒諮議參軍蕭摩訶者陳氏舊將二人俱不得志每鬱鬱思亂並爲諒親善及蜀王以罪廢諒愈不自安會文帝崩使車騎屈突通徵之不赴遂發兵反總管司馬皇甫誕諫諒怒收繫之王頍說諒曰王所部將吏家屬盡在關西若用此等卽宜長驅深入直據京都所謂疾雷不及掩耳若但欲割據舊齊之地宜任東人諒不能專之乃兼用二策唱言楊素反將誅之總管府兵曹河東裴文安說諒曰井陘以西是王掌握內山東士馬亦爲我有宜悉發之分遣羸兵屯守要路仍令隨方略地率其精銳直入蒲津

文安請爲前鋒王以大軍繼後風行電擊頓於霸上咸陽以東可指麾而定京師震擾兵不暇集上下相疑羣情離駭我卽陳兵號令誰敢不從旬日之閒事可定矣諒大悅於是遣所署大將軍余公理將兵出太谷以趣河陽大將軍綦良出滏口以趣黎陽大將軍鄧建出井陘以略燕趙柱國喬鍾馗出鴈門署文安爲柱國紇單貴王聃大大將軍茹茹天保侯莫陳惠直指京師未至蒲津百餘里諒忽改圖令紇單貴斷河橋守蒲州而召文安文安至曰兵機詭速本欲出其不意王既不行文安又返使彼計成大事去矣諒不對於是從亂者十九州乃以王聃爲蒲州刺史裴文安爲晉州薛粹爲絳州梁菩薩爲潞州韋道正爲韓州張伯英爲澤州遣僞署大將軍常倫進兵絳州遇晉州司法仲孝俊之子謂曰吾曉天文遁甲今年起兵得晉地者王孝俊聞之曰皇太子常爲晉王故曰晉地非謂反徒也時潞州有官羊生羔二首相背以爲諒之咎徵煬帝遣楊素率騎五千襲王聃紇單貴於蒲州破之於是率步騎四萬趣太原諒使趙子開守高壁楊素擊走之諒大懼拒素於蒿澤屬天大雨諒欲旋師王頍諫曰

楊素懸軍士馬疲弊王以銳卒親戎擊之其勢必舉今見敵而還示人以怯阻戰士之心益西軍之氣願必勿還諒不從退守清原素進擊之諒與官兵大戰死者萬八千人諒退保并州楊素進擊之諒乃降百寮奏諒罪當死帝曰朕終鮮兄弟情不忍言欲屈法恕諒一死於是除名絕其屬籍竟以幽死先是并州謠言一張紙兩張紙客量小兒作天子時僞署官告身皆一紙別授則二紙諒聞謠喜曰我幼字阿客量與諒同音吾於皇家最小以爲應之子顥因而禁錮宇文化及弑逆之際遇害

煬帝三男蕭皇后生元德太子昭齊王暕蕭嬪生趙王杲元德太子昭煬帝長子也初文帝以開皇三年四月庚午夢神自天而降云是天神將生降寤召納言蘇威以告之及聞蕭妃在并州有娠迎置太興宮之客省明年正月戊辰而生昭養於宮中號大曹主三歲時於玄武門弄石師子文帝與文獻皇后至其所文帝適患腰痛舉手凴后昭因避去如此者再三文帝歎曰天生長者誰復教乎由是大奇之文帝嘗謂曰當爲爾娶婦應聲而泣文帝問其故對曰漢王

未昏時恆在至尊所一朝娶婦便則出外懼將違離是以啼耳上歎其有至性特鍾愛焉年十二立爲河南王仁壽初徙爲晉王拜內史令兼左衞大將軍轉雍州牧煬帝即位便幸洛陽宮昭留守京師及大業元年帝遣使者立爲皇太子昭有武力能引強性謙沖言色恂恂未嘗忿怒其有深可嫌責者但云大不是所膳不許多品帷席極於儉素臣吏有老父母必親問其安否歲時皆有惠賜其仁愛如此明年朝於洛陽後數月將還京師願得少留帝不許拜請無數體素肥因致勞疾帝令巫者視之云房陵王爲祟未幾而薨時年二十三先是太史奏言楚分有喪於是改封越公楊素於楚及昭薨日而素亦薨蓋隋楚同分也詔內史侍郎虞世基爲哀冊文帝深追悼之昭妃慈州刺史博陵崔弘昇女後秦王妃以蠱毒獲譴昭奏曰惡逆者乃新婦之姑請離之乃娶滑國公京兆韋壽女爲妃昭有子三人韋妃生恭皇帝大劉良娣生燕王倓小劉良娣生越王侗倓字仁安敏慧美姿容煬帝於諸孫中特所鍾愛常置左右性好讀書尤重儒素造次所及有若成人良娣早終每忌日未嘗不流涕嗚咽帝由是益

奇之宇文化及弒逆之際倓覺變欲入奏恐露其事因與梁公蕭鉅千牛宇文皛等穿芳林門側水竇入至玄武門詭奏曰臣卒中惡命懸俄頃請得面辭死所無恨冀見帝爲司宮者所遏竟不得聞俄而難作遇害時年十六

越王侗字仁謹美姿容性寬厚大業三年立爲越王帝每巡幸侗常留守東都楊玄感反與戶部尚書樊子蓋拒之事平朝於高陽拜高陽太守俄以本官留守東都十三年帝幸江都復令侗與金紫光祿大夫段達太府卿元文都攝戶部尚書韋津右武衞將軍皇甫無逸等總留臺事宇文化及之弒逆文都等議尊立侗大赦改元曰皇泰諡帝曰明廟號世祖追尊元德太子爲孝成皇帝廟號世宗尊其母劉良娣爲皇太后以段達爲納言右翊衞大將軍攝禮部尚書王世充爲納言左翊衞大將軍攝吏部尚書元文都爲內史令左驍衞大將軍盧楚亦內史令皇甫無逸爲兵部尚書右武衞大將軍郭文懿爲內史侍郎趙長文爲黃門侍郎委以機務爲金書鐵券藏之宮掖于時洛陽稱段達等爲七貴未幾宇文化及以秦王浩爲天子來次彭城所經城邑多從逆黨侗懼遣使

者蓋琮馬公政招懷李密密遂請降侗大忻悅禮其使甚厚卽拜密爲太尉尙
書令魏國公令拒化及仍下書曰我大隋之有天下於茲三十八載高祖文皇
帝聖略神功載造區夏世祖明皇帝則天法地混一華戎東暨蟠木西通細柳
前踰丹徼後越幽都日月之所臨風雨之所至圓首方足稟氣食毛莫不盡入
提封皆爲臣妾加以寶貺畢集靈瑞咸臻作樂制禮移風易俗智周寰海萬物
咸受其賜道濟天下百姓用而不知世祖往因歷試統臨南服自居皇極順茲
望幸所以往歲省方展禮肆覲停鑾駐蹕按駕清道八屯如昔七萃不移豈意
釁起非常逮於軒陛災生不意延及冕旒奉諱之日五情崩殞攀號荼毒不能
自勝且聞之自古代有屯剝賊臣逆子何世無之至如宇文化及世傳庸品其
父述往屬時來早沾厚遇賜以昏媾置之公輔位尊九命祿重萬鍾禮極人臣
榮冠世表徒承海岳之恩未有涓塵之答化及以此下材夙蒙顧眄出入外內
奉望階墀昔陪藩國統領衞兵及從升皇祚陪列九卿但本性兇狠恣其貪穢
或交結惡黨或侵掠商貨事重刑籤狀盈獄簡在上不遺簪履恩加草芥應至

死辜每蒙恕免三經除解尋復本職再徙邊裔仍即追還生成之恩昊天罔極獎擢之義人事罕聞化及梟獍爲心禽獸不若縱毒興禍傾覆行宮諸王兄弟一時殘酷痛暴行路世不忍言有窮之在夏時犬戎之於周世釁辱之極亦未是過朕所以刻骨崩心飲膽嘗血瞻天視地無處自容今王公卿士庶尹百辟咸以大寶鴻名不可顛墜元兇巨猾須早夷殄翼戴朕躬嗣守寶位顧惟寡薄志不逮此今者出黼扆而仗旄鉞釋衰麻而擐甲胄銜寃誓衆忍淚臨兵指日遄征以平大盜且化及僞立秦王之子幽遏比於拘囚其身自稱霸相專擅擬於九五履踐禁御據有宮闈昂首揚眉初無慙色衣冠朝望外懼兇威志士誠臣內懷憤怨以我義師順彼天下梟夷醜族匪夕伊朝太尉尚書令魏公丹誠內發宏略外舉率勤王之師討違天之逆果毅爭先熊羆競進金鼓振讋若火焚毛鋒刃從橫如湯沃雪魏公志存匡濟投袂前驅朕親御六軍星言繼軌以此衆戰以斯順舉擘山可以動射石可以入況賊擁此人徒皆有離德京都侍衞西憶鄉家江左淳人南思邦邑比來表書駱驛人信相尋若王師一臨舊章

塹覩自應解甲倒戈冰銷葉散且聞化及自恣天奪其心殺戮不辜挫辱人士莫不道路以目號天蹈地朕今復讎雪恥梟轘者一人拯溺救焚所哀者士庶唯望天鑒孔殷祐我宗社億兆感義俱會朕心梟戮元兇策勳飲至四海交泰稱朕意焉兵術軍機並受魏公節度密見使者大悅北面拜伏臣禮甚恭遂東拒化及士貴頗不協未幾元文都盧楚郭文懿趙長文等爲世充所殺皇甫無逸遁歸京師世充詣侗所陳謝辭情哀苦侗以爲至誠命之上殿被髮爲盟誓無貳志自是侗無所關預及世充破李密衆望益歸之遂自爲鄭王總百揆加九錫備法物侗不能禁段達雲定興等十人入見侗曰天命不常鄭王功德甚盛願陛下遵唐虞之迹侗怒曰天下者高祖之天下東都者世祖之東都若隋德未衰此言不可而發必大命有改亦何論於禪讓公等或先朝舊臣或勤王立節忽有斯言朕亦何望神色凜然侍衛者莫不流汗既而退朝對良娣而泣世充更使謂曰今海內未定須得長君待四方乂安復子明辟必若前盟義不違負侗不得已遜位於世充遂被幽於含涼殿世充僭僞號封潞國公有宇文

儒童裴仁基等謀誅世充復尊立侗事泄並見害世充兄世渾因勸世充害侗世充遣其姪行本齎鴆詣侗曰願皇帝飲此酒侗知不免請與母相見不許遂布席焚香禮佛呪曰從今以去願不生帝王尊貴家及仰藥不能時絶更以帛縊之世充僞謚曰恭皇帝

齊王暕字世朏小字阿孩美容儀疎眉目少爲文帝所愛開皇中立爲豫章王及長頗涉經史尤工騎射初爲內史令仁壽中拜揚州總管江淮以南諸軍事煬帝即位進封齊王大業二年帝初入東都盛陳鹵簿暕爲軍導轉豫州牧而元德太子薨朝野注望咸以暕當嗣帝又敕吏部尚書牛弘妙選官屬公卿由是多進子弟明年轉雍州牧尋徙河南尹開府儀同三司元德太子左右二萬餘人悉隸於暕寵遇益隆自樂平公主及諸戚屬競來致禮百官稱謁填咽道路暕頗驕恣昵近小人所行多不法遣喬令則劉虔安裴該皇甫諶庫狄仲錡陳智偉等采求聲色狗馬令則等因此放縱訪人家有女者輒矯暕命呼之載入暕宅因緣藏匿恣行淫穢而後遣之仲錡智偉二人詣隴西撾炙諸胡責其

名馬得數匹以進於暕暕令還主仲錡等詐言王賜將歸家暕不之知也又樂平公主嘗奏帝云柳氏女美者帝未有所答久之主復以柳氏進暕暕納之後帝問主柳氏女所在主曰在齊王所帝不悅暕於東都營第大門無故崩聽事栿中折識者以爲不祥後從帝幸榆林暕督後軍步騎五萬恆與帝相去數十里而舍會帝於汾陽宮大獵詔暕以千騎入圍暕大獲麋鹿以獻而帝未有得也怒從官皆言爲暕左右所遏獸不得前帝於是怒求暕罪失時制縣令無故不得出境有伊闕令皇甫詡幸於暕違禁將之汾陽宮又京兆人達奚通有妾王氏善歌貴游宴聚多或要致於是展轉亦入王家御史韋德裕希旨劾暕帝令甲士千餘大索暕第因窮其事暕妃韋氏戶部尚書沖之女也早卒暕遂與妃姊元氏婦通生一女外人皆不得知陰引喬令則於第內酣宴令則稱慶脫暕幘以爲歡召相工徧視後庭相工指妃姊曰此產子者當爲皇后貴不可言時國無儲副暕自謂次當得立又以元德太子有三子內常不安陰挾左道爲厭勝事至是皆發帝大怒斬令則等數人妃姊賜死暕府寮皆斥之邊遠時趙

王杲猶在孩孺帝謂侍臣曰朕唯有暕一子不然者當肆諸市朝以明國憲也暕自是恩寵日衰雖爲京尹不復關預時政帝恆令武賁郎將一人監其府事暕有微失輒奏之帝亦慮暕生變所給左右皆以老弱備員而已暕每懷危懼心不自安又帝在江都宮元會暕具法服將朝無故有血從裳中而下又坐齋中見羣鼠數十至前而死視皆無頭暕甚惡之俄而化及作亂兵將犯蹕帝聞之顧蕭后曰得非阿孩也其見疎忌如此化及復令人捕暕時尚臥未起賊進暕驚曰是何人莫有報者暕猶謂帝令捕之曰詔使且緩兒不負國家賊曳至街斬之及其二子亦遇害暕竟不知殺者爲誰時年三十四有遺腹子愍與蕭后同入突厥處羅可汗號爲隋王中國人沒入北蕃者悉配之以爲部落以定襄城處之及突厥滅乃獲之貞觀中位至尚衣奉御永徽初卒

趙王杲小字秀子年七歲以大業九年封趙王尋授光祿大夫歷河南尹行江都太守杲聰令美容儀帝有所製詞賦杲多能誦之性至孝嘗見帝風動不進膳杲亦終日不食又蕭后嘗灸杲先請試炷后不許之杲泣請曰后所服藥皆

蒙嘗之今灸願聽嘗炷悲咽不已后爲停灸由是尤鍾愛後遇化及反杲在帝側號慟不已裴虔通使斬之帝前而血濺御服時年十二

論曰周建懿親漢開盤石內以敦睦九族外以輯寧億兆深根固本崇獎王室安則有以同其樂衰則有以恤其危所由來久矣自魏晉已下多失厥中不遵王度各徇所私抑之則勢齊於匹夫抗之則權侔於萬乘矯枉過正非一時也得失詳於前史不復究而論焉隋文昆弟之恩素非篤睦閨房之隙又不相容至於二世承基茲弊愈甚是以滕穆暴薨人皆竊議蔡王將沒自以爲幸唯衞王養於獻后故任遇特隆而諸子遷流莫知死所悲夫其錫以茅土稱爲盤石行無甲兵之衞居與皁吏爲伍外內無虞顛危不暇時逢多難將何望哉河間屬乃葭莩地非寵逼故高位厚秩與時終始楊慶二三其德志在苟生變本宗如反掌棄慈母若遺迹及身而絕固宜然矣文帝五子莫有終其天年房陵資於骨肉之親篤於君臣之義經綸締構契闊夷險撫軍監國凡二十年雖三善未稱而視膳無闕恩寵既變讒言間之顧復之慈頓隔於人理父子之道遂滅

於天性隋室將亡之効衆庶皆知之矣愼子曰一兎走街百人逐之積兎於市過者不顧豈其無欲哉分定故也房陵分定久矣而帝一朝易之開逆亂之源長覬覦之望又維城肇建崇其威重恃寵而驕厚自封植進之既踰制退之不以道俊以憂卒實此之由俄屬天步方艱讒人已勝尺布斗粟莫肯相容秀窺岷蜀之阻諒起晉陽之甲成茲亂常之釁蓋亦有以動之也棠棣之詩徒賦有庳之封無期或幽囚於囹圄或顛殞於鴆毒本根既絕枝葉畢翦十有餘年宗社淪陷自古廢嫡立庶覆族傾宗者多矣考其亂亡之禍未若有隋之酷詩云殷鑒不遠在夏后之世後之有國有家者可不深戒哉元德謹重有君人之量降年不永哀哉齊王敏慧可稱志不及遠頗懷驕僭故帝踈而忌之內無父子之親貌展君臣之敬身非積善國有餘殃至令趙及燕越皆不得死悲夫

北史卷七十一

北史卷七十一考證

蔡景王整傳我向笑之○監本作我向之笑今從隋書

有侍讀公孫尙義山東儒士○義隋書作儀

大業三年授弘農太守○三隋書作七

綸傳綸字斌籀○籀監本訛籍今從隋書及下文綸弟字文籀武籀明籀改正

之

呼術者王姿問之○姿隋書作琛

爲惡有將其罪莫大○將隋書作狀

衞昭王爽傳年十七爲內史上大夫○大夫隋書作士

河閒王弘傳芝焚蕙歎事不同此○蕙字下監本訛注闕今改正

房陵王勇傳小名睍地伐○睍監本訛晛今從隋書及下文改正

引明克讓姚察陸開時等爲之賓友○時隋書作明

昭訓雲氏嬖幸禮匹於嫡○匹監本訛疋今改正

睍地伐漸不可耐○此句下監本闕一字今改從隋書及南本
因引張衡定策○因監本訛同今改從隋書
太子忿然作色肉戰淚下○隋書太子奉詔乃作色奮厲骨肉飛騰
秦王俊傳極瑩飾之美○ 臣宗萬按本書作瑩飾隋書作榮飾疑並係營飾之訛
庶人秀傳秀使嬖人萬知先爲武通行軍司馬○知先隋書作智光
庶人諒傳大將軍鄧建出井陘以略燕趙○鄧隋書作劉
煬帝三男傳蕭嬪生趙王杲○杲監本訛果今改從隋書及本傳
越王侗傳大業三年立爲越王○三煬帝紀作二
所經城邑多從逆黨○逆隋書作迎誤
齊王暕傳拜揚州總管江淮以南諸軍事○江隋書作沿
貞觀中位至尚衣奉御○隋書歸于大唐授員外散騎侍郎

北史卷七十二

唐　李　延　壽　撰

列傳第六十

高熲　牛弘　李德林

高熲字昭玄一名敏自言渤海蓨人也其先因官北邊沒於遼左曾祖暠以太和中自遼東歸魏官至衞尉卿祖孝安位兗州刺史父賓仕東魏位諫議大夫大統六年避讒棄官奔西魏獨孤信引賓爲僚佐賜姓獨孤氏及信誅妻子徙蜀隋文獻皇后以賓父之故吏每往來其家賓敏於從政果敢斷決賜爵陽武縣伯歷位齊公憲府長史驃騎大將軍開府儀同三司襄州總管府司錄卒於州及熲貴開皇中贈禮部尚書武陽公諡曰簡熲少明敏有器局略涉文史尤善詞令初孩孺時家有柳樹高百許尺亭亭如蓋里中父老曰此家當出貴人年十七周齊王憲引爲記室襲爵武陽縣伯再遷內史下大夫以平齊功拜開府隋文帝得政素知熲強明久習兵事多計略意欲引之入府遣邗公楊惠諭

意頻承旨忻然曰願受驅馳縱公事不成亦不辭滅族於是爲府司錄時長史
鄭譯司馬劉昉並以奢縱被疎帝彌屬意於頻委以心膂尉遲迥起兵也帝令
韋孝寬伐之軍至河陽莫敢先進帝以諸將不一令崔仲方監之仲方辭以父
在山東時頻見劉昉鄭譯等並無去意遂自請行深合上意受命便發遣人辭
母云忠孝不可兩兼歔欷就路至軍爲橋於沁水賊於上流縱火栰頻預爲土
狗以禦之既渡焚橋而戰大破之軍還侍宴於臥內帝撤御帷以賜之進位柱
國改封義寧縣公遷丞相府司馬任寄益隆及帝受禪拜尚書左僕射納言進
封勃海郡公朝臣莫與爲比帝每呼爲獨孤而不名也頻佯避權勢上表遜位
讓於蘇威帝欲成其美聽解僕射數日帝曰蘇威高蹈前朝頻能舉善吾聞進
賢受上賞寧可令去官於是令頻復位俄拜左衞大將軍本官如故突厥屢爲
邊患詔頻鎮遏緣邊及還賜馬百匹牛馬千計領新都大監制度多出於頻頻
每坐朝堂北槐樹下以聽事其樹不依行列有司將伐之帝特令勿去以示後
人其見重如此又拜左領軍大將軍餘官如故母憂去職二旬起令視事頻流

涕辭讓不許開皇二年長孫覽元景山等伐陳令熲節度諸軍會陳宣帝殂熲以禮不伐喪奏請班師蕭巖之叛詔熲綏集江漢甚得人和帝嘗問熲以取陳之策熲曰江北地寒田收差晚江南土熱水田早熟量彼收穫之際微徵士馬聲言掩襲賊必屯兵禦守足得廢其農時彼既聚兵我更解甲再三若此賊以爲常後更集兵彼必不信猶豫之頃我乃濟師登陸而戰兵氣益倍又江南土薄舍多竹茅所有儲積皆非地窖密遣行人因風縱火待彼修立而更燒之不出數年自可財力俱盡帝用其策由是陳人益弊九年晉王廣大舉伐陳以熲爲元帥長史三軍皆取斷於熲及陳平晉王欲納陳主寵姬張麗華熲曰武王滅殷戮妲己今平陳國不宜取麗華乃命斬之王甚不悅及軍還以功加上柱國進爵齊國公賜物九千段定食千乘縣千五百戶帝勞之曰公伐陳後人云公反朕已斬之君臣道合非青蠅所間也熲又遜位優詔不許是後右衛將軍龐晃及將軍盧賁等前後短熲於帝帝怒皆被疏黜因謂熲曰獨孤公猶鏡也每被磨瑩皎然益明未幾尚書都事姜曄楚州行參軍李君才並奏稱水旱不

調罪由高熲請廢黜之二人俱得罪而去親禮逾密帝幸幷州留熲居守及還賜縑五千疋行宮一所爲莊舍其夫人賀拔氏寢疾中使顧問不絕帝親幸其第賜錢百萬絹萬疋復賜以千里馬嘗從容命熲與賀若弼言及平陳事熲曰賀若弼先獻十策後於蔣山苦戰破賊臣文吏耳焉敢與猛將論功帝大笑時論嘉其有讓尋以其子表仁尚太子勇女前後賞賜不可勝計時熒惑入太微犯左執法術者劉暉私於熲曰天文不利宰相可修德以禳之熲不自安以暉言奏之上厚加賞慰突厥犯塞以熲爲元帥擊破之又出白道進圖入磧遣使請兵近臣言熲欲反帝未有所答熲亦破賊而還時太子勇失愛帝潛有廢立志謂熲曰晉王妃有神告之言王必有天下熲跪曰長幼有序不可廢遂止獨孤皇后知熲不可奪陰欲去之初熲夫人卒后言於帝曰高僕射老矣而喪夫人陛下何以不爲之娶帝以后言告熲熲流涕謝曰臣今已老退朝唯齋居讀佛經而已雖陛下垂哀之深至於納室非臣所願帝乃止至是熲愛妾產男帝聞極歡后甚不悅曰陛下當復信熲邪始陛下欲爲熲娶熲心存愛妾面欺陛

下令其詐已見帝由是疏熲會議伐遼東熲固諫不可帝不從以熲爲元帥長史從漢王征遼東遇霖潦疾疫不利而還后言於帝曰熲初不欲行陛下強之妾固知其無功矣又帝以漢王年少專委軍於熲熲以任寄隆重每懷至公無自疑意諒所言多不用因甚銜之及還諒泣言於后曰免熲殺幸矣帝聞彌不平俄而上柱國王積以罪誅當推覈之際乃有禁中事云於熲處得之帝欲成熲罪聞此大驚時上柱國賀若弼吳州總管宇文弢刑部尚書薛冑戶部尚書斛律孝卿兵部尚書柳述等明熲無罪帝愈怒皆以之屬吏自是朝臣莫敢言熲竟坐免以公就第未幾帝幸秦王俊第召熲侍宴熲歔欷悲不自勝獨孤皇后亦對之泣左右皆流涕帝謂曰朕不負公公自負朕也因謂侍臣曰我於高熲勝兒子雖或不見常似目前自其解落瞑然忘之如本無高熲不可以身要君自云第一也頃之熲國令上熲陰事稱其子表仁謂熲曰昔司馬仲達初託疾不朝遂有天下公今遇此安知非福於是帝大怒囚熲於內史省而鞫之憲司復奏熲他事云沙門真覺嘗謂熲曰明年國有大喪尼令暉復云十七八年

皇帝有大厄十九年不可過帝聞益怒顧謂羣臣曰帝王豈可力求孔丘以大聖之才作法垂於後代寧不欲大位邪天命不可耳熲與子言自比晉帝此何心乎有司請斬之帝曰去年殺虞慶則今玆斬王積如更誅熲天下謂我何於是除熲名初熲爲僕射其母誡之曰汝富貴已極但有斫頭耳爾其慎之熲由是常恐禍變及此熲歡然無恨色以爲得免禍煬帝卽位拜太常卿時有詔收周齊故樂人及天下散樂熲奏此樂久廢今若徵之恐無識之徒棄本逐末遞相教習帝不悅帝時侈靡聲色滋甚又起長城之役熲甚病之謂太常丞李懿曰周天元以好樂而亡殷監不遠安可復爾時帝遇啓人可汗恩禮過厚熲謂太府卿何稠曰此虜頗知中國虛實山川險易恐爲後患復謂觀王雄曰近來朝廷殊無綱紀有人奏之帝以爲訕謗朝政誅之諸子徙邊熲有文武大略明達政務及蒙任寄之後竭誠盡節進引貞良以天下爲己任蘇威楊素賀若弼韓禽等皆熲所薦各盡其用爲一代名臣自餘立功立事者不可勝數當朝執政將二十年朝野推服物無異議時致昇平熲之力也論者以爲真宰相及誅

天下無不傷惜至今稱寃不已所有奇策良謀及損益時政頗皆削稿代無知者子威道位莒州刺史徙柳城卒道弟弘德封應國公晉王記室次弟袠仁勅海郡公徙蜀郡

牛弘字里仁安定鶉觚人也其先嘗避難改姓遼氏祖熾本郡中正父元魏侍中工部尚書臨涇公復姓牛氏弘在襁褓有相者見之謂其父曰此兒當貴善愛養之及長鬚貌甚偉性寬裕好學博聞仕周歷位中外府記室內史上士納言上士專掌文翰修起居注後襲封臨涇公轉內史下大夫儀同三司開皇初授散騎常侍祕書監弘以典籍遺逸上表請開獻書之路曰昔周德既衰舊經紊棄孔子以大聖之才開素王之業憲章祖述制禮刊詩正五始而修春秋闡十翼而弘易道及秦皇馭宇吞滅諸侯先王墳籍掃地皆盡此則書之一厄也漢興建藏書之策置校書之官至孝成之代遣謁者陳農求遺書於天下詔劉向父子讎校篇籍漢之典文於斯為盛及王莽之末並從焚燼此則書之二厄也光武嗣興尤重經誥未及下車先求文雅至肅宗親臨講肄和帝數幸書林

其蘭臺石室鴻都東觀祕牒塡委更倍於前及孝獻移都吏人擾亂圖畫縑帛皆取爲帷囊所收而西裁七十餘乘屬西京大亂一時燔蕩此則書之三厄也魏文代漢更集經典皆藏在祕書內外三閣遣祕書郎鄭默刪定舊文論者美其朱紫有別晉氏承之文籍尤廣晉祕書監荀勗定魏內經更著新簿屬劉石憑陵從而失墜此則書之四厄也永嘉之後寇竊競興其建國立家雖傳名號憲章禮樂寂滅無聞劉裕平姚收其圖籍五經子史纔四千卷皆赤軸青紙文字古拙並歸江左宋祕書丞王儉依劉氏七略撰爲七志梁人阮孝緒亦爲七錄總其書數三萬餘卷及侯景度江破滅梁室祕省經籍雖從兵火其文德殿內書史宛然猶存蕭繹據有江陵遣將破平侯景收文德之書及公私典籍重本七萬餘卷悉送荊州及周師入郢繹悉焚之於外城所收十纔一二此則書之五厄也後魏爰自幽方遷宅伊洛日不暇給經籍闕如周氏創基關右戎車未息保定之始書止八千後加收集方盈萬卷高氏據有山東初亦採訪驗其本目殘闕猶多及東夏初平獲其經史四部重雜三萬餘卷所益舊書五千而

已今御出單本合一萬五千餘卷部帙之間仍有殘缺比梁之舊目止有其半至於陰陽河洛之篇醫方圖譜之說彌復爲少臣以經書自仲尼迄今數遭五厄興集之期屬膺聖代今祕藏見書亦足披覽但一時載籍須令大備不可王府所無私家乃有若猥發明詔兼開購賞則異典必致觀閣斯集上納之於是下詔獻書一卷賚縑一疋一二年間篇籍稍備進爵奇章公三年拜禮部尚書奉勅修撰五禮勒成百卷行於當代弘請依古制修立明堂上議曰竊謂明堂者所以通神靈感天地出教化崇有德黃帝曰合宮堯曰五府舜曰總章布政興教由來尙矣周官考工記曰夏后氏代室堂修七尋廣四修一鄭玄注云修十四步其廣益以四分修之一則廣十七步半也殷人重屋堂修七尋四阿重屋鄭云其修七尋廣九尋也周人明堂廣九尺之筵南北七筵五室凡室二筵鄭玄云此三者或舉宗廟或舉王寢或舉明堂互之明其制同也馬融王肅干寶所注與鄭亦異今不具出漢司徒馬宮議云夏后氏代室室顯於堂故命以室殷人重屋屋顯於堂故命以屋周人明堂堂大於夏室故命以堂夏后氏益

其堂之廣百四十四尺周人明堂以爲兩序閒大夏后氏七十二尺若據鄭玄之說則夏室大於周堂如依馬宮之言則周堂大於夏室後王轉文周大爲是但宮之所言未詳其義此皆去聖久遠禮文殘缺先儒解說家異人殊鄭注玉藻亦云宗廟路寢與明堂同制王制曰寢不踰廟明大小是同今依鄭注每室及堂止有一丈八尺四壁之外四尺有餘若以宗廟論之祫享之日周人旅酬六尸并后稷爲七先公昭穆二尸先王昭穆二尸合十一尸三十六主及君北面行事於二丈之堂愚不及此若以正寢論之便須朝宴據燕禮諸侯宴則賓及卿大夫脫屨升堂是知天子宴則三公九卿並升堂燕義又云席小卿次上卿言皆侍席止於二筵之閒豈得行禮若以明堂論之總享之時五帝各於其室設青帝之位須於室內少北西面太昊從食坐於其西近南北面祖宗配享者又於青帝南稍退西面丈八之室神位有三加以簠簋豆籩牛羊之俎四海九州美物咸設復須席上升歌出樽反坫揖讓升降亦以隘矣據茲而說近是不然案劉向別錄及馬宮蔡邕等所見當時有古文明堂禮王居明堂禮明堂

圖明堂大圖明堂陰陽太山通義魏文侯孝經傳等並說古明堂事其書皆亡
莫得而正今明堂月令者鄭玄云是呂不韋著春秋十二紀之首章禮家鈔合
爲記蔡邕王肅云周公作周書有月令第五十三卽此也各有證明文多不載
束晳以爲夏時書劉𪩘云不韋鳩集儒者尋于聖王月令之事而記之不韋安
能獨爲此記今案不得全稱周書亦不可卽爲秦典其內雜有虞夏殷之法皆
聖王仁恕之政也蔡邕具爲章句又論之曰明堂所以宗祀其以配上帝也夏
后氏曰代室殷人曰重屋周人曰明堂東曰青陽南曰明堂西曰總章北曰玄
堂內曰太室聖人南面而聽嚮明而治人君之位莫不正焉故雖有五名而主
以明堂也制度之數各有所依方一百四十四尺巛之策也屋圓楣徑二百一
十六尺乾之策也太廟明堂方六丈通天屋徑九丈陰陽九六之變且圓蓋方
覆九六之道也八闥以象卦九室以象州十二宮應日辰三十六戶七十二牖
以四戶八牖乘九宮之數也戶皆外設而不閉示天下以不藏也通天屋高八
十一尺黃鍾九九之實也二十八柱布四方四方七宿之象也堂高三尺以應

三統四向五色各象其行水闊二十四丈象二十四氣於外以象四海王者之
大禮也觀其模範天地則象陰陽必據古文義不虛出今若直取考工不參月
令青陽總章之號不得而稱九月享帝之禮不得而用漢代二京所建與此說
悉同建安之後海內大亂魏氏三方未平無聞興造晉則侍中裴頠議直爲一
殿以崇嚴父之祀其餘雜碎一皆除之宋齊已還咸率茲禮前王盛事於是不
行後魏代都所造出自李沖三三相重合爲九屋簷不覆基房間通街穿鑿處
多迄無可取及還洛陽更加營構五九紛競遂至不成宗祀之事於焉靡託今
皇猷遐闡化覃海外方建大禮垂之無窮弘等不以庸虛謬當議限今檢明堂
必須五室者何尚書帝命驗曰帝者承天立五府赤曰文祖黃曰神升白曰顯
紀黑曰玄矩蒼曰靈府鄭玄注曰五府與周明堂同矣且三代相沿多有損益
至於五室確然不變夫室以祭天天實有五若立九室四無所用布政視朔自
依其辰鄭司農云十二月分在青陽等左右之位不云居室鄭玄亦云每月於
其時之堂而聽政焉禮圖畫个皆在堂偏是以須爲五室明堂必須上圓下方

者何孝經援神契曰明堂者上圓下方八窗四達布政之宮禮記盛德篇曰明堂四戶八牖上圓下方是以須爲圓方明堂必須重屋者何案考工記夏言九階四旁兩夾窗門堂三之二室三之一殷周不言者明一同夏制殷言四阿重屋周承其後不言屋制亦盡同可知也其殷人重屋之下本無五室之文鄭注云五室者亦據夏以知之明周不云重屋因殷則有灼然可見禮記明堂記曰太廟天子明堂言魯爲周公之故得用天子禮樂魯之太廟與周之明堂同又曰復廟重簷刮楹達鄉天子之廟飾鄭注復廟重屋也據廟既重屋明堂亦不疑矣春秋文公十三年太室屋壞五行志曰前堂曰太廟中央曰太室屋其上重者也服虔亦云太室太廟之上屋也周書作洛篇曰乃立太廟宗宮路寢明堂咸有四阿反坫重亢重廊孔晁注云重亢累棟重廊累屋也依黃圖所載漢之宗廟皆爲重屋此去古猶近遺法尙存是以須爲重屋明堂必須爲璧雍者何禮記盛德篇云明堂者明諸侯尊卑也外水曰璧雍明堂陰陽錄曰明堂之制周圜行水左旋以象天內有太室以象紫宮此則明堂有水之明文也然馬

宮王肅以爲明堂辟雍太學同處蔡邕盧植亦爲明堂靈臺辟雍太學同實異名邕云明堂者取其宗祀之清貌則謂之清廟取其正室則曰太室取其堂則曰明堂取其四門之學則曰太學取其周水圜如璧則曰辟雍其實一也其言別者三經通義曰靈臺以望氣明堂以布政辟雍以養老教學三者不同袁準鄭玄亦以爲別歷代所疑豈能輒定今據郊祀志云欲爲明堂未曉其制濟南人公玉帶上黃帝時明堂圖一殿無壁蓋之以茅水圜宮垣天子從之以此而言其來則久漢中元二年起明堂辟雍靈臺於洛陽並別處然明堂亦有辟水李尤明堂銘曰流水洋洋是也以此須有辟雍今造明堂須以禮經爲本形制依於周法度數取於月令遺闕之處參以餘書庶使該詳沿革之理其五室九階上圓下方四阿重屋四旁兩門依考工記孝經說堂方一百四十四尺屋圓楣徑二百一十六尺太室方六丈通天屋徑九丈八牖二十八柱堂高三尺四向五色依周書月令論殿垣方在內水周如外水內徑三百步依太山盛德記覲禮經仰觀俯察皆有則象足以盡誠上帝祗配祖宗弘風布教作範於後矣

上以時事草創未遑制作竟寢不行六年除太常卿九年詔定雅樂又作樂府歌詞撰定圓丘五帝凱樂幷議樂事弘上議云謹案禮五聲六律十二管還相爲宮周禮奏黃鍾歌大呂奏太簇歌應鍾皆旋相爲宮之義蔡邕明堂月令章句曰孟春月則太簇爲宮姑洗爲商蕤賓爲角南呂爲徵應鍾爲羽大呂爲變宮夷則爲變徵他月放此故先王之作律呂也所以辨天地四方陰陽之聲揚子雲曰聲生於律律生於辰故律呂配五行通八風歷十二辰行十二月循環轉運義無停止譬如立春木王火相立夏火王土相季夏餘分土王金相立秋金王水相立冬水王木相還相爲宮者謂當其王月名之爲宮今若十一月不以黃鍾爲宮十二月不以太簇爲宮便是春木不王夏土不相豈不陰陽失度天地不通哉劉歆鍾律書云春宮秋律百卉必彫秋宮春律萬物必榮夏宮冬律雨雹必降冬宮夏律雷必發聲以斯而論誠爲不易且律十二今直爲黃鍾一均唯用七律以外五律竟復何施恐失聖人制作本意故須依禮作還相爲宮之法上曰不須作旋相爲宮且作黃鍾一均也弘又論六十律不可行謹案

續漢書律曆志元帝遣韋玄成問京房於樂府房對受學故小黃令焦延壽六十律相生之法以上生下皆三生二以下生上皆三生四陽下生陰陰上生陽終於中呂十二律畢矣中呂上生執始執始下生去滅上下相生終於南事六十律畢矣十二律之變至於六十猶八卦之變至於六十四也冬至之聲以黃鍾爲宮太簇爲商姑洗爲角林鍾爲徵南呂爲羽應鍾爲變宮蕤賓爲變徵此聲氣之元五音之正也故各統一日其餘以次運行宮日者各自爲宮而商徵以類從焉房又曰竹聲不可以度調故作準以定數準之狀如瑟長一丈而十三弦隱間九尺以應黃鍾之律九寸中央一弦下畫分寸以爲六十律清濁之節執始之類皆房自造房云受法於焦延壽未知延壽所承也至元和年待詔侯鍾殷彤上言官無曉六十律以太準調音者故待詔嚴嵩具以準法教其子宣願召宣補學官主調樂器太史丞弘試宣十二律其二中其四不中其六不知何律宣遂罷自此律家莫能爲準施絃嘉平年東觀召典律者太子舍人張光問準意光等不知歸閱舊藏乃得其器形制如房書猶不能定其絃緩急故

史官能辯清濁者遂絕其可以相傳者唯大權常數及候氣而已據此而論房法漢世已不能行沈約宋志曰詳案古典及今音家六十律無施於禮樂云十二管還相爲宮不言六十封禪書云大帝使素女鼓五十絃瑟而悲破爲二十五絃假令六十律爲樂得成亦所不用取大樂必易大禮必簡之意也又議曰案周官云大司樂掌成均之法鄭衆注云均調也樂師主調其音三禮義宗稱周官奏黃鍾者用黃鍾爲調歌大呂者用大呂爲調奏者謂堂下四縣歌者謂堂上所歌但以一祭之間皆用二調是知據宮稱調其義一也明六律六呂迭相爲宮各自爲調今見行之樂用黃鍾之宮乃以林鍾爲調與古典有違案晉內書監荀勖依典記以五聲十二律還相爲宮之法制十二笛黃鍾之笛正聲應黃鍾下徵應林鍾以姑洗爲清角大呂之笛正聲應大呂下徵應夷則以外諸均例皆如是然今所用林鍾是勖下徵之調不取其正先用其下於理未通故須改之上甚善其議詔弘與姚察許善心何妥虞世基等正定新樂是後議置明堂詔弘條上故事議其得失上甚敬重之時楊素恃才矜貴輕侮朝臣唯

見弘未嘗不改容自蕭素將擊突厥詣太常與弘言別弘送素至中門而止素

謂曰大將出征故來敘別何相送之近也弘遂揖而退素笑曰奇章公可謂其

智可及其愚不可及也亦不以屑懷尋授大將軍拜吏部尚書時帝又令弘與

楊素蘇威薛道衡許善心虞世基崔子發等幷召諸儒論新禮降殺輕重弘所

立議衆咸推服之及獻皇后崩王公已下不能定其儀注楊素謂弘曰公舊學

時賢所仰今日之事決在於公弘了不辭讓斯須之間儀注悉備皆有故實素

歎曰衣冠禮樂盡在此矣非吾所及也弘以三年之喪祥禫俱有降殺期服十

一月而練者無所象法以聞於帝帝下詔除期練之禮自弘始也弘在吏部先

德行後文才務在審慎雖致緩滯所有進用並多稱職吏部侍郎高孝基鑒賞

機晤清慎絕倫然爽俊有餘迹似輕薄時宰多以此疑之唯弘深識其真推心

任委隋之選舉於斯爲最時論服弘識度之遠煬帝之在東宮數有詩書遺弘

弘亦有答及嗣位嘗賜弘詩曰晉家山吏部魏代盧尚書莫言先哲異奇才並

佐余學行敦時俗道素乃沖虛納言雲閣上禮儀皇運初彝倫欣有敘垂拱事

端居其同被賜詩者至於文詞贊揚無如弘美大業二年進位上大將軍三年改右光祿大夫從拜恆岳壇墠珪幣牲牢並弘所定還下太行山煬帝嘗召弘入內帳對皇后賜以同席飲食其親重如此弘謂其子曰吾受非常之遇荷恩深重汝等子孫宜以誠敬自立以答恩遇之隆六年從幸江都卒帝傷惜之賵贈甚厚歸葬安定贈開府儀同三司光祿大夫文安侯謚曰憲弘榮寵當世而車服卑儉事上盡禮待下以仁訥於言而敏於行上嘗令宣敕弘至階下不能言退還拜謝云並忘之上曰傳語小辯故非宰臣任也愈稱其質直大業之代委遇彌隆性寬厚篤志於學雖職務繁雜書不釋手隋室舊臣始終信任悔吝不及唯弘一人而已弟弼好酒而酗常醉射殺弘駕車牛弘還宅其妻迎謂曰叔射殺牛弘聞無所怪問直答曰作脯坐定其妻又曰叔忽射殺牛大是異事弘曰已知顏色自若讀書不輟其寬和如此有文集十二卷行於世長子方大亦有學業位內史舍人次子方裕凶險無仁心在江都與裴虔通等謀殺逆事見司馬德戡傳

李德林字公輔博陵安平人祖壽魏湖州戶曹從事父敬族歷太學博士鎮遠將軍魏靜帝時命當世通人正定文籍以爲內校書別在直閣省德林幼聰敏年數歲誦左思三都賦十餘日便度高隆之見而歎異之徧告朝士云若假其年必爲天下偉器鄴京人士多就宅觀之月餘車馬不絕年十五誦五經及古今文集日數千言俄而該博墳典陰陽緯候無不通涉善屬文詞覈而理暢魏收嘗對高隆之謂其父曰賢子文筆終當繼溫子昇隆之大笑曰魏常侍殊已嫉賢何不近比老彭乃遠求溫子年十六遭父艱自駕靈輿反葬故里時嚴寒單縗跣足州里人物由是敬慕之居貧轗軻母氏多疾方留心典籍無復宦情其後母病稍愈逼令仕進齊任城王湝爲定州刺史重其才召入州館朝夕同遊殆均師友後舉秀才尚書令楊遵彥考爲上第授殿中將軍及長廣王作相引爲丞相府行參軍未幾王卽帝位累遷中書舍人加通直散騎侍郎別典機密尋丁母艱以至孝聞朝廷嘉之裁百日奪情起復固辭不起魏收與陽休之論齊書起元事百司會議收與德林致書往復詞多不載後除中書侍郎仍詔

修國史時齊帝留情文雅召入文林館與黃門侍郎顏之推同判文林館事累遷儀同三司周武帝平齊遣使就宅宣旨云平齊之利唯在於爾宜入相見仍令從駕至長安授內史上士詔誥格式及用山東人物一以委之周武謂羣臣曰我常日唯聞李德林與齊朝作書檄我正謂其是天上人豈言今日得其驅使復爲我作文書極爲大異神武公紇豆陵毅答曰臣聞明主聖王得騏驎鳳皇爲瑞是聖德所感非力能致之瑞物雖來不堪使用如李德林來受驅策亦是陛下聖德感致有大才用勝於騏驎鳳皇遠矣帝大笑曰誠如公言宣政末授御正下大夫後賜爵成安縣男宣帝大漸隋文帝初受顧命令邗國公楊惠謂德林曰朝廷賜令總文武事今欲與公共成必不得辭德林答曰願以死奉公隋文大悅卽召與語劉昉鄭譯初矯詔召隋文受命輔少主總知內外兵馬事譯欲授隋文冢宰譯自攝大司馬昉爲小冢宰德林私啓宜作大丞相假黃鉞都督內外諸軍事遂以譯爲相府長史昉爲相府司馬二人由是不平以德林爲相府屬加儀同大將軍未幾而三方構亂指授兵略皆與之參詳軍書羽

檄朝夕頓至一日之中動逾百數或機速競發口受數人文意百端不加治點鄖公韋孝寬爲東道元帥師次永橋沁水長孝寛師未得度長史李詢密啓諸大將受尉遲迥饟金隋文得啓以爲憂議欲代之德林曰臨敵代將自古所難樂毅所以辭燕馬服以之敗趙也公但以一腹心明於智略素爲諸將所信伏者速至軍所觀其情僞縱有異意必不敢動隋文曰公不發此言幾敗大事即令高熲馳驛往軍所爲諸將節度竟成大功凡厥謀謨皆此類也進授丞相府從事內郎禪代之際其相國總百揆九錫殊禮詔策牋表璽書皆德林之辭也隋文登祚之日授內史令初將受禪虞慶則等勸隋文盡滅宇文氏德林固爭以爲不可隋文怒由是品位不加唯依班例授上儀同進爵爲子開皇元年勑令與太尉于翼高熲等同修律令訖奏聞別賜駿馬及九環金帶五年勑令撰錄作相時文翰勒成五卷謂之霸朝雜集隋文省讀訖明旦謂德林曰自古帝王之興必有異人輔佐我昨讀霸朝集方知感應之理昨宵恨夜長不得早見公面於是追贈其父定州刺史安平縣公謚曰孝隋文後幸鄴德林以疾不從

勑書追之後御筆注云伐陳事意宜自隨也時高熲入京上語熲曰德林若患
未堪行宜自至宅取其方略帝以之付晉王諱大象末文帝以逆人王謙宅賜
之尋又改賜崔謙帝令德林自選一好宅幷莊店作替德林乃奏取逆人高阿
那肱衞國縣市店八十區爲替九年車駕幸晉陽店人表訴稱地是平人物高
氏強奪於內造舍上責德林請勘逆人文簿及本換宅之意上不聽悉追店給
所住者由是嫌之初德林稱其父爲太尉諮議以取贈官李元操等陰奏之曰
德林父終於校書妄稱諮議上甚銜之至是復庭議忤意因數之曰公爲內史
典朕機密比不預計議者以公不弘耳朕方以孝理天下故立五教以弘之公
言孝由天性何須設教然則孔子不當說孝經也又罔冒取店妄加父官朕實
忿之而未能發今當以一州相遣耳因出爲湖州刺史在州逢旱課人掘井溉
田爲考司所貶歲餘卒官時年六十一贈大將軍廉州刺史謚曰文將葬敕令
羽林百人幷鼓吹一部以給喪事祭以太牢德林美容儀善談吐器量沈深時
人未能測齊任城王湝趙彥深魏收陸卬大相欽重德林少孤未有字魏收謂

之曰識度天才必至公輔吾輒以此字卿從官已後卽典機密性慎密嘗言古
人不言溫樹何足稱也少以才學見知及位望稍高頗傷自任爭競之徒更相
譖毀以運屬興王功參佐命十餘年間竟不徙級所撰文集勒成八十卷遭亂
亡失見五十卷行於代子伯藥博涉多才詞藻清贍大業末位建安郡丞

北史卷七十二

北史卷七十二考證

高熲傳蕭巖之叛詔熲綏集江漢○蕭監本訛簫今改正

今茲斬王積○積字上疑脫一世字

牛弘傳改姓遼氏○隋書作本姓尞氏

復姓牛氏○復隋書作賜

今御出單本合一萬五千餘卷○出隋書作書

聖人南面而聽嚮明而治○嚮監本訛響今改正

方建大禮垂之無窮○監本缺方字今增入

故待詔巖嵩○嵩應改崇今各本俱同仍之

李德林傳帝以之付晉王諱○晉王諱云者百藥隋臣故當諱耶又傳後無贊或亦以德林為其父故耳

北史卷七十二考證

唐　李　延　壽　撰

列傳第六十一

梁士彥　元諧　虞慶則　元胄　達奚長儒　賀婁子幹 兄詮
史萬歲　劉方 馮昱 陳永貴　王㧑 楊武通 房苑　杜彥　周搖
獨孤楷 弟盛　乞伏慧　張威　和洪　陰壽 子世師 骨儀　楊義臣

梁士彥字相如安定烏氏人也少任俠好讀兵書頗涉經史周武帝將平東夏聞其勇決自扶風郡守除爲九曲鎮將進位上開府封建威縣公齊人甚憚之後以熊州刺史從武帝拔晉州進位大將軍除晉州刺史及帝還後齊後主親攻圍之樓堞皆盡短兵相接士彥慷慨自若謂將士曰死在今日吾爲爾先於是勇烈齊奮呼聲動地無不一當百齊師少卻乃令妻妾及軍人子女晝夜修城三日而就武帝六軍亦至齊師圍解士彥見帝持帝鬚泣帝亦爲之流涕時帝欲班師士彥叩馬諫帝從之執其手曰朕有晉州爲平齊之基宜善守之及

齊平封郕國公位上柱國雍州主簿宣帝卽位除徐州總管與烏丸軌禽陳將吳明徹裴忌於呂梁略定淮南地隋文帝作相轉亳州總管尉遲迥反爲行軍總管及韋孝寬擊之令家僮梁默等爲前鋒士彥繼之所當皆破及迥平除相州刺史深見忌徵還京師閑居無事恃功懷怨與宇文忻劉昉等謀反將率僮僕候上享廟之際以發機復欲於蒲州起事略取河北捉黎陽關塞河陽路劫調布爲牟甲募盜賊爲戰士其甥裴通知而奏之帝未發其事授晉州刺史欲觀其志士彥欣然謂昉等曰天也又請儀同薛摩兒爲長史帝從之後與公卿朝謁帝令執士彥忻昉等於行閒詰之狀猶不伏捕薛摩兒至對之摩兒具論始末云第二子剛垂泣苦諫第三子叔諧曰作猛獸須成班士彥失色顧曰汝殺我於是伏誅時年七十二有子五人操字孟德位上開府義鄉縣公早卒剛字永固位大將軍通政縣公涇州刺史以諫父獲免徙瓜州叔諧坐士彥誅梁默者士彥之蒼頭也驍武絕人士彥每從征伐常與默陷陣仕周位開府開皇末以行軍總管從楊素征突厥進位大將軍又從平楊諒授柱國大業五年從

煬帝征吐谷渾力戰死之贈光祿大夫
元諧河南洛陽人也家世貴盛諧性豪俠有氣調少與隋文帝同受業於國子甚相友愛後以軍功累遷大將軍及帝爲相引致左右諧謂帝曰公無黨譬如水間一堵牆大危矣公其勉之及帝受禪顧諧笑曰水間牆竟何如也進位上大將軍封樂安郡公奉詔參修律令時吐谷渾將定城王鍾利房率騎度河連結党項率兵出鄯州趣青海邀其歸路相遇於豐利山諧擊走之又破其太子可博汗其名王十七人公侯十三人各率其所部來降詔授上柱國別封一子縣公諧拜寧州刺史頗有威惠然性剛愎好排詆不能取媚於左右嘗言於上曰臣一心事主不曲取人意上曰宜終此言後以公事免時上柱國王誼有功於國與諧俱無位任每相往來胡僧告諧誼謀反帝按其事無狀慰諭釋之未幾誼誅諧漸被疎忌然以龍潛之舊每預朝請恩禮無虧及平陳百寮大宴諧進曰陛下威德遠被臣前請突厥可汗爲候正陳叔寶爲令史今可用臣言帝曰朕平陳國本以除逆非欲誇誕公之所奏殊非朕心突厥不知山川何能警

侯叔寶昏醉寧堪驅使諧嘿然而退後數歲有人告諧與從父弟上開府滂臨淨侯田鸞上儀同祁緒等謀反帝令按其事有司奏諧謀令祁緒勒党項兵即斷巴蜀時廣平王雄左僕射高熲二人用事諧欲譖去之云左執法星動已四年矣狀一奏高熲必死又言太白犯月光芒相照主殺大臣雄必當之諧與滂嘗同謁帝私謂滂曰我是主人殿上者賊也因令滂望氣滂曰彼雲似蹲狗走鹿不如我輩有福德雲帝大怒諧滂鸞緒並伏誅籍沒其家

虞慶則京兆櫟陽人也本姓魚其先仕赫連氏遂家靈武世爲北邊豪傑父祥周靈武太守慶則幼雄毅性倜儻身長八尺有膽智善鮮卑語身被重鎧帶兩鞬左右馳射本州豪俠皆敬憚之初以射獵爲事中更折節讀書常慕傅介子班仲升之爲人仕周爲中外府外兵參軍事襲爵沁源縣公越王盛討平稽胡將班師內史下大夫高熲與盛謀須文武幹略者鎮遏之表請慶則於是拜石州總管甚有威惠稽胡慕義歸者八千餘戶開皇元年歷位內史監吏部尚書京兆尹封彭城郡公營新都總監二年突厥入寇慶則爲元帥討之部分失所

士卒多寒凍墮指者千餘人偏將達奚長儒率騎兵二千人別道邀賊爲虜所圍慶則按營不救由是長儒孤軍獨戰死者十八九上弗之責也尋遷尚書右僕射後突厥主攝圖將內附請一重臣充使詔慶則往攝圖恃彊慶則責以往事攝圖不服其介長孫晟又說諭之攝圖及弟葉護皆拜受詔因稱臣朝貢請永爲藩附初慶則出使帝敕曰我欲存立突厥彼送公馬但取五三疋攝圖見慶則贈馬千疋又以女妻之帝以慶則功高皆無所問授上柱國封魯國公食任城縣千戶以彭城公迴授第二子義平陳後帝幸晉王第置酒會羣臣高熲、等奉觴上壽帝曰高熲平江南虞慶則平突厥可謂茂功矣楊素曰皆由至尊威德所被慶則曰楊素前出兵武牢硤石若非至尊威德亦無克理遂互相長短御史欲彈之帝曰今日計功爲樂並不須劾帝觀羣臣宴射慶則進曰臣蒙賚酒令盡樂御史在側恐醉被彈帝賜御史酒遣之出慶則奉觴上壽極歡帝謂諸公曰飲此酒願我與公等子孫常如今日世守富貴九年轉爲右衞大將軍尋改爲右武候大將軍十七年嶺南人李世賢據州反議欲討之諸將二三請行皆不許帝顧謂慶則曰位居宰相爵爲上公國家有賊遂無行意何也慶則拜謝恐懼帝乃遣焉爲桂州道行軍總管以婦弟趙什柱爲隨府長史什柱與慶則愛妾通恐事彰乃宣言慶則不欲此行帝聞之先是朝臣出征帝皆宴別禮賜遣之慶則南討辭帝帝色不悅慶則由是怏怏不得志暨平世賢還歸桂鎮觀眺山川形勢曰此誠險固加以足糧若守得其人攻不可拔遂使什柱馳詣京奏事觀帝顏色什柱至京因告慶則謀反帝按驗之於是伏誅拜什柱爲大將軍慶則子孝仁幼豪俠任氣拜儀同領晉王親信坐父事除名煬帝嗣位以藩邸之舊授候衛長史兼領金谷監監禁苑有巧思頗稱旨大業九年伐遼遷都水丞充使監運頗有功然性奢華以駱駝負函盛水養魚而自給後或告其爲不軌遂見誅

元胄河南洛陽人魏昭成帝之六代孫也祖順魏濮陽王父雄武陵王胄少英果多武藝美鬚眉有不可犯之色周齊王憲見而壯之引致左右數從征伐官至大將軍隋文帝初被召入將受顧託先呼胄次命陶澄並委以腹心恆宿臥

內及爲丞相每典軍在禁中又引弟威俱入侍衞周趙王招謀害帝帝不之知乃將酒殽詣其宅趙王引帝入寢室左右不得從唯楊弘與冑兄弟坐於戶側趙王令其二子進瓜因將刺帝及酒酣趙王欲生變以佩刀子刺瓜連啗帝將爲不利冑進曰相府有事不可久留趙王呵之曰我與丞相言汝何爲者叱之使却冑瞋目憤氣扣刀入衞趙王問其姓名冑以實對趙王曰汝非昔事齊王者乎誠壯士也因賜之酒曰吾豈有不善之意邪卿何猜警如是趙王僞吐將入後閤冑恐其爲變扶令上座如此者再三趙王稱喉乾命冑就廚取飲冑不動會滕王逌後至帝降階迎之冑耳語勸帝速去帝猶不悟曰彼無兵馬復何能爲冑曰兵馬悉他家物一先下手大事便去冑不辭死死何益邪復入坐冑聞屋後有被甲聲遽請曰相府事殷公何得如此因扶帝下牀趣而去趙王將追帝冑以身蔽戶王不得出帝及門冑自後而至趙王恨不時發彈指出血及誅趙王賞賜不可勝計帝受禪封武陵郡公拜左衞將軍尋遷右衞大將軍帝從容曰保護朕躬成此基業元冑功也歷豫亳淅三州刺史時突厥屢爲邊患

朝廷以胄素有威名拜靈州總管北夷甚憚焉徵爲右衞大將軍親顧益隆嘗
正月十五日帝與近臣登高時胄下直馳詔召之及見謂曰公與外人登高未
若就朕也賜宴極歡晉王廣每致禮焉房陵王之廢也胄預其謀帝正窮東宮
事左衞大將軍元旻苦諫楊素乃譖之帝大怒執旻於仗胄時當下直不去因
奏曰臣向不下直者爲防元旻耳復以此言激怒帝帝遂誅旻蜀王秀之得罪
胄坐與交通除名煬帝卽位不得調時慈州刺史上官政坐事徙嶺南將軍丘
和亦以罪廢胄與和有舊因數從之游酒酣謂和曰上官政誠壯士也今徙嶺
表得無大事乎因自拊腹曰若是公者不徒然矣和明日奏之胄竟坐死於是
徵政爲驍騎將軍拜和代州刺史
達奚長儒字富仁代人也祖俟魏定州刺史父慶驃騎大將軍儀同三司長儒
少懷節操膽烈過人十五襲爵樂安公爲周文帝引爲親信以質直恭朴授大
都督數有戰功天和中除渭南郡守位驃騎大將軍開府儀同三司從武帝平
齊遷上開府進爵成安郡公別封一子縣公宣政元年除左將軍勇猛中大夫

後與烏丸軌圍陳將吳明徹於呂梁陳援軍至軌令長儒拒之長儒取車輪數百繫以大石沈之清水連轂相次以待之船艦礙輪不得進長儒縱奇兵大破之獲吳明徹以功進位大將軍尋授行軍總管北巡沙塞卒與虜遇大破之文帝作相王謙舉兵於蜀沙氏楊永安扇動利興武文沙龍等六州以應謙詔長儒擊破之謙二子自京師逃歸其父長儒並捕斬之文帝受禪進位上大將軍封蘄郡公開皇二年突厥沙鉢略可汗并弟葉護及潘那可汗寇掠西南詔以長儒爲行軍總管擊之遇於周槃衆寡不敵軍中大懼長儒慷慨神色愈烈爲虜所衝突散而復聚且戰且行轉鬭三日五兵咸盡士卒以拳毆之手皆骨見殺傷萬計虜氣稍奪於是解去長儒身被五瘡通中者二其戰士死者十八九突厥本欲大掠秦隴既逢長儒兵皆力戰虜意大沮明日於戰處焚屍慟哭而去文帝下詔褒美授上柱國餘勳迴授一子其戰亡將士皆贈官三轉子孫襲之歷寧鄜二州刺史母憂去職長儒性至孝水漿不入口五日毀悴過禮殆將滅性天子嘉歎起爲夏州總管匈奴憚之不敢窺塞以病免又除襄州總管轉

蘭州文帝遣涼州總管獨孤羅原州總管元褒靈州總管賀若誼等發卒備胡
皆受長儒節度長儒率衆出祁連山北西至蒲類海無虜而還轉荊州總管帝
謂曰江陵國之南門今以委卿朕無慮也卒官諡曰威子暠大業中位太僕少
卿
賀婁子幹字萬壽本代人也隨魏氏南遷世居關右祖道成魏侍中太子太傅
父景賢右衞大將軍子幹少以驍武知名仕周累遷少司丞以勤勞封思安縣
子大象中除秦州刺史進爵爲伯及尉遲迥爲亂子幹從韋孝寬討之遇賊圍
懷州子幹與宇文述等擊破之文帝大悅手書慰勉其後每戰先登及破鄴城
與崔弘度逐迥至樓上進位上開府封武川縣公以忠安縣伯別封子皎開皇
元年進爵鉅鹿郡公其年吐谷渾寇涼州子幹以行軍總管從上柱國元諧擊
之功最優詔褒美卽令子幹鎮涼州其年突厥寇蘭州子幹拒之至可洛峐山
與賊相遇賊衆甚盛子幹阻川爲營賊軍不得水數日人馬甚疲縱擊大破之
於是冊授上大將軍徵授營新都副監尋拜工部尚書其年突厥復犯塞以行

軍總管從竇榮定擊之子幹別路破賊文帝嘉之遣優詔勞勉之子幹請入朝詔令馳驛奉見吐谷渾復寇邊命子幹討之入掠其國二旬而還文帝以隴西頻被寇掠甚患之又彼俗不設村塢敕子幹勒人爲堡營田積穀以備不虞子幹上書曰比見屯田之所獲少費多但隴右之人以畜牧爲事若更屯聚彌不獲安但使鎮戍連接烽候相望人雖散居必無所慮帝從之帝以子幹習邊事授榆關總管還雲州刺史甚爲虜所憚後數年突厥雍虞閭遣使請降幷獻羊馬詔以子幹爲行軍總管出西北道應接之還拜雲州總管以突厥所獻馬百疋羊千口以賜之乃下書曰自公守北門風塵不警突厥所獻還以賜公母憂去職朝廷以榆關重鎮尋起視事卒官文帝傷惜久之贈懷魏等四州刺史謚曰懷子善柱嗣子幹兄詮亦有才器位銀青光祿大夫鄭純深等三州刺史北地太守東安郡公

史萬歲京兆杜陵人也父靜周滄州刺史萬歲少英武善騎射驍健若飛好讀兵書兼精占候年十五逢周齊戰於芒山萬歲從父在軍旗鼓正相望萬歲令

左右趣裝急去俄而周兵大敗其父由是奇之及平齊之役其父戰沒萬歲以忠臣子拜開府儀同三司襲爵太平縣公尉遲迥之亂萬歲從梁士彥擊之軍次馮翊見羣鴈飛來萬歲謂士彥請射行中第三者射之應弦而落三軍莫不悅服及與迥軍遇每戰先登鄴城之陣官軍稍却萬歲乃馳馬奮擊殺數十人衆亦齊力官軍復振迥平以功拜上大將軍開皇初大將軍尒朱勣以謀反伏誅萬歲頗關涉坐除名配敦煌爲戍卒其戍主甚驍武每單騎深入突厥中輒大尅獲突厥莫敢當其人深自矜負數罵辱萬歲萬歲患之自言亦有武用戍主試令騎射笑曰小人定可萬歲因請弓馬復掠突厥中大得六畜而歸戍主始善之每與同行輒入突厥數百里名讋北夷竇榮定之擊突厥萬歲詣轅門請自効榮定素聞其名見而大悅因遣人謂突厥當各遣一壯士決勝負突厥許諾因遣一騎挑戰榮定遣萬歲出應之萬歲馳斬其首而還突厥大驚遂引軍去由是拜上儀同領車騎將軍平陳之役以功加上開府及高智慧等作亂江南以行軍總管從楊素擊之萬歲自東陽別道而進踰嶺越海攻陷溪洞不

可勝數前後七百餘戰轉鬬千里寂無聲問者十旬遠近皆以萬歲爲沒萬歲乃置書竹筒中浮之水汲者得之以言於素大悅上其事文帝歎嗟還拜左領軍將軍先是南寧夷爨翫降拜昆州刺史既而復叛遂以萬歲爲行軍總管擊之入蜻蛉川經弄凍次小勃弄大勃弄至于南中賊前後屯據要害萬歲皆擊破之行數百里見諸葛亮紀功碑銘其背曰萬歲後勝我者過此萬歲令左右倒其碑而進度西二河入渠濫川行千餘里破其三十餘部諸夷大懼遣使請降獻明珠徑寸於是勒石頌美隋德萬歲請將爨翫入朝詔許之爨翫陰有二心不欲詣闕因賂萬歲金寶萬歲乃捨翫而還蜀王在益州知其受賂遣使將索之萬歲聞而悉以所得金寶沈之於江索無所獲以功進柱國晉王廣甚欽敬之待以交友之禮上知爲晉王所善令萬歲督晉王府軍事明年爨翫復反蜀王秀奏萬歲受賂縱賊致生邊患上令窮之事皆驗罪當死上數之萬歲曰臣留翫者恐其州有變留以鎮撫臣還至瀘水詔書方到由是不將入朝實不受賂上以萬歲心有欺隱大怒顧有司曰將斬之萬歲懼而服罪頓首請命左

僕射高熲左衞大將軍元旻等進曰史萬歲雄略過人每行兵用師之處未嘗不身先士卒雖古名將未能過也上意稍解於是除名歲餘復官爵尋拜河州刺史復領行軍總管以備胡開皇末突厥達頭可汗犯塞上令晉王及楊素出靈武道漢王諒與萬歲出馬邑道萬歲率柱國張定和大將軍李藥王楊義臣等出塞至大斤山遇虜達頭遣使問曰隋將爲誰候騎曰史萬歲也突厥復曰得非敦煌戍卒乎候騎曰是也達頭聞而引去萬歲馳追百餘里乃及擊大破之逐北入磧數百里虜遁逃而還楊素害其功譖萬歲云突厥本降初不爲寇遂寢其功萬歲數抗表陳狀上未之悟會上從仁壽宮初還京師廢皇太子窮東宮黨與上問萬歲所在萬歲實在朝堂楊素見上方怒因曰萬歲謁東宮矣以激怒上上謂信然令召萬歲時所將士卒在朝堂稱寃者數百人萬歲謂曰吾今日爲汝極言於上及見上言將士有功爲朝廷所抑詞氣憤厲忤上上大怒命左右㨚殺之既而追悔不及因下詔罪狀之萬歲死之日天下士庶聞者識與不識無不寃惜萬歲爲將不修營伍令士卒各隨所安無警夜之備虜亦

不敢犯臨陣對敵應變無方號爲良將子懷義嗣

劉方京兆長安人也性剛決有膽氣仕周承御上士以戰功拜上儀同隋文帝爲丞相方從韋孝寬破尉遲迥於相州以功加開府賜爵河陰縣侯文帝受禪進爵爲公開皇三年從衛王爽破突厥於白道進位大將軍後歷甘瓜二州刺史仁壽中交州俚人李佛子作亂據越王故城左僕射楊素言方有將帥略於是詔方爲交州道行軍總管統二十七營而進法令嚴肅然仁而愛士長史度支侍郎敬德亮從軍至尹州疾甚不能進留之州館分別之際方哀其危篤流涕嗚咽感動行路論者多之稱爲良將至都隆嶺遇賊方遣營主宋纂何貴嚴願等破之進兵臨佛子先令人諭以禍福佛子乃降送於京師其有桀黠恐爲亂者皆斬之尋授驩州道行軍總管以尚書右丞李綱爲司馬經略林邑方遣欽州刺史甯長真驩州刺史李暈上開府秦雄以步騎出越常方親率大將軍張遜司馬李綱舟師趣北境大業元年正月軍至海口林邑王梵志遣兵守險方擊走之師次闍梨江賊據南岸立柵方盛陳旗幟擊金鼓賊懼而潰既度江

行三十里賊乘巨象四面而至方以弩射象象中瘡却蹂其陣賊奔柵因攻破
之於是濟區粟進至大緣江所擊皆破經馬援銅柱南行八日至其國都林邑
王梵志棄城奔海獲其廟主金人汙其宮室刻石紀功而還士卒腳腫死者十
四五方在道遇患卒帝甚傷惜之下詔褒美贈上柱國盧國公子通仁嗣開皇
中有馮昱王𢯱楊武通陳永貴房兆俱爲邊將名顯當時昱𢯱並不知何許人
昱多權略有武藝文帝初爲丞相以行軍總管與王誼李威等討平叛蠻拜柱
國開皇初又以行軍總管屯乙弗泊備胡每戰常大剋捷𢯱驍勇善射每以行
軍總管屯兵江北以禦陳爲陳人所憚伐陳之役及高智慧反攻討皆有殊績
位柱國白水郡公武通弘農華陰人性果烈善馳射數以行軍總管討西南夷
以功封白水郡公拜左武衛將軍時党項羌屢爲邊患朝廷以其有威名使鎮
邊歷岷蘭二州總管復與周法尚討嘉州叛獠法尚軍初不利武通爲賊斷歸
路於是束馬懸車出賊不意頻戰破之賊知其孤軍無援傾部落而至武通轉
鬬數百里爲賊所拒四面路絶武通輕騎挑戰墜馬爲賊所執殺而噉之永貴

隴右胡人本姓白以勇烈爲文帝所親愛數以行軍總管領邊每戰必單騎陷陣位柱國蘭利二州總管封北陳郡公兆代人本姓屋引氏剛毅有武略頻爲行軍總管攻胡以功位至柱國徐州總管並史失其事

杜彥雲中人也父遷葛榮之亂徙家于豳彥性勇決善騎射仕周以軍功累遷隴州刺史賜爵永安縣伯隋文帝爲丞相從韋孝寬擊尉遲迥以功進位上開府改封襄武縣侯拜魏郡太守開皇初授丹州刺史進爵爲公徵爲左武衞將軍平陳之役以行軍總管與韓擒相繼而進及陳平賜物五千段粟六千石進位柱國賜子寶安爵昌陽縣公高智慧等之作亂復以行軍總管從楊素討平之斬其渠帥賊李陁擁衆據彭山彥襲擊破之斬陁傳其首又擊徐州宜封二洞悉平賜奴婢百餘口拜洪州總管有能名及雲州總管賀婁子幹卒上悼惜者久之因謂侍臣曰榆林國之重鎮安得子幹之輩乎後數日上曰莫過杜彥於是徵拜雲州總管北夷畏憚胡馬不敢至塞後朝廷追錄前功賜子寶虔爵承縣公十八年遼東之役以行軍總管從漢王至營州上以彥曉習軍旅令總

統五十營事及還拜朔州總管突厥寇雲州上令楊素擊走之猶恐爲邊患復拜彥雲州總管以疾徵還卒子寶虔大業末至文城郡丞

周搖字世安河南洛陽人也其先與魏同源初姓普乃及居洛陽改爲周氏曾祖拔拔祖右六肱俱爲北平王父恕延歷行臺僕射南荆州總管搖少剛毅有武藝性謹厚動遵法度仕魏位開府儀同三司周閔帝受禪賜姓車非氏封金水郡公歷鳳楚二州刺史吏人安之從平齊以戰功超授柱國進封夔國公未幾拜晉州總管時隋文帝爲定州總管文獻皇后自京師赴州路經搖所主禮甚薄既而白后曰公廨甚富於財限法不敢輒費又王臣無得効私其質直如此帝以其奉法每嘉之及爲丞相徙封濟北郡公拜豫州總管帝受禪復姓周氏開皇初突厥寇邊燕薊多被其患前總管李崇爲虜所殺上思所以鎮之曰無以加周搖拜爲幽州總管六州五十鎮諸軍事搖修障塞謹斥候邊人安之徙壽襄二州總管俱有能名進上柱國以老乞骸骨上勞之曰公歷仕三代保茲遐壽良足善也賜坐褥歸第終於家諡曰恭

獨孤楷字修則不知何許人也本姓李氏父屯從齊神武帝與周師戰於沙苑齊師敗績因爲柱國獨孤信所禽配爲士伍給使信家漸得親近因賜姓獨孤氏楷少謹厚便弄馬槊爲宇文護執刀數從征伐賜爵廣阿縣公拜右侍下大夫從韋孝寬平淮南以功賜子景雲爵西河縣公隋文帝爲丞相進開府領親信兵及受禪拜右監門將軍進封汝陽郡公仁壽初出爲原州總管時蜀王秀鎭益州上徵之猶豫未發朝廷恐秀生變拜楷益州總管馳傳代之秀果有異志楷諷諭久之乃就路楷察秀有悔色因勒兵爲備秀至興樂去益州四十餘里將反襲楷密使覘之知不可犯而止楷在益州甚有惠政蜀中父老于今稱之煬帝卽位轉幷州總管遇疾喪明上表乞骸骨帝曰公先朝舊臣臥以鎭之無勞躬親簿領也以其長子凌雲監省郡事其見重如此轉長平太守卒謚曰恭子凌雲平雲彥雲皆知名楷弟盛性剛烈有膽略以藩邸之舊累遷右屯衞將軍宇文化及之亂裴虔通引兵至成象殿宿衞者皆釋仗走盛謂虔通曰何物兵形勢大異虔通曰事已然不預將軍事盛罵曰老賊何物語不及被甲與

左右十餘人逆拒之爲亂兵所殺越王侗稱制贈光祿大夫紀國公諡曰武節
乞伏慧字令和馬邑鮮卑人也祖周魏銀青光祿大夫父纂金紫光祿大夫並爲第一領人酋長慧少慷慨有大節便弓馬好鷹犬齊文襄時爲行臺右丞累遷太僕卿自永寧縣公封宜人郡王其兄貴和又以軍功爲王一門二王稱爲貴顯周武平齊授使持節開府儀同大將軍拜佽飛右旅下大夫轉熊渠中大夫從韋孝寬擊尉遲惇於武陟以功授大將軍及破尉遲迥進位柱國賜爵西河郡公請以官爵讓兄朝廷不許論者義之隋文帝受禪拜曹州刺史曹土舊俗人多姦隱戶口簿帳恆不以實慧下車按察得戶數萬遷涼州總管先是突厥屢爲寇抄慧嚴警烽燧遠爲斥候虜竟不入境後爲荊州總管又領潭桂二州總管三十一州諸軍其俗輕剽慧躬行朴素以矯之風化大洽曾見人以簺捕魚者出絹買而放之其仁心如此百姓美之號其處曰西河公簺煬帝即位爲天水太守大業五年征吐谷渾郡濱西境人苦勞役又遇帝巡坐御道不整獻食疎薄帝大怒命左右斬之見其無髮乃釋之除名卒于家

張威不知何許人也父琛魏弘農太守威少倜儻有大志善騎射膂力過人仕周以軍功位柱國京兆尹封長壽縣公王謙作亂隋文帝以威爲行軍總管從梁睿擊之軍次通谷謙守將李三王拒守睿以爲先鋒三王閉壘不戰威令人激怒之三王果出陣威令壯士奮擊三王軍潰大兵繼進至開遠謙將趙儼衆十萬連營三十里威鑿山通道攻其背儼敗走追至成都及謙平進位上柱國瀘州總管隋文帝受禪拜幽洛二州總管改封晉熙郡公尋拜河北道行臺僕射後督晉王軍府事還青州總管在青州頗事產業遣家奴於人間鬻蘆菔根其奴緣此侵擾百姓上深加譴責坐廢於家後從上祠太山至洛陽上責讓之因問威所執笏安在威頓首曰臣負罪無顏復執謹藏於家上曰可持來威明日奉笏以見上曰公雖不遵法度功効實多今還公笏於是復拜洛州刺史後改封皖城郡公轉相州刺史卒子植大業中位至武賁郎將

和洪汝南人也勇烈過人仕周以軍功位車騎大將軍儀同三司時龍州蠻任公忻李國立等聚衆爲亂刺史獨孤善不能禦朝議以洪有武略代善爲刺史

月餘斬公忻國立等皆平之後從武帝平齊位上儀同賜爵北平侯拜左勳曹下大夫柱國王軌之禽吳明徹也洪有功焉加位開府遷折衝中大夫尉遲迥作亂洪以行軍總管從韋孝寬擊之以功封廣武郡公時東夏初平物情尙梗隋文帝以洪有威名令領冀州事甚得人和後拜泗州刺史屬突厥寇邊詔洪爲北道行軍總管擊走之追虜至磧而還後遷徐州總管卒

陰壽字羅雲武威人也父嵩周夏州刺史壽少果烈有武幹性謹厚從周武帝平齊位開府隋文帝爲丞相引爲掾尉遲迥亂文帝以韋孝寬爲元帥擊之命壽監軍時孝寬有疾不能親總戎事每臥帳中遣婦人傳教命三軍綱紀皆取決於壽以功進位上柱國尋拜幽州總管封趙郡公先是齊之疎屬高寶寧周武帝拜爲營州刺史性桀黠得華夷心及文帝爲丞相遂連契丹靺鞨舉兵反帝以中原多故未遑進討諭之不下開皇初又引突厥攻圍北平至是令壽討之寶寧棄城奔于磧北黃龍諸縣悉平壽班師留開府成道昻鎭之壽患寶寧攻道昻乃重購獲之北邊遂安卒官贈司空

子世師少有節槩性忠厚多武藝以功臣子拜儀同煬帝嗣位拜張掖太守深爲戎狄所憚後拜樓煩太守遷左翊衞將軍與代王留守京師及義軍至世師自以世荷隋恩遂拒守不下及城平與京兆郡丞骨儀等見誅骨儀天竺胡人性剛鯁有不可奪之志開皇初爲御史處法平當不爲勢利所迴煬帝嗣位遷尚書左司郎于時朝政漸亂貨賄公行凡當樞要之職無問貴賤並家累金寶天下士大夫莫不變節而儀勵志守常介然獨立帝嘉其清苦拜京兆郡丞公方彌著時刑部尚書衞玄兼領京兆拜內史頗行詭道輒爲儀所執正玄雖不便之不能傷及義兵至玄恐禍及辭老病儀與世師同心協契父子並誅其後絕世師有子弘智等各以年幼獲全

楊義臣代人也本姓尉遲氏父崇仕周爲儀同大將軍以兵鎭恆山時隋文帝爲定州總管崇知帝相貌非常每自結納帝甚親待之及爲丞相尉遲迥亂崇以宗族故自囚遣使請罪帝下書慰諭之卽令馳驛入朝恆置左右開皇初封秦興公歲餘從行軍總管達奚長儒擊突厥於周槃力戰而死贈大將軍豫州

刺史以義臣襲崇官爵時義臣尚幼養於宮中未弱冠奉詔宿衞如千牛者數年賞賜甚厚上嘗言及恩舊顧義臣嗟嘆久之因下詔賜義臣姓楊氏編之屬籍爲皇從孫未幾拜陝州刺史義臣性謹厚能騎射有將領才後突厥達頭可汗犯塞以行軍總管出白道大破之明年突厥又寇邊義臣擊之追至大斤山與虜遇時太平公史萬歲亦至與義臣合擊大破之萬歲爲楊素所陷義臣功竟不錄煬帝嗣位漢王諒反時代州總管李景被諒將喬鍾葵所圍義臣時爲朔州總管奉詔救之鍾葵見義臣兵少悉衆拒之時鍾葵亞將王拔驍勇善用矟射者不能中每以數騎陷陣義臣患之募能當拔者有車騎將軍楊思恩請當之義臣見思恩氣貌雄勇顧之曰壯士也賜以巵酒思恩望見拔立於陣後投觴於地策馬赴之再往不剋所從騎士退思恩爲拔所殺拔遂乘之義臣軍北者十餘里於是購得思恩屍義臣哭之甚慟三軍莫不下泣所從騎士皆腰斬義臣自以兵少悉取軍中牛驢得數千頭復令數百人人持一鼓潛驅之磵谷閒出其不意義臣晡後復與鍾葵戰兵初合命驅牛驢者疾進一時鳴鼓埃

壓張天鍾葵軍不知所以以爲伏兵發因大潰縱擊破之以功進位上大將軍
累遷太僕卿從征吐谷渾令義臣屯琵琶峽連營八十里南接元壽北連段文
振合圍吐谷渾主於覆袁川復從征遼東以軍將指肅愼道至鴨淥水與乙支
文德戰每爲先鋒一日七捷後與諸軍俱敗竟坐免俄而復位明年以爲軍副
與大將軍宇文述趣平壤至鴨淥水會楊玄感作亂班師檢校趙郡太守祆賊
向海公作亂寇扶風安定閒義臣奉詔擊平之尋從帝復征遼東進位左光祿
大夫時渤海高士達清河張金稱並相聚爲盜攻陷郡縣帝遣將軍段達討之
不能尅詔義臣率遼東還兵擊大破士達斬金稱又收降賊入豆子䴚討賊格
謙禽之以狀聞奏帝惡其威名遽追入朝賊由是復盛義臣以功進位光祿大
夫尋拜禮部尚書卒于官
論曰昔韓信徙垓下之期則項王不滅英布無淮南之舉則漢道未隆以二子
之勳庸咸憤怨而葅戮況乃無古人之殊績而懷悖逆之心者乎梁士彥遭雲
雷之會以勇略成名遂貪天之功以爲己力報者倦矣施者未厭將生厲階求

逞其欲及茲顛墜自取之也元諧虞慶則元胄或契闊艱危或綢繆恩舊將安將樂漸見遺忘內懷怏怏矜伐不已雖時主之刻薄亦言語以速禍乎然隋文佐命元功鮮有終其天命配享清廟寂爾無聞斯蓋草創帝圖事出權道本異同心故久而愈薄其牽牛蹊田雖則有罪奪之非道能無怨乎皆深文巧詆致之刑辟帝沉猜之心固已甚矣求其餘慶不亦難哉長儒以步卒二千抗十萬之衆師殲矢盡勇氣彌厲壯矣哉子幹西涉青海北臨玄塞胡夷懾憚亦有可稱萬歲實懷智勇善撫士卒人皆樂死師不疲勞北却匈奴南平夷獠兵鋒所指威讋絕域論功仗氣犯忤貴臣偏聽生奸死非其罪人皆痛惜有李廣之風焉劉方號令無私臨軍嚴肅克翦林邑遂清南海徼外百蠻無思不服杜彥東夏南服屢有戰功作鎮朔垂胡塵不起周搖以質直見知獨孤楷以恤人流譽威蹈履之地可以追蹤古人乞伏慧能以國讓亦云美矣而慧以供帳不厚至於放黜君方逞欲罰亦深哉陰壽遭天所廢舍命無改雖異先覺頗同後凋義臣時屬擾攘功成三捷而以功見忌得沒亦為幸也

北史卷七十三

北史卷七十三考證

梁士彥傳狀猶不伏○狀隋書作初

以諫父獲免徙瓜州○諫監本訛誅今改從南本

元諧傳時吐谷渾將定城王鍾利房率騎度河連結党項率兵出鄯州○隋書

房作房又率兵上有諧字

虞慶則傳十七年嶺南人李世賢據州反○隋書無世字

賀婁子幹傳其年突厥寇蘭州子幹拒之○其隋書作明

史萬歲傳少英武善騎射○善監本訛吾今改從南本

劉方傳於是濟區粟進至大緣江所擊皆破○粟隋書作粟

獨孤楷傳蜀中父老于今稱之○于監本訛子今改正

北史卷七十三考證

北史卷七十四

唐　李　延　壽　撰

列傳第六十二

劉昉　柳裘　皇甫績　郭衍　張衡　楊汪　裴藴
袁充　李雄

劉昉博陵望都人也父孟良仕魏位大司農卿從武帝入關爲梁州刺史昉輕狡有姦數周武帝時以功臣子入侍皇太子及宣帝嗣位以技佞見狎出入宮掖寵冠一時位小御正與御正中大夫顏之儀並見親信及帝不悆召昉及之儀俱入臥內屬以後事帝失瘖不復能言昉見靜帝幼冲又素奇隋文帝時文帝以后父故有重名於天下昉遂與鄭譯謀引帝輔政帝固讓不敢當昉曰公若爲當速爲之如不爲昉自爲也帝乃從之及帝爲丞相以昉爲司馬時宣帝弟漢王贊居禁中每與帝同帳而坐昉飾美妓進贊贊甚悅之昉因說贊曰大王先帝之弟時望所歸孺子幼冲豈堪大事今先帝初崩羣情尙擾王且歸第

待事寧後入爲天子此萬全計也贊時年未弱冠性識庸下以爲信然遂從之
文帝以昉有定策功拜上大將軍封黄國公與沛國公鄭譯皆爲心膂前後賞
賜鉅萬出入以甲士自衛朝野傾矚稱爲黄沛時人語曰劉昉牽前鄭譯推後
昉自恃功有驕色然性麤疎溺於財利富商大賈朝夕盈門于時尉遲迥起兵
帝令韋孝寬討之至武陟諸將不一帝欲遣昉譯一人往監軍因謂之曰須得
心膂以統大軍公兩人誰行昉辭未嘗爲將譯以母老爲請帝不懌而高熲請
行遂遣之由是恩禮漸薄又王謙司馬消難相繼反文帝憂之忘寢與食昉逸
遊縱酒不以職司爲意相府事多所遺落帝深銜之以高熲代爲司馬是後益
見疎忌及受禪進柱國改封舒國公閑居無事不復任使昉自以佐命元功中
被疎遠甚不自安後遇京師饑上命禁酒昉使妾賃屋當壚酤酒治書侍御史
梁毗劾奏之有詔不問昉鬱鬱不得志時上柱國梁士彥宇文忻俱失職怨望
時昉並與之交數相往來士彥妻有美色昉與私通士彥不之知也情好彌協
遂相與謀反許推士彥爲帝後事泄帝窮問之昉自知不免默無所對詔誅之

曰上柱國郕國公梁士彥杞國公宇文忻柱國舒國公劉昉當朕受命之初並展勤力酬勳報効榮高祿重朝夕宴言備知朕意但心如溪壑志等豺狼不荷朝恩忽謀逆亂士彥稱有相者云其應籙年過六十必據九五初平尉遲迥暫臨相州已有反心彰於道路朕即遣人代之不聲其罪入京之後逆意轉深忻昉之徒言相扶助士彥許率僮僕剋期不遠欲於蒲州起事即斷河橋捉黎陽之關塞河陽之路自謂一朝奮發無人當者其第二子剛每常苦諫第三子叔諧固深勸獎朕既聞知猶恐枉濫及授晉部之任欲驗蒲州之情士彥得以欣然云是天贊忻往定鄴城自矜不已位極人臣猶恨賞薄朕深念其功不計無禮任以武候授以領軍寄之爪牙委之心腹忻密爲異計樹黨宮闈多奏交友入參宿衞朕推心待物言必依許爲而弗止心跡漸彰仍解禁兵令其改悔而志規不逞愈結於懷乃與士彥情意偏厚俱營賊逆逢則交謀委士彥河東自許關右蒲津事建即望從征討兩軍結東西之旅一舉合連橫之勢然後北破晉陽還圖宗社昉入佐相府便爲非法三度事發二度其婦自論常云姓是卯

金刀名是一万日劉氏應王爲萬日天子朕訓之導之望其修改口請自新志存如舊亦與士彥情好深重逆節姦心盡探肝膈嘗共士彥論太白所犯問東井之間思秦地之亂訪軒轅之裏願宮掖之災唯待蒲坂事與欲在關內應接殘賊之策千端萬緒惟忻及昉名位並高寧肯北面曲躬臣於士彥乃是各懷不遜圖成亂階一得擾攘之基方逞吞并之事士彥忻昉身爲謀首叔諧贊成父意議實難容並已處盡士彥忻昉兄弟叔姪特恕其命臨刑至朝堂宇文忻見高熲向之叩頭求哀昉勃然謂忻曰事形如此何叩頭之有於是伏誅籍沒其家後數日帝素服臨射殿盡取三家資物置於前命百寮射取之以爲鑒戒云

柳裘字茂和河東解人南齊司空世隆之曾孫也祖惔梁尚書左僕射父明太子舍人義興太守裘少聰慧弱冠有令名在梁歷位尚書郎駙馬都尉梁元帝爲魏軍所逼遣裘請和於魏俄而江陵平遂入關中周明武間自麟趾學士累遷太子侍讀封昌樂縣侯宣帝即位進爵爲公轉御飾大夫及帝不悆留侍禁

中與劉昉韋謩皇甫績同謀引隋文帝曰時不可失今事已然宜早定大計天與不取反受其殃帝從之進上開府內史大夫委以機密及尉遲迥作亂天下騷動幷州總管李穆頗懷猶豫帝令裘往喻之裘見穆盛陳利害穆遂歸心以奉使功賜綵三百匹金九環帶一腰時司馬消難奔陳帝卽令裘隨便安集淮南賜馬及雜物開皇元年進位大將軍拜許州刺史在官清簡人懷之轉曹州刺史後帝思裘定策功欲加榮秩將徵之顧朝臣曰曹州刺史何當入朝或曰卽今冬也乃止裘尋卒帝傷惜者久之諡曰安子惠童嗣

皇甫績字功明安定朝那人也祖穆魏隴東太守父道周湖州刺史雍州都督績三歲而孤爲外祖韋孝寬所鞠養孝寬以諸子墮業督以嚴訓愍績孤幼特捨之績歎曰我無庭訓養於外氏不能尅躬厲己何以成立深自感激命左右自杖三十孝寬聞而對之流涕於是專精好學略涉經史周武帝爲魯公時引爲侍讀建德初轉宮尹中士武帝嘗避暑雲陽宮時宣帝爲太子監國衞刺王作亂城門已閉百寮多有遁者績聞難赴之於玄武門遇皇太子下樓執績手

悲喜交集帝聞而善之遷小宮尹宣政初錄前後功封義陽縣男累轉御正下士宣帝崩隋文帝總己績有力焉加上開府轉內史中大夫進封郡公拜大將軍開皇元年出爲豫州刺史尋拜都官尙書轉晉州刺史將之官稽首言陳有三可滅帝問其狀績曰大呑小一也以有道伐無道二也納叛臣蕭巖於我有詞三也陛下若命鷹揚之將臣請預戎行上嘉勞而遣之陳平拜蘇州刺史高智慧作亂江南州人顧子元等發兵應之因以攻績相持八旬子元素感績恩於冬至日遣使奉牛酒績遺之書子元得書於城下頓首陳謝楊素援兵至合擊破之拜信州總管俄以病乞骸骨詔徵還京師賜以御藥中使相望顧問不絕卒於家謚曰安子偲嗣大業中位尙書主爵郎

郭衍字彥文自云太原介休人也父崇以舍人從魏孝武帝入關位侍中衍少驍武善騎射建德中以軍功累遷儀同大將軍又從周武帝平幷州以功加開府封武強縣公賜姓叱羅氏宣政元年爲右中軍熊渠中大夫尉遲迥之亂從韋孝寬討之以功授上柱國封武山郡公密勸隋文帝殺周室諸王早行禪代

由是大被親昵開皇元年衍復舊姓爲郭氏突厥犯塞以衍爲行軍總管領兵屯平涼數歲虜不入境徵爲開漕渠大監部率水工鑿渠引渭水經大興城北東至潼關漕運四百餘里關中賴之名曰富人渠五年授瀛州刺史遇秋霖大水其屬縣多致漂沒人皆上高樹依大冢衍親備船栰并齎糧食拯救之民多獲濟衍先開倉賑恤後始聞奏上大善之遷授朔州總管所部有恆安鎮北接蕃境常勞轉運衍乃選沃饒地置屯田歲嬴粟萬餘石人免轉輸之勞又築桑乾鎮皆稱旨十年從晉王廣出鎮揚州遇江表搆逆命衍爲總管先屯京口於貴州南與賊戰敗之仍討東陽永康宣城黟歙諸洞盡平之授蔣州刺史衍臨下甚倨事上甚卑晉王愛昵之宴賜隆厚遷洪州總管王有奪宗之謀託衍心腹遣宇文述以情告之衍大喜曰若所謀事果自可爲皇太子如其不諧亦須據淮海復梁陳之舊副君酒客其如我何王因召衍陰共計議又恐人疑無故來往託以妻患癭王妃蕭氏有術能療之以狀奏帝聽其妻向江都往來無度衍又詐稱廣州猺反王乃奏衍行兵討之由是大修甲仗陰養士卒及王入爲

太子徵授左監門率轉左宗衞率文帝於仁壽宮將大漸太子與楊素矯詔令衍宇文述領東宮兵帖上臺宿衞門禁並由之及上崩漢王起逆而京師空虛使衍馳還總兵居守大業元年拜左武衞大將軍帝幸江都令統左軍改授光祿大夫又從征吐谷渾出金山道納降二萬餘戶衍能揣上意阿諛順旨帝每謂人曰唯郭衍心與朕同又嘗勸帝取樂五日一視事無得效高祖空自劬勞帝從之益稱其孝順初新令行衍封爵從例除六年以恩舊封真定侯從往江都卒贈左衞大將軍謚曰襄長子臻武牙郎將次子嗣本孝昌令

張衡字建平河內人也祖嶷魏河陽太守父允周萬州刺史衡幼懷志尚有骨鯁風十五詣太學受業研精覃思爲同輩所推周武帝居太后憂與左右出獵衡露髻輿櫬扣馬切諫帝嘉焉賜衣一襲馬一匹擢拜漢王侍讀衡又就沈重受三禮略究大旨累遷掌朝大夫隋文帝受禪拜司門侍郎及晉王廣爲河北行臺衡歷刑部度支二曹郎行臺廢拜并州總管掾王轉牧揚州衡復爲掾王甚親任之衡亦竭慮盡誠奪宗之計多衡所建遷揚州總管司馬熙州李英林

反署置百官以衡爲行軍總管討平之拜開府及王爲皇太子拜衡右庶子煬帝嗣位除給事黃門侍郎銀青光祿大夫遷御史大夫甚見親重大業三年帝幸榆林郡還至太原謂衡曰朕欲過公宅可爲朕作主人也衡馳至河內與宗族具牛酒帝上太行開直道九十里以抵其宅帝悅其山泉留宴三日因謂衡曰往從先皇拜太山之始塗經洛陽瞻望於此深恨不得相過不謂今日得諧宿願衡俯伏辭謝奉觴上壽帝益歡賜其宅傍田三十頃良馬一匹金帶縑綵六百段衣一襲御食器一具衡固讓帝曰天子所至稱幸者蓋爲此也不足爲辭衡復獻食於帝帝令頒賜公卿下至衞士無不霑給衡以藩邸之舊恩寵莫與爲比頗自驕貴明年帝幸汾陽宮時帝欲大汾陽宮令衡與紀弘整具圖奏之衡承閒進諫以比年勞役百姓疲敝爲請帝意甚不平後嘗目衡謂侍臣曰張衡自謂由其計畫令我有天下時齊王暕失愛於上帝密令人求其罪有人譖暕違制將伊闕令皇甫詡從之汾陽宮又錄前幸涿郡及祠恒岳時父老謁見者衣冠不整帝譴衡以憲司皆不能舉正出爲榆林太守明年帝復幸汾陽

宮衡督役築樓煩城因而謁帝帝惡衡不損瘦以爲不念咎因謂曰公甚肥澤宜且還郡衡復之榆林俄而敕衡督役江都宮有人詣衡訟宮監者衡不爲理還以訟書付監其人大爲監所困禮部尚書楊玄感使至江都其人詣玄感稱寃玄感固以衡爲不可及與相見未有所言又先謂玄感曰薛道衡真爲枉死玄感具上其事江都郡丞王世充又奏衡頻減頓具帝怒鎖衡詣江都市將斬之旣而除名放還田里帝每令親人覘衡所爲八年帝自遼東還都妾言衡怨望謗訕朝政帝賜死於家臨死大言曰我爲人作何物事而望久活監刑者塞耳促令殺之武德初以爲死非其罪贈大將軍南陽郡公諡曰忠子希玄

楊汪字元度本弘農華陰人也曾祖順居河東父琛儀同三司及汪貴追贈平鄉縣公汪少凶疎與人羣鬬拳所毆擊無不顛踣長更折節勤學專精左氏傳通三禮解褐周冀王侍讀王甚重之每曰楊侍讀德業優深孤之穆生也後問禮於沈重受漢書於劉臻二人曰吾弗如也由是知名累遷夏官府都上士隋文帝居相引知兵事遷掌朝下大夫及受禪賜爵平鄉縣伯歷秦州總管府長

史每聽政暇必延生徒講授時人稱之入爲尚書兵部侍郎數年帝謂諫議大夫三達曰卿爲我覓一好左丞達遂私於汪曰我當薦君爲左丞若事果當以良田相報也汪以達言奏之達竟獲罪卒拜汪尚書左丞汪明習法令果於剖斷當時號爲稱職未幾坐事免後拜洛州長史轉荊州長史煬帝即位追爲尚書左丞尋守大理卿視事二日帝將親省囚徒時繫囚二百餘人汪通宵究審詰朝而奏曲盡事情一無遺誤帝甚嘉之歲餘拜國子祭酒帝令百寮就學與汪講論天下通儒碩學多萃焉論難鋒起皆不能屈帝令御史書其問答奏之省而大悅賜良馬一匹後加銀青光祿大夫及楊玄感反河南贊務裴弘策出師禦之戰不利奔還遇汪而屏人交語既而留守樊子蓋斬弘策以狀奏汪帝疑之出爲梁郡通守後煬帝崩王世充推越王侗爲主徵拜吏部尚書頗見親委及世充僭號汪復用事世充平遂以兇黨伏誅

裴藴河東聞喜人也祖之平父忌並南史有傳忌在陳與吳明徹同見俘于周周賜爵江夏公在隋十餘年而卒藴明辨有吏幹仕陳歷直閤將軍興寧令以

父在北陰奉表於隋文帝請爲内應及陳平上悉閱江南衣冠之士次至蘊以夙有向北心超授儀同僕射高熲不悟上旨諫曰蘊無功於國寵踰倫輩臣未見其可又加上儀同熲復諫上曰可加開府熲乃不敢復言即日拜開府儀同三司禮賜優洽歷洋直棣三州刺史俱有能名大業初考績連最煬帝聞其善政徵爲太常少卿初文帝不好聲技遣牛弘定樂非正聲清商及九部四儛之色皆罷遣從百姓至是蘊揣知帝意奏括天下周齊梁陳樂家子弟皆爲樂戶其六品已下至于凡庶有善音樂及倡優百戲者皆直太常是後異技淫聲咸萃樂府皆置博士遞相教傳增益樂人至三萬餘帝大悅遷戶部侍郎時猶承文帝和平後禁網疎闊戶口多漏或年及成丁猶詐爲小未至於老已免租賦蘊歷爲刺史素知其情因是條奏皆令貌閱若一人不實則官司解職鄉正里長皆遠流配又許民相告若糾得一丁者令被糾之家代輸賦役是歲大業五年也諸郡計帳進丁二十四萬三千新附口六十四萬一千五百帝臨朝覽狀謂百官曰前代無好人致此罔冒今進民口皆從實者全由裴蘊一人用心古

語云得賢而理驗之信矣由是漸見親委拜京兆贊務發擿纖毫吏民懾憚未幾擢授御史大夫與裴矩虞世基參掌機密蘊善候伺人主微意若欲罪者則曲法順情鍛成其罪所欲宥者則附從輕典因而釋之是後大小之獄皆以付蘊憲部大理莫敢與奪必禀承進止然後決斷蘊亦機辯所論法理言若懸河或重或輕皆由其口剖析明敏時人不能致詰楊玄感之反也帝遣蘊推其黨與謂蘊曰玄感一呼從者十萬益知天下人不欲多多卽相聚爲盜耳不盡加誅則後無以勸蘊由是乃峻法理之所戮者數萬人皆籍沒其家帝大稱善賜奴婢十五口司隸大夫薛道衡以忤意獲譴蘊知帝惡之乃奏曰道衡負才恃舊有無君之心見詔書每下便腹非私議推惡於國妄造禍端論其罪名似如隱昧源其情意深爲悖逆帝曰然我少時與此人相隨行役輕我童穉共高熲賀若弼等外擅威權自知罪當誣罔及我卽位懷不自安賴天下無事未得反耳公論其逆妙體本心於是誅道衡又帝問蘇威以討遼之策威不願帝復行且欲令帝知天下多賊乃詭答今者之役不願發兵但詔赦羣盜自可得數十

萬遺關內奴賊及山東歷山飛張金稱等頭別爲一軍出遼西道諸河南賊王薄孟讓等十餘頭並給舟檝浮滄海道必喜於免罪競務立功一歲之閒可滅高麗矣帝不懌曰我去尚猶未克鼠竊安能濟乎威出後蘊奏曰此大不遜天下何處有許多賊帝悟曰老革多姦將賊脅我欲搭其口但隱忍之誠極難耐蘊知上意遣張行本奏威罪惡帝付蘊推鞫之乃處其死帝曰未忍便殺遂父子及孫三世並除名蘊又欲重己權勢令虞世基奏罷司隸刺史以下官屬增置御史百餘人於是引致姦黠共爲朋黨郡縣有不附者陰中之于時軍國多務凡是興師動衆京都留守及與諸蕃互市皆令御史監之賓客附隸遍於郡國侵擾百姓帝弗之知也以度遼之役進位銀青光祿大夫及司馬德戡將爲亂也江陽長張惠紹夜馳告之蘊共惠紹謀欲矯詔發郭下兵民盡取榮公護兒節度收在外逆黨宇文化及等仍發羽林殿脚遣范富婁等入自西苑取梁公蕭鉅及燕王處分扣門援帝謀議已定遣報虞世基世基疑反者不實抑其計須臾難作蘊歎曰謀及播郎竟誤人事遂見害子惜爲尚輦直長亦同日死

袁充字德符本陳郡陽夏人也其後寓居丹陽祖昂父君正俱爲梁侍中充少警悟年十餘歲其父黨至門時冬初充尚衣葛衫客戲充曰袁郎子絺兮綌兮凄其以風充應聲答曰唯絺與綌服之無斁以是大見嗟賞仕陳年十七爲祕書郎歷太子舍人晉安王文學吏部侍郎散騎常侍及陳滅歸國歷蒙鄜二州司馬充性好道術頗解占候由是領太史令時上將廢皇太子正窮東宮官屬充見上雅信符應因希旨進曰比觀玄象皇太子當廢上然之充復表奏隋興以後日景漸長曰開皇元年冬至日影一丈二尺七寸二分自爾漸短至十七年冬至影一丈二尺六寸三分四年冬至在洛陽測影一丈二尺八寸八分二年夏至影一尺四寸八分自爾漸短至十六年夏至影一尺四寸五分周官以土圭之法正日影日至之影尺有五寸鄭玄云冬至之影一丈三尺今十六年夏至之影短於舊影五分十七年冬至之影短於三寸七分日去極近則影短而日長去極遠則影長而日短行內道則去極近外道則去極遠堯典曰日短星昴以正仲冬據昴星昏中則知堯時仲冬日在須女十度以曆數推之開皇

已來冬至日在斗十一度與唐堯之代去極並近謹案春秋元命包云日月出內道璇璣得常天帝崇靈聖王相功京房別對曰太平日行上道升平行次道霸世行下道伏惟大隋啓運上感乾元影短日長振古未之有也上大悅告天下將作役功因加程課丁匠苦之仁壽初充言上本命與陰陽律呂合者六十餘條而奏之因上表曰皇帝載誕之初非止神光瑞氣嘉祥應感至於本命行年生月生日並與天地日月陰陽律呂運轉相符表裏合會此誕聖之異寶曆之元今與物更新改年仁壽歲月日子還共誕聖之時並同明合天地之心得仁壽之理故知洪基長筭永永無窮上大悅賞賜優崇儕輩莫之比仁壽四年甲子歲煬帝初卽位充及太史丞高智寶奏言去歲冬至日景逾長今歲皇帝卽位與堯受命年合昔唐堯受命四十九年到上元第一紀甲子天正十一月庚戌冬至陛下卽位其年卽當上元第一紀甲子天正十一月庚戌冬至正與唐堯同自放勛以來凡經八上元其間緜代未有仁壽甲子之合謹案第一紀甲子太一在一宮天目居武德陰陽歷數並得符同唐堯丙辰生丙子年

受命止合三五未若己丑甲子支干並當六合允一元三統之期合五紀九章之會共帝堯同其數與皇唐比其蹤信所謂皇哉唐哉唐哉皇哉者矣仍諷齊王暕率百官拜表奉賀後熒惑守太微者數旬時繕修宮室征役繁重充乃上表稱陛下修德熒惑退舍百寮畢賀帝大喜前後賞賜將萬計時軍國多務充候帝意欲有所爲便奏稱天文見象須有改作以是取媚於上大業六年遷內史舍人從征遼東拜朝請大夫祕書少監後天下大亂帝初罹鴈門之厄又盜賊益起心不自安充復託天文上表陳嘉瑞以媚上曰伏惟陛下握錄圖而馭黔首提萬善而化八紘以百姓爲心匪一夫受慶先天罔違所以後天必奉其時是以初膺寶曆正當上元之紀乾之初九又與本命符會斯則聖人冥契故能動合天經謹案去年已來玄象星瑞毫釐無爽謹錄尤異上天降詳破突厥等狀七事其一去八月二十八日夜大流星如斗出王良北正落突厥營聲如崩牆其二八月二十九日夜復有大流星如斗出羽林向北流正當北方依占頻二夜流星墜賊所賊必敗散其三九月四日夜頻有兩星大如斗出北斗魁

向東北流依占北斗主殺伐賊必破敗其四歲星主福德頻行京都二處分野依占國家之福其五去七月內熒惑守羽林九月七日已退舍依占不出三日賊必敗散其六去年十一月二十日夜有流星赤如火從東北向西南落賊帥盧明月營破其幢車其七十二月十五日夜通漢鎮北有赤氣亘北方突厥將亡之應也依勘城錄河南洛陽並當甲子與乾元初九爻及上元甲子符合此是福地永無所慮旋觀往政側聞前古彼則異時間出今則一朝總萃豈非天贊有道助殲兇孽方清九夷於東穢沉五狄於北溟告成岱岳無出汾水書奏帝大悅超拜祕書令親待逾昵每欲征討充皆預知之乃假託星象獎成帝意在位者皆切患之宇文化及弑逆之際并誅充

李雄渤海蓨人也父棠名列誠義傳雄少慷慨有壯志弱冠從周武帝平齊以功授帥都督隋文帝作相從韋孝寬破尉遲迥拜上開府賜爵建昌縣公伐陳之役以功進位大將軍歷柳江二州刺史並有能名後坐事免漢王諒之反煬帝將發幽州兵討之時竇抗爲幽州總管帝恐其貳問可任者於楊素素遂進

雄授上將軍拜廉州刺史馳至幽州止傳舍召募得千餘人抗恃素貴不時相見雄遣人諭之後二日抗從鐵騎二千來詣雄所雄伏甲禽抗悉發幽州兵步騎三萬自井陘討諒遷幽州總管尋徵拜戶部尚書雄明辯有器幹帝甚任之新羅嘗遣使朝貢雄至朝堂與語因問其冠制所由其使者曰古弁遺象安有大國君子不識雄因曰中國無禮求諸四夷使者曰自至已來此言外未見無禮憲司以雄失辭奏劾其事竟坐免俄而復職從幸江都帝以仗衞不整顧雄部伍之雄立指麾六軍肅然帝大悅曰公真武侯才也尋轉右候衞大將軍復坐事除名遼東之役帝令從軍自効因從來護兒自東來將指滄海會楊玄感反於黎陽帝疑之詔鎖雄送行在所雄殺使亡歸玄感玄感每與計焉及玄感敗伏誅籍沒其家

論曰隋文肇基王業劉昉實啓其謀于時當軸執鈞物無異論不能忘身急病以義斷恩方能慮難求全偷安懷祿其在周也靡忠貞之節其奉隋也愧竭命之誠非義掩其前功蓄怨興其後釁而望不陷刑辟保貴全生難矣柳裘皇甫

績因人成事好亂樂禍大運光啓並參樞要斯固在人欲其悅己在我欲其罵

人理自然也晏嬰有言曰一心可以事百君百心不可以事一君於昉等見之

矣郭衍文皇締構之始當爪牙之寄煬帝經綸之際參心膂之謀而如脂如韋

以水濟水君所謂可亦曰可焉君所謂不亦曰不焉功雖居多名不見重然則

立身行道可不慎歟語曰無爲權首將受其咎又曰無始禍無兆亂夫忠爲令

德施非其人尙或不可況託足邪徑又不得其人者歟張衡奪宗之計實兆其

謀夫動不以順能無及於此也楊汪以學業自許其終不令惜乎裴蘊素懷姦

險巧於附會作威作福唯利是視滅亡之禍其可免乎袁充少在江東初以警

悟見許委質隋氏更以玄象自矜要求時幸干進附入變動星占謬增晷景厚

誣天道亂常侮衆刑茲勿捨其在斯乎李雄斯言爲玷取譏夷翟以亂作亂何

救誅夷

北史卷七十四

北史卷七十四考證

劉昉傳蒲津事建卽望從征討○隋書事建作之事又無討字

殘賊之策千端萬緒○賊監本訛賤今改從南本

郭衍傳先屯京口於貢州南與賊戰敗之○貢隋書作貴

仍討東陽永康宣城黝歙諸洞盡平之○隋書仍作乃黝作黟

衍又詐稱廣州猺反○隋書廣作桂猺作俚

張衡傳帝自遼東還鄴妄言衡怨望謗訕朝政○隋書都字下有衡字妄作妾

楊汪傳時人稱之入爲尙書兵部侍郎數年○隋書脫入爲尙書兵部侍郎八

字

北史卷七十四考證

北史卷七十五

唐　李延壽撰

列傳第六十三

趙昶　趙芬　王韶
元巖　宇文㢸　伊婁謙
李圓通 陳茂　郭榮　龐晃
李安　楊尚希　張煚
蘇孝慈　元壽

趙昶字通賢天水西人也祖超宗魏河東太守父仲懿尚書左丞昶少孤養母至孝年十四有人盜伐其父墓中樹者昶對之號慟因執送官見魏右僕射周惠達長揖不拜自述孤苦涕淚交集惠達爲之隕涕歎息者久之及長沉深有器局略涉書記周文帝引爲相府參軍事從破洛陽及班師昶請留撫納亡叛從之昶於是帥所領與齊人前後五戰斬獲甚衆以功封平定縣男累轉中書

侍郎周閔帝受禪遷陝州刺史蠻酋向天王以兵攻信陵秭歸貺襲擊破之二郡獲全時周人於江南岸置安蜀城以禦陳屬霖雨數旬城頹者百餘步蠻酋鄭南鄉叛引陳將吳明徹欲掩安蜀議者皆勸貺益脩守禦貺不從乃遣使說誘江外生蠻向武陽令乘虛掩襲南鄉所居獲其父母妻子南鄉聞之其黨各散陳兵亦遁明年吳明徹屢爲寇患貺與前後十六戰每挫其鋒以功授開府儀同三司再遷戶部中大夫周武帝欲收齊河南地貺諫曰河南洛陽四面受敵縱得不可以守請從河北直指太原傾其巢穴可一舉以定帝不納師竟無功尋從上柱國于翼自三鵶道伐陳剋十九城而還以讒毀功不見錄累遷御正上大夫貺與宗伯斛斯徵素不協徵後出爲齊州刺史坐事下獄自知罪重遂踰獄走帝大怒購之甚急貺密奏曰徵自以罪重懼死遁逃若不北走匈奴則南奔吳越徵雖愚陋久歷清顯奔彼敵國無益聖朝今炎旱爲災可因茲大赦帝從之徵賴而免貺卒不言隋文帝爲丞相加上開府再遷大宗伯及踐阼貺授璽紱進位大將軍賜爵金城郡公拜相州刺史朝廷以貺習故事徵拜尚

書右僕射未幾以忤旨出爲陝州刺史轉冀州刺史甚有威惠煚嘗有疾百姓奔馳爭爲祈禱其得人情如此冀州市多姦詐煚爲銅斗鐵尺置於肆百姓便之帝聞而嘉焉頒之天下以爲常法嘗有人盜煚田中蒿爲吏所執煚曰此乃刺史不能宣風化彼何罪也慰諭遣之令人載蒿一車賜盜者盜愧過於重刑帝幸洛陽煚來朝帝勞之卒于官子義臣嗣位至太子洗馬後同楊諒反誅

趙芬字士茂天水西人也父諒周秦州刺史芬少有辯智頗涉經史周文引爲相府鎧曹參軍歷記室累遷開府儀同三司性彊濟所居之職皆有聲績周武帝親總萬機拜內史下大夫轉小御正明習故事每朝廷有所疑議衆不能決者芬輒爲評斷莫不稱善後爲司會及申國公李穆討齊引爲行軍長史封淮安縣男再遷東京小宗伯鎮洛陽隋文帝爲丞相尉遲迥與司馬消難陰謀往來芬察知之密白帝由是深見親委遷東京左僕射進爵郡公開皇初罷東京官拜尚書右僕射與郢公王誼脩律令俄兼內史令甚見信任未幾以老病出爲蒲州刺史加金紫光祿大夫仍領關東運漕賜錢百萬粟五千石而遣之後

數年上表乞骸骨徵還京師賜以三驥軺車几杖被褥歸于家皇太子又致巾帔後數年卒帝遣使致祭鴻臚監護喪事子元恪嗣位揚州總管司馬左遷候衞長史少子元楷與元恪皆明幹世事元楷大業中爲歷陽郡丞與廬江郡丞徐仲宗俱竭百姓之產以貢於帝仲宗遷南郡丞元楷超拜江都丞兼領江都宮監

王韶字子相自云太原晉陽人也世居京兆祖諧原州刺史父諒早卒韶幼而文雅頗好奇節有識者異之在周累以軍功官至車騎大將軍儀同三司復轉軍正周武帝既拔晉州意欲旋師韶諫曰取亂侮亡正在今日乃欲釋之而去臣愚深所未解帝大悅及齊平遷位開府封晉陽縣公賜口馬雜畜萬計遷內史中大夫宣帝即位拜豐州刺史改封昌樂縣公隋文帝受禪進爵項城郡公轉靈州刺史加位大將軍晉王廣之鎮幷州除行臺右僕射賜綵五百匹韶性剛直王甚憚之每事諮詢不敢違法度韶常奉使檢行長城後王穿池起三山韶既還自鎖而諫王謝而罷之帝聞而嘉歎賜金百兩幷後宮四人平陳之役

以本官爲元帥府司馬及剋金陵韶卽鎭焉晉王廣班師留韶於石頭防遏委以後事歲餘徵還帝謂公卿曰晉王以幼出藩遂能剋平吳越王子相之力也於是進位柱國賜奴婢三百口錦絹五千段及上幸幷州以其稱職特加勞勉後上謂曰自朕至此公鬚鬢漸白無乃憂勞所致柱石之望唯在於公努力勉之韶辭謝上勞遣之秦王俊爲幷州總管仍爲長史歲餘馳驛入京勞弊而卒帝甚傷惜之謂秦王使者曰語爾王我前令子相緩來如何乃遣馳驛殺我子相豈不由汝言甚悽愴使有司爲立宅曰往者何用宅爲但以表我深心耳又曰子相受我委寄十有餘年終始不易寵章未極舍我而死乎發言流涕因命取子相封事數十紙傳示羣臣曰其直言匡正裨益甚多吾每披尋未嘗釋手煬帝卽位追贈司徒尚書令靈豳等十州刺史魏公子士隆嗣士隆略知書計尤便弓馬慷慨有父風大業世頗見親重位備身將軍改封耿國公越王侗稱帝士隆率數千兵自江淮而至會王世充僭號甚禮重之署尚書右僕射憂憤疽發背卒

元巖字君山河南洛陽人也父禎魏敷州刺史巖好讀書不守章句剛鯁有器局以名節自許少與勃海高熲太原王韶同志友善仕周爲武賁給事大冢宰宇文護見而器之以爲中外記室累遷內史中大夫封昌國縣伯周宣帝嗣位爲政昏暴京兆郡丞樂運輿櫬詣朝堂陳帝八失言甚切至帝大怒將戮之朝臣莫有救者巖謂人曰臧洪同日尚可俱死其況比干乎若樂運不免吾將與之俱斃詣閤請見言於帝曰樂運知書奏必死所以不顧身命者欲取後世名陛下若殺之乃成其名落其術內不如勞而遣之以廣聖度運因獲免後帝將誅烏丸軌巖不肯署詔御正顏之儀切諫不入巖進繼之脫巾頓顙三拜三進帝曰汝欲黨烏丸軌耶巖曰臣非黨軌正恐濫誅失天下望帝怒使閹豎搏其面遂廢于家隋文帝爲丞相加開府戶部中大夫及受禪拜兵部尚書進爵平昌郡公巖性嚴重明達世務每有奏議侃然正色廷爭面折無所迴避上及公卿皆敬憚之時帝懲周代諸侯微弱以致滅亡由是分王諸子權侔王室以爲磐石之固遣晉王廣鎮幷州蜀王秀鎮益州二王年並幼選貞良有重望爲之

寮佐時巖與王韶爲河北道行臺僕射帝謂曰公宰相大器今屈輔我兒亦如曹參相齊之意及巖到官法令明肅吏人稱焉蜀王好奢嘗欲取獠口爲閹人又欲生剖死囚取膽爲藥巖皆不奉教排閤切諫王輒謝而止憚巖爲人每循法度蜀中獄訟巖所裁斷莫不悅服有得罪者謂曰平昌公與罪吾何怨焉上甚嘉之賞賜優洽卒于官上悼惜久之益州父老莫不隕涕于今思之巖卒後蜀王爲非法造渾天儀又共妃出獵以彈彈人多捕山獠充宦者寮佐無能諫止及秀得罪上曰元巖若在吾兒豈有是乎子弘嗣歷給事郎司朝謁者北平通守

宇文弢字公輔河南洛陽人也其先與周同出祖直力勤魏鉅鹿太守父珍周宕州刺史弢慷慨有大節博學多通仕周嘗奉使鄧至國及黑水龍涸諸羌前後降附三十餘部及還奉詔脩定五禮書成奏之賜田二頃粟百石累遷小吏部擢八人爲縣令皆有異績世以爲知人轉內史都上士武帝將謀出兵河陽以伐齊弢進策曰齊氏建國于今累世雖曰無道尚有其人今若用兵須擇其

地河陽要衝精兵所聚盡力攻圍恐難得志彼汾之曲戍小山平攻之易拔用武之地也帝不納師竟無功建德五年大舉伐齊卒用弼策於是募三輔豪俠少年數百人爲别隊從帝攻拔晉州身被三瘡苦戰不息帝奇而壯之因從平齊以功拜上儀同封武威縣公宣帝嗣位爲守廟大夫時突厥寇甘州帝令侯莫陳昶擊之弼謂監軍曰宜選精騎直趍祈連之西賊若收軍必自蓼泉之北此地險隘兼下濕度其人馬三日方度彼勞我逸破之必矣若邀此路真上策也昶不能用西取合黎大軍行遲虜已出塞其年弼又從梁士彥攻拔壽陽改封安樂縣公除澮州刺史轉南司州刺史司馬消難之奔陳弼追之不及遇陳將樊毅戰於漳口自旦及午三戰三捷除黃州刺史轉南定州刺史開皇初以前功封平昌縣公入爲尚書右丞時西羌內附詔弼持節安集置鹽澤蒲昌二郡而還遷左丞當官正色爲百寮所憚三年突厥寇甘州以行軍司馬從元帥竇榮定擊破之還除太僕少卿轉吏部侍郎平陳之役楊素出信州道令弼持節爲諸軍節度仍領行軍總管劉仁恩之破陳將呂仲肅也弼有謀焉加開府

擢拜刑部尚書領太子虞候率上嘗親臨釋奠敳與博士論議詞致清遠上大悅謂羣臣曰朕今覩周公之制禮見宣尼之論孝實慰朕心時朝廷以晉陽爲重鎮幷州總管必屬親王其長史司馬亦一時高選前長史王韶卒以敳有文武幹用出爲幷州長史十八年遼東之役授元帥漢王府司馬仍領行軍總管軍還歷朔代吳三州總管皆有能名煬帝卽位拜刑部尚書仍持節巡省河北還除泉州刺史復徵拜刑部尚書轉禮部尚書敳旣以才能著稱歷職顯要聲望甚重物議多見推許帝頗忌之時帝漸好聲色尤勤遠略敳謂高熲曰昔周天元好聲色亡國以今方之不亦甚乎又言長城之役幸非急務有人奏之坐誅天下冤之所著辭賦二十餘萬言爲尚書孝經注行於世有子儉瑗

伊婁謙字彥恭本鮮卑人也其先世爲酋長隨魏南遷祖信中部太守父靈相隆二州刺史謙性忠直善辭令仕周累遷宣納上士使持節驃騎大將軍武帝將伐齊召入內殿問以兵事對曰僞齊僭擅跋扈不恭沉溺倡優耽昏麴糵其折衝之將斛律明月已斃讒人之口上下離心若命六師齊進臣之願也帝大

笑因使謙與小司寇拓跋偉聘齊覘釁帝尋發兵齊主知之令其僕射陽休之責謙曰貴朝盛夏徵兵馬首何向答曰僕拭玉之始未聞興師設復西增白帝之城東益巴丘之戍豈足怪哉謙參軍高遵以情輸齊遂留謙不遣帝既克并州召謙勞之乃執遵付謙任令報復謙頓首請赦之帝曰卿可聚衆唾面令知愧也謙跪曰遵罪又非唾面之責帝善其言而止謙竟待遵如初尋賜爵濟陽縣伯累遷前驅中大夫大象中進爵爲侯位開府隋文帝作相授亳州總管俄徵還京恥與逆人王謙同名因爾稱字文帝受禪以彥恭爲左武候將軍俄拜大將軍進爵爲公後出爲澤州刺史清約自處甚得人和以疾去職吏人攀戀行數百里不絕卒于家子傑嗣

李圓通京兆涇陽人也少孤賤給使隋文帝家及帝爲隋公擢授參軍事初帝少時每宴客恆令圓通監廚圓通性嚴整左右婢僕咸所敬憚唯世子乳母恃寵輕之賓客未供每有干請圓通不許或輒持去圓通大怒叱廚人撾之數十叫聲徹於閤內僚吏左右代其失色賓去後帝知之召圓通命坐賜食從此獨

善之以爲堪當大任帝作相賜爵懷昌男授帥都督進爵新安子委以心膂圓通多力勁捷長於武用周氏諸王素憚帝伺便圖爲不利賴圓通保護獲免者數矣帝深感之由是參預政事授相國外兵曹仍領左親信尋授上儀同帝受禪拜內史侍郎領左衞長史進爵爲伯歷左右庶子給事黃門侍郎尚書左丞攝刑部尚書深被任信伐陳之役以行軍總管從楊素出信州道以功進位大將軍改封萬安縣公揚州總管長史秦孝王仁柔自喜少斷決府中事多決於圓通入爲司農卿遷刑部尚書後復爲幷州長史孝王以奢得罪圓通亦坐免尋檢校刑部尚書事仁壽中以勳舊進爵郡公煬帝嗣位拜兵部尚書帝幸揚州以圓通留守京師判宇文述田還百姓述訴其受賂帝怒坐是免官圓通憂懼發病卒贈柱國封爵悉如故子孝常大業末爲華陰令武德初以應義旗功封義安王又有陳茂者河東猗氏人家世寒微質直恭謹爲州里所稱文帝爲隋國公引爲寮佐待遇與圓通等每令典家事常稱旨後從帝與齊師戰於晉州賊甚盛帝將挑戰茂固止不得因捉馬鞚帝怒拔刀斫其額流血被面詞氣

不撓帝感而謝之厚加禮敬帝爲丞相委以心膂及受禪拜給事黃門侍郎封魏城縣男每典機密轉益州總管司馬遷太府卿進爵爲伯卒官子政嗣政字弘道倜儻有文武大略善鐘律便弓馬少養宮中年十七爲太子千牛備身京都大俠劉居士重政才氣數從之遊圓通子孝常與政相善並與居士交結及居士伏誅政及孝常從坐上以功臣子撻之二百而赦之由是不得調煬帝時歷位協律郎通事謁者兵曹承務郎帝以其才甚重之宇文化及之亂以爲太常卿後歸大唐爲梁州總管遇賊見殺

郭榮字長榮自云太原人也父徽仕魏爲同州司馬時武元皇帝爲刺史由是與隋文帝有舊徽後位洵州刺史安城縣公及帝受禪拜太僕卿卒官榮容貌魁岸外疎內密與交者多愛之周大冢宰宇文護引爲親信護察榮謹愿擢爲中外府水曹參軍齊寇屢侵護令榮於汾州觀城勢時汾州與姚襄鎮相去懸遠榮以二城孤迥勢不相救請於州鎮間更築城以相控攝護從之俄而齊將段孝先攻陷姚襄汾州二城唯榮所立者獨能自守護作浮橋出兵孝先於上

流縱大筏擊浮橋護令榮督便水者引取其筏以功授大都督護又以稽胡數爲寇亂使綏集之榮於上郡延安築周昌弘信廣安招遠咸寧等五城以遏其要路稽胡由是不能爲寇周武親總萬機拜宣納中士後從平齊以功封平陽縣男遷司水大夫榮少與隋文帝親狎帝嘗與夜坐月下謂榮曰吾仰觀玄象俯察人事周歷已盡我其代之榮深自結納未幾周宣崩文帝總百揆召榮撫其背笑曰吾言驗未即拜相府樂曹參軍俄以本官復領藩部大夫文帝受禪引爲內史舍人以龍潛之舊進爵蒲城郡公位上儀同累遷通州刺史仁壽初西南夷獠多叛詔榮領八州諸軍事行軍總管討平之煬帝即位入爲武候驃騎大將軍以嚴正聞後黔安首領田羅駒阻清江作亂夷陵諸郡人夷多應者詔榮擊平之遷左候衛將軍從帝西征吐谷渾拜銀青光祿大夫遼東之役以功進左光祿大夫明年帝復事遼東榮以爲中國疲弊萬乘不宜屢動乃言於帝請止行帝不納復從軍攻遼東城榮親蒙矢石晝夜不釋甲冑帝知之大悅每勞勉之帝後以榮年老欲出爲郡榮陳請不願哀之拜右候衛大將軍後數

日帝謂百寮曰誠心純至如郭榮者固無比矣楊玄感之亂帝令馳守太原明年從帝至柳城卒於懷遠鎮帝爲廢朝贈兵部尚書諡曰恭子福善

龐晃字元顯榆林人也父虯周驃騎大將軍晃少以良家子召補州都督周文帝署大都督領親信兵常置左右晃因徙居關中後遷驃騎將軍襲爵比陽侯衞王直出領襄州晃以本官從尋與長湖公元定擊江南孤軍深入沒於陳數年衞王直遣晃弟車騎將軍元儁賚絹八百匹贖焉乃得歸拜上儀同復事衞王時隋文帝出爲隨州刺史路經襄陽衞王令晃詣文帝晃知帝非常人深自結納及帝去官歸京師晃迎見於襄邑帝甚歡與晃同飯晃因曰公相貌非常名在圖籙九五之日幸願不忘帝笑曰何妄言也頃之有一雄雉鳴於庭帝令晃射之曰中則有賞然富貴之日持以爲驗文帝受禪與晃言及之晃再拜曰陛下君臨寓內猶憶曩時之言上笑曰公此言何得忘也尋加上開府拜右衞將軍進爵爲公河間王弘之擊突厥晃性剛悍時廣平王雄當途用事勢傾朝廷晃每陵侮之嘗於軍中臥見雄不起雄甚銜之復與高熲有隙二人屢譖晃

由是宿衛十餘年官不得進出爲懷州刺史遷原州總管卒於官帝爲廢朝謚曰敬子長壽頗知名位驃騎將軍

李安字玄德隴西狄道人也父蔚仕周爲相燕恆三州刺史襄武縣公安美姿容善騎射天和中襲爵襄武公授儀同小司右上士隋文帝作相引之左右遷職方中大夫復拜安弟哲爲儀同安叔父梁州刺史璋時在京師與周趙王謀害帝誘哲爲內應哲謂安曰寢之則不忠言之則不義失忠與義何以立身安曰丞相父也其可背乎遂陰白之及趙王等伏誅將加官賞安頓首曰豈可將叔父之命以求官賞於是俯伏流涕悲不自勝帝爲之改容曰我爲汝特存璋子乃命有司罪止璋身帝亦爲安隱其事而不言尋授安開府進封趙郡公哲上儀同黃臺縣男文帝即位歷內史侍郎尚書左丞黃門侍郎平陳之役爲楊素司馬仍領行軍總管率蜀兵順流東下時陳人屯白沙安謂諸將曰水戰非北人所長今陳人依險泊船必輕我無備夜襲之賊可破也安率衆先鋒大破陳師詔書勞勉進位上大將軍郢州刺史轉鄧州刺史求爲內職帝重違其意

除領左右將軍遷右領軍大將軍拜哲開府儀同三司備身將軍兄弟俱典禁衛恩信甚重八年突厥犯塞以安爲行軍總管從楊素擊之安別出長川會虜渡河與戰破之仁壽元年出安爲寧州刺史哲爲衞州刺史安子瓊哲子瑋始自襁褓乳養宮中至是年八九歲始命歸家其親顧如是帝嘗言及作相時事因愍安兄弟滅親奉國乃下詔曰先王立教以義斷恩割親愛之情盡事君之道用能弘獎大節體此至公往者朕登庸惟始王業初基寧州刺史趙郡公李安其叔璋潛結藩枝包藏不逞安與弟哲深知逆順披露丹心凶謀既彰罪人斯得朕每念誠節嘉之無已但以事涉其親猶有疑惑欲使安等名教之方自處有地朕常爲思審遂致淹年今更詳案聖典求諸往事父子天性忠孝猶不並立況復叔姪恩輕情禮本有差降忘私奉國深正得理宜錄舊勳重弘賞命於是拜安哲俱爲柱國賜縑各五十匹馬百匹羊千口以哲爲備身將軍進封順陽郡公安謂親族曰雖家獲全而叔父遭禍今奉此詔悲愧交懷因歔欷悲感不能自勝先患水病於是疾甚而卒謚曰懷子瓊嗣少子孝恭最知名哲煬

帝時工部尚書後坐事除名配防嶺南道卒

楊尚希弘農人也祖真魏天水太守父承寶商直淅三州刺史尚希齠齔而孤年十一辭母請受業長安范陽盧辯見而異之令入太學專精不倦同輩皆共推服周文帝嘗親臨釋奠尚希時年十八令講孝經詞旨可觀文帝奇之賜姓普六茹氏擢爲國子博士累轉舍人上士明武世歷太學博士太子宮尹計部中大夫賜爵高都侯東京司憲中大夫撫慰山東河北至相州而宣帝崩與相州總管尉遲迥發喪於館尚希出謂左右曰蜀公哭不哀而視不安將有他計吾不去將及於難遂夜遁及明迥方覺令數十騎追不及遂歸京師隋文帝以尚希宗室之望又背迥而至待之甚厚及迥屯兵武陟遣尚希領宗室兵三千人鎮潼關尋授司會中大夫文帝受禪拜度支尚書進爵爲公歲餘出爲河南道行臺兵部尚書加銀青光祿大夫尚希時見天下州郡過多上表以爲今郡縣倍多於古或地無百里數縣並置或戶不滿千二郡分領具寮以衆資費日多吏卒又倍租調歲減清幹良材百分無一動須數萬如何可充所謂人少官

多十羊九牧今存要去閑併小爲大國家則不虧粟帛選用則易得賢才帝覽
而嘉之遂罷天下諸郡後歷位瀛州刺史兵部禮部二尚書授上儀同尚希性
惇厚兼以學業自通甚有雅望爲朝廷所重上時每旦臨朝日側不倦尚希諫
以爲陛下宜舉大綱責成宰輔繁碎之務非人主所宜親上歡然曰公愛我者
尚希有足疾謂曰蒲州出美酒足堪養病屈公臥臨之於是拜蒲州刺史仍領
本州宗團驃騎尚希在州甚有惠政復引瀵水立隄防開稻田數千頃人賴其
利卒官謚曰平子旻嗣後封丹水縣公位安定郡丞
張煚字士鴻河間鄚人也父羨少好學多所通涉仕魏爲蕩難將軍從武帝入
關累遷銀青光祿大夫周文引爲從事中郎賜姓叱羅氏歷司織大夫雍州中
從事應州刺史儀同三司賜爵虞鄉縣公復入爲司成中大夫典國史周代公
卿類多武將唯羨以素業自通甚爲當時所重後以年老致仕隋文帝受禪欽
其德望以書徵之及謁見敕令勿拜扶杖升殿上降榻執手與之同坐宴語久
之賜以几杖會遷都龍首羨上表勸以儉約上優詔答之卒贈滄州刺史謚曰

定所撰老子莊子義名道言五十二篇煚好學有父風仕魏位員外侍郎周文引爲外兵曹明武世位冢宰司錄賜爵北平縣子宣帝時加儀同進爵爲伯隋文帝爲丞相煚深自推結帝以其有幹用甚親遇之及受禪拜爲尚書右丞進爵爲侯遷太府少卿領營新都監丞丁父憂去職柴毀骨立未期授儀同三司襲爵虞鄉縣公歷太府卿戶部尚書晉王廣爲揚州總管授煚司馬加銀青光祿大夫煚性和厚有識度甚有當時譽後拜冀州刺史晉王廣頻表請之復爲晉王長史檢校蔣州事及晉王爲皇太子復爲冀州刺史位上開府吏人悅服稱爲良二千石卒官子慧寶官至絳郡丞開皇中有劉仁恩者政績爲天下第一擢拜刑部尚書以行軍總管從楊素伐陳與素破陳將呂仲肅於荊門仁恩計功居多授上大將軍甚有當時譽馮翊郭均上黨馮世期並明悟有幹略相繼爲兵部尚書此三人俱顯名於世然事行闕落史莫能知

蘇孝慈扶風人也父武周兗州刺史孝慈少沉謹有器幹美容儀仕周位至工部中大夫封臨水縣公隋文帝受禪進爵安平郡公拜太府卿于時王業初基

徵天下匠纖微之巧無不畢集孝慈總其事世以為能歷位兵部尚書待遇愈密時皇太子勇頗知時政上欲重宮官之望多令大臣領其職拜孝慈太子右衛率尚書如故及於陝州置常平倉轉輸京下以渭水多沙乍深乍淺乃決渭水為渠以屬河令孝慈督其役渠成上善之又領太子左衛率仍判工部戶部二尚書稱為幹理進位大將軍轉工部尚書率如故先是以百寮供費不給臺省府寺咸置廨錢收息取給孝慈以為官與百姓爭利非興化之道表請公卿已下給職田各有差上並納焉上將廢太子憚其在東宮出為浙州刺史太子以孝慈去形於言色遷洪州總管俱有惠政後桂林山越相聚為亂詔孝慈為行軍總管擊平之卒官子會昌孝慈兄順周眉州刺史子沙羅字子粹仕周以破尉遲迥功授開府儀同三司封通泰縣公開皇中歷位資邛二州刺史檢校利州總管從史萬歲擊西爨進位大將軍尋檢校益州總管長史及蜀王秀廢沙羅坐除名卒于家子康嗣

元壽字長壽河南洛陽人也祖敦魏侍中邵陵王父寶周涼州刺史壽少孤性

仁孝九歲喪父哀毀骨立宗族鄉黨咸異之事母以孝聞及長方直頗涉文史周武成初封隆城縣侯保定四年封儀隴縣侯授儀同三司隋開皇初議伐陳以壽有思理使於淮浦監修船艦以強濟見稱累遷尚書左丞文帝嘗出苑觀射文武並從開府蕭摩訶妻患且死奏請遣子向江南收其家產御史見而不言壽奏劾之曰御史之官義存糾察直繩莫舉憲典誰寄今月五日鑾輿徙蹕親臨射苑開府儀同三司蕭摩訶幸廁朝行預觀盛禮奏稱請遣子世略暫往江南重收家產妻安遇患彌留有日安若長逝世略不合此行竊以人倫之義伉儷爲重資愛之道烏鳥弗虧摩訶遠念資財近忘匹好一言纔發名教頓盡而兼殿內侍御史臣韓徵之等親所聞見竟不彈糾若知非不舉情涉阿縱如不以爲非豈關理識儀同三司太子左庶子檢校書侍御史臣劉行本虧失憲體何所逃愆臣謬膺朝寄忝居左轄無容寢嘿謹以狀聞上嘉納之後授太常少卿出爲基州刺史有公廉稱入爲太府少卿進位開府煬帝嗣位漢王諒反左僕射楊素爲行軍元帥壽爲長史事平以功授大將軍還太府卿大業四年

拜內史令從帝西討吐谷渾壽率衆屯金山東西連營三百餘里以圍渾主還拜右光祿大夫七年兼左翊衛將軍從征遼東在道卒帝哭之甚慟贈尚書右僕射光祿大夫諡曰景子敏頗有才辯而輕險多詐壽卒帝追思之擢敏守內史舍人交通博徒數泄省中語化及之反敏創其謀僞授內史侍郎爲沈光所殺

論曰二趙明習故事當世咸推及居端右無聞殊績故知人之分器各有量限大小云異不可相踰晉蜀二王帝之愛子擅以權寵莫拘憲法王韶元巖任當彼相並見嚴憚莫敢爲非謇諤之風有足稱矣宇文𢎞寬量宏遠聲望攸歸斯言不密以致傾殞惜矣伊婁謙志識弘深不念舊惡請赦高遵之罪有君子風焉李圓通郭榮龐晃等或陳力經綸之際或自結龍潛之始其所以高位厚秩隆恩殊寵豈徒然哉李安雖則滅親而於義亦已疎矣楊尚希譽望隆重張煚蘇孝慈咸稱貞幹並擢自開皇之初蓋當時之選也元壽之彈行本有意存夫名教然其計功稱伐蓋不足云端揆之贈則爲優矣

北史卷七十五

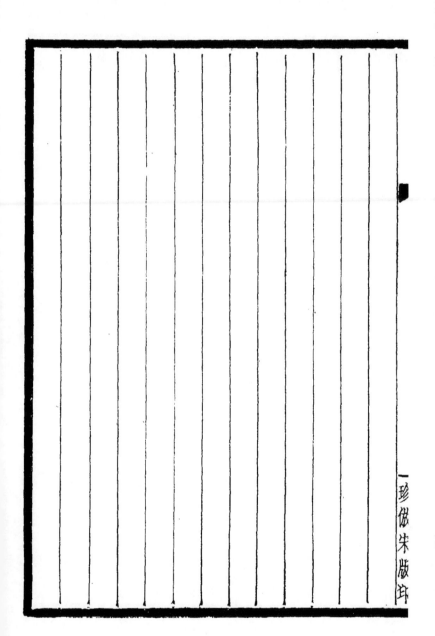

北史卷七十五考證

王韶傳隋文帝受禪進爵項成郡公○成疑應作城今各本俱同仍之

元巖傳嘗欲取獠口爲閹人○獠監本訛穃今改從南本

宇文㢸傳祖直力勤魏鉅鹿太守○勤監本訛動今改從南本

領太子虞候率○候監本訛侯今改正

伊婁謙傳僞齊僭擅跋扈不恭○跋監本訛拔今改正

因使謙與小司寇拓跋偉聘齊觀釁帝尋發兵齊主知之○監本聘齊訛先濟主訛王今俱改從周書

楊尚希傳所謂人少官多十羊九牧○十監本訛卜今改正

張煚傳字士鴻河間鄚人也○鄚監本訛鄭今改從南本

北史卷七十五考證

北史卷七十六

唐　李延壽　撰

列傳第六十四

段文振　來護兒　樊子蓋　周羅睺

周法尚　劉權　衞玄　李景

薛世雄

段文振北海期原人也祖壽魏滄州刺史父威周洮河甘渭四州刺史文振少有膂力膽智過人明達世務初爲周冢宰宇文護親信護知其有器局幹用擢授中外府兵曹後從周武帝攻齊海昌王尉相貴於晉州其亞將侯子欽崔景嵩爲內應文振杖槊與崔仲方等數十人先登城文振隨景嵩至相貴所拔佩刀劫之相貴不敢動城遂下反攻幷州陷東門而入齊安德王延宗懼而出降錄前後勳將拜柱國以讒毀獲譴因授上儀同賜爵襄國縣公進平鄴都又賜綺羅二千段後從滕王逌擊稽胡破之又以天官都上士從韋孝寬經略淮南

俄而尉遲迥作亂時文振老母妻子俱在鄴城迥遣人誘之文振不顧隋文帝引爲丞相掾司馬消難之奔陳文帝令文振安集淮南還除衛尉少卿兼內史侍郎尋以行軍長史從達奚震討平叛蠻加上開府還鴻臚卿衛王爽北征突厥以文振爲長史坐勳簿不實免官後爲石河二州刺史甚有威惠還蘭州總管改封龍崗縣公突厥犯塞以行軍總管擊破之遂北至居延塞開皇九年大舉伐陳爲元帥秦王司馬別領行軍總管及平江南授揚州總管司馬轉幷州總管司馬以母憂去職後拜雲州總管還太僕卿十九年突厥犯塞以行軍總管破達頭可汗於沃野文振先與王世積有舊初文振北征世積遺以駞馬比還世積以罪誅文振坐與交關功遂不錄後平越巂叛蠻賜奴婢二百口仁壽初嘉州獠反文振以行軍總管討之引軍山谷間爲賊所襲遂大敗文振復收散兵竟破之文振性素剛直無所降下初軍次益州謁蜀王秀貌頗不恭秀甚銜之及此奏文振師徒喪亂右僕射蘇威與文振有隙因譖之坐是除名及秀廢黜文振上表自申帝慰諭之授大將軍拜靈州總管煬帝卽位徵爲兵部尚

書侍遇甚重從征吐谷渾文振督兵屯雪山連營三百餘里東接楊義臣西連張壽合圍渾主於覆袁川以功進位右光祿大夫帝幸江都以文振行江都郡事文振見文帝時容納突厥啓人居于塞內妻以公主賞賜重疊及大業初恩澤彌厚恐爲國患乃上表請以時喻遣令出塞外然後明設烽候緣邊鎮防務令嚴重此乃萬世之長策時兵部侍郎斛斯政專掌兵事文振知政險薄不可委以機要屢言於帝帝並弗納及遼東之役授左候衞大將軍出南蘇道在軍疾篤上表以爲遼小醜未服嚴刑但夷狄多詐深須防擬口陳降款心懷背叛詭伏多端勿得便受水潦方降不可淹遲唯願嚴勒諸軍星馳速發則平壤孤城勢可拔也若傾其本根餘城自尅如不時定脫遇秋霖深爲艱弊兵糧又竭強敵在前靺鞨出後遲疑不決非上策也卒於師帝省表悲歎久之贈光祿大夫尚書右僕射北平公諡曰襄長子詮位武牙郎將次子綸少以俠氣聞文振弟文操大業中爲武賁郎將性甚剛嚴帝令督祕書省學士時學士頗存儒雅文操輒鞭撻之前後或至千數時議者鄙之

來護兒字崇善本南陽新野人漢中郎將歙十八世孫也曾祖成魏新野縣侯後歸梁徙居廣陵因家焉位終六合令祖嶷步兵校尉秦郡太守長寧縣侯父法敏仕陳終於海陵令護兒未識而孤養於世母吳氏吳氏提攜鞠養甚有慈訓幼而卓犖初讀詩至擊鼓其鏜踊躍用兵羔裘豹飾孔武有力因捨書歎曰大丈夫在世當如是會為國滅賊以取功名安能區區專事筆硯也羣輩驚其言而壯其志及長雄略秀出志氣英遠涉獵書史不為章句學始侯景之亂護兒世父為鄉人陶武子所害吳氏每流涕為護兒言之武子宗數百家厚自封植護兒每思復怨因其有婚禮乃結客數人直入其家引武子斬之賓客皆懾不敢動乃以其頭祭伯父墓因潛伏歲餘會周師定淮南乃歸鄉里所住白土村地居疆埸數見軍旅護兒常慨然有立功名之志及開皇初宇文忻賀若弼等鎮廣陵並深相禮重除大都督領本鄉兵破陳將曾永以功授儀同三司平陳之役護兒有功焉進位上開府賞物一千段十一年高智慧據江南反以子總管統兵隨楊素討之賊據浙江岸為營周三百餘里船艦被江鼓譟而進護

兒言於素曰吳人輕銳利在舟檝必死之賊難與爭鋒公且嚴陣以待之勿與接刃請假奇兵數千潛度江掩破其壁使退無所歸進不得戰此韓信破趙之策也素以爲然護兒乃以輕舸數百直登江岸襲破其營因縱火烟焰張天賊顧火而懼素因是動一鼓破之智慧將逃於海護兒追至閩中餘黨皆平進位大將軍除泉州刺史封襄陽縣公食邑百千戶賜物二千段奴婢百人護兒詔懷初附威惠兼舉璽書勞問前後相屬時智慧餘黨盛道延阻兵爲亂護兒又討平之遷建州總管又與浦山公李寬討平黟歙逆黨汪文進進位柱國封永寧郡公文帝嘉其功使畫工圖其像以進十八年詔追入朝賜以宮女寶刀駿馬錦綵等物仍留長子楷爲千牛備身使護兒還職仁壽初遷瀛州刺史以善政聞頻見勞勉煬帝嗣位被追入朝百姓攀戀累日不能出境詣闕上書致請者前後數百人帝謂曰昔國步未康卿爲名將今天下無事又爲良二千石可謂兼美矣仍除右驍衞大將軍尋遷左又改上柱國爲光祿大夫徙右翊衞大將軍進封榮國公恩禮隆密朝臣無比大業六年車駕幸江都謂護兒曰衣錦

晝遊古人所重卿今是也乃賜物二千段幷牛酒令謁先人墓宴鄉里父老仍令三品已上並集其宅酣飲盡日朝野榮之遼東之役以護兒爲平壤道行軍總管兼檢校東萊郡太守率樓船指滄海入自浿水去平壤六十里高麗主高元掃境內兵以拒之列陣數十里諸將咸懼護兒笑謂副將周法尚及軍吏曰吾本謂其堅城清野以待王師今來送死當殄之而朝食高元弟建驍勇絕倫率敢死數百人來致師護兒命武賁郎將費青奴及第六子左千牛整馳斬其首及縱兵追奔直至城下俘斬不可勝計因破其郛營於城外以待諸軍高麗晝閉城門不敢出會宇文述等衆軍皆敗乃旋軍以功賜物五千段以第五子弘爲杜城府鷹揚郎將以先封襄陽公賜其子整明年又出滄海道師次東萊會楊玄感反進攻洛陽護兒聞之召裨將周法尚等議旋軍討逆法尚等咸以無敕不宜擅還再三固執不從護兒厲聲曰洛陽被圍心腹之疾高麗逆命猶疥癬耳公家之事知無不爲專擅在吾當不關諸人也有沮議者軍法從事即日迴軍令子弘及整馳驛奏聞帝見弘等甚悅曰汝父擅赴國難乃誠臣也授

弘通議大夫整公路府鷹揚郎將乃降璽書於護兒曰公旋師之時是朕敕公之日君臣意合遠同符契梟此元惡期在不遙勒名太常非公而誰也於是護兒與宇文述破玄感於閿鄉斬平之還加開府儀同三司賜物五千段黃金千兩奴婢百人贈父法敏東陽郡太守永寧縣公十一年又率師渡海破高麗奢卑等二城高麗舉國來戰護兒大破之將趣平壤高元震懼使執叛臣斛斯政詣遼東城下請降帝許之詔護兒旋軍護兒集衆軍謂曰三度出兵未能平賊此還也不可重來今高麗困敝野無青草以我衆戰不日剋之吾欲進兵徑圍平壤取其僞主獻捷而歸也於是拜表請行不肯奉詔長史崔君肅固爭之以爲不可護兒曰賊勢破矣吾在閫外事合專決寧征得高元還而獲譴捨此成功所不能矣君肅告衆曰若從元師違拒詔書必當奏聞諸將懼乃同勸還師方始奉詔及帝於鴈門爲突厥所圍將選精騎潰圍而出護兒及樊子蓋並固諫乃止十二年駕幸江都護兒諫曰自皇家受命將四十年薄賦輕徭戶口滋殖陛下以高麗逆命稍興軍旅百姓無知易爲咨怨在外羣盜往往聚結車駕

遊幸深恐非宜伏願駐駕洛陽與時休息出師命將掃清羣醜上稟聖算指日剋除陛下今幸江都是臣衣錦之地臣荷恩深重不敢專爲身謀帝聞之厲色而起數日不得見後怒解方被引入謂曰公意乃爾朕復何望護兒因不敢言尋代宇文述爲左翊衞大將軍及宇文化及構逆深忌之是日旦將朝見執護兒曰陛下今何在左右曰今被執矣護兒歎曰吾備位大臣荷國重任不能肅清凶逆遂令王室至此抱恨泉壤知復何言乃遇害護兒重然諾敦交契廉於財利不事產業至於行軍用兵特多謀算每見兵法曰此亦豈異人意也善撫士卒部分嚴明故咸得其死力子十二人楷通議大夫弘金紫光祿大夫整左光祿大夫整尤驍勇善撫御討擊羣盜所向皆捷諸賊歌曰長白山頭百戰場十十五五把長鎗不畏官軍千萬衆只怕榮公第六郎至是並遇禍子姪死者十人唯少子恆濟二人免

樊子蓋字華宗廬江人也祖道則梁越州刺史父儒侯景之亂奔齊位仁州刺史子蓋仕齊位東海北陳二郡太守員外散騎常侍封富陽侯周武帝平齊授

儀同三司郢州刺史隋文帝受禪以儀同領鄉兵除樅陽太守平陳之役以功
加上開府改封上蔡縣伯歷辰蒿齊三州刺史轉循州總管許以便宜從事十
八年入朝奏嶺南地圖賜以良馬雜物加統四州令還任所遣光祿少卿柳謇
之餞於灞上煬帝卽位轉涼州刺史改授銀青光祿大夫武威太守以善政聞
大業三年入朝加金紫光祿大夫五年車駕西巡將入吐谷渾子蓋以彼多瘴
氣獻青木香以禦霧露及帝還謂曰人道公清定如此不子蓋謝曰臣安敢清
止是小心不敢納賄耳於是賜之口味百餘斛加右光祿大夫子蓋曰願奉丹
陛帝曰公侍朕則一人而已委以四方則萬人之敵宜識此心六年帝避暑隴
川宮又云欲幸河西子蓋傾望鑾輿願巡郡境帝知之下詔慰勉之是歲朝於
江都宮帝謂曰富貴不還故鄉眞衣繡夜行耳因敕廬江郡設三千人會賜米
麥六千石使謁墳墓宴故老當時榮之還除戶部尚書時處羅可汗及高昌王
款塞復以子蓋檢校武威太守應接二蕃遼東之役攝左武衛將軍出長岑道
後以宿衛不行加左光祿大夫其年帝還東都使子蓋涿郡留守九年駕復幸

遼東命子蓋東都留守屬楊玄感作逆逼城子蓋遣河南贊務裴弘策逆擊之反爲所敗遂斬弘策以狥國子祭酒楊汪小不恭子蓋又將斬之汪拜謝頓首流血久乃釋免於是三軍莫不戰慄將吏無敢仰視玄感每盡銳攻城子蓋徐設備禦至輙摧破會來護等救至玄感乃解去子蓋凡所誅殺萬人又檢校河南內史車駕至高陽追詣行在所帝勞之以比蕭何寇恂加光祿大夫封建安侯賜女樂五十人謂曰朕遣越王留守東郡示以皇枝盤石社稷大事終以委公特宜持重戈甲五百人而後出此勇夫重閉之義無賴不軌者便誅鉏之凡可施行無勞形迹今爲公別造玉麟符以代銅獸又指越代二王曰今以二孫委公與衞文昇耳宜選貞良宿德有方幅者教習之於是賜以良田甲第十年駕還東都帝謂子蓋曰玄感之反神明故以彰公赤心耳析珪進爵宜有令謨是日進爵爲濟公言其功濟天下特爲立名無此郡國也後與蘇威宇文述陪宴積翠池帝親以金盃屬子蓋酒曰良算嘉謀俟公後動卽以此盃賜公用爲永年之瑞十一年從駕至鴈門爲突厥所圍帝欲選精騎潰圍出子蓋及來護

諫因垂泣願暫停遼東之役以慰衆望聖躬親出慰撫厚爲勳格人心自奮不足爲憂帝從之後援兵至虜乃去納言蘇威追論勳格太重宜在斟酌子蓋執奏不宜失信帝曰公欲收物情邪子蓋默然不敢對從駕還東都時絳郡賊敬槃陀柴保昌等阻兵數萬汾晉苦之詔子蓋進討時人物殷阜子蓋善惡無所分別汾水北村塢盡焚之百姓大駭相率爲盜其歸首者無少長悉坑之擁數萬衆經年不能破賊詔徵還又將兵擊宜陽賊以疾停卒于東京上悲傷者久之顧黃門侍郎裴矩曰子蓋臨終何語矩曰子蓋病篤深恨鴈門之恥帝聞之歎息令百官就弔贈開府儀同三司諡曰景會葬萬餘人武威人吏聞其死莫不嗟痛立碑頌德子蓋無他權略在軍持重未嘗負敗莅官明察下莫敢欺嚴酷少恩果於殺戮臨終之日見斷頭鬼前後重沓爲之厲云

周羅睺字公布九江潯陽人也父法暠仕梁至南康內史臨蒸縣侯羅睺年十五善騎射好鷹狗任俠放蕩收聚亡命陰習兵書從祖景彥誡之曰吾世恭謹汝獨放縱若不喪身必將滅吾族羅睺終不改仕陳爲句容令後從大都督吳

明徹與齊師戰於江陽爲流矢中左目齊師之圍明徹於宿預也諸軍相顧莫
有鬬心羅睺躍馬突進莫不披靡太僕卿蕭摩訶副之斬首不可勝計進師徐
州與周將梁士彥戰於彭城摩訶臨陣墮馬羅睺進救之於重圍之內勇冠三
軍明徹之敗羅睺全衆而歸後以軍功除右軍將軍封始安縣伯總檢校揚州
中外諸軍事賜金銀三千兩盡散之將士分賞驍雄陳宣帝深歎美之出爲晉
陵太守進爵爲侯後除使持節都督豫章十郡諸軍事豫章內史獄訟庭決不
關吏手人懷其惠立碑頌德至德中除持節都督南川諸軍事江州司馬吳世
興密奏羅睺甚得人心擁衆嶺表意在難測陳主惑焉蕭摩訶魯廣達等保明
之外有知者或勸其反羅睺拒絶之還除太子左衞率信任愈重時參宴席陳
主曰周左率武將詩每前成文士何爲後也都官尚書孔範曰周羅睺執筆製
詩還如上馬入陣不在人後自是益見親禮及隋伐陳羅睺都督巴峽緣江諸
軍事以拒秦王俊及陳主被禽上江猶不下晉王廣遣陳主手書命之羅睺與
諸將大臨三日放兵士散然後乃降文帝慰喻之許以富貴羅睺垂泣對曰本

朝論亡臣無節可紀陛下所賜獲全爲幸富貴榮祿非臣所望帝甚器之賀若弼謂曰聞公郢漢捉兵即知揚州可得王師利涉果如所量羅睺答曰若得與公周旋勝負未可知也其年秋拜上儀同三司鼓吹送之于宅先是陳裨將羊翔歸降使爲鄉導位至開府班在羅睺上韓擒於朝堂戲之曰不知機變位在羊翔下羅睺答曰昔在江南久承令問謂公天下節士今日所言殊匪人臣之論擒有媿色歷豳涇二州刺史並有能名開皇十八年征遼東徵爲水軍總管自東萊汎海趣平壤城遭風船多漂沒無功而旋十九年突厥達頭可汗犯塞從楊素致討羅睺先登大破之進大將軍仁壽元年入爲東宮右虞候率賜爵義寧郡公轉右衛率煬帝即位授右武候大將軍副楊素討平漢王諒進授上大將軍及陳主卒羅睺請一臨哭帝許之衰絰送至墓葬還釋服而後入朝帝甚嘉尚之世論稱其有禮時諒餘黨據絳晉等三州未下詔羅睺行晉絳呂三州諸軍事進兵圍之中流矢卒送柩還京行數里無故輿馬自止策之不動有飄風旋遶焉絳州長史郭雅稽首祝曰公恨小寇未平邪尋即除殄無爲戀恨

是時風靜馬行見者莫不悲歎其年七月子仲隱夢羅睺曰我明日當戰其靈坐所有弓箭刀劍無故自動若人帶持之狀絳州城陷是其日也贈柱國右翊衛大將軍諡曰壯子仲安位上開府

周法尚字德邁汝南安成人也祖靈起梁廬桂二州刺史父炅定州刺史平北將軍法尚少果勁有風槩好讀兵書其父卒後監定州事督父本兵數有戰功爲散騎常侍領齊昌郡事封山陰縣侯既而其兄武昌縣公法僧代爲定州刺史法尚與長沙王叔堅不相能叔堅言其將反陳宣帝執禁法僧發兵欲取法尚其下將吏皆勸之歸北法尚未決長史殷文則曰樂毅所以辭燕良不獲已也法尚遂歸周拜開府順州刺史封歸義縣公賜良馬五匹女妓六人綵物五百段加以金帶陳將樊猛濟江討之法尚遣部曲督韓朗詐爲背己奔陳僞告猛曰法尚部兵不願降北若得軍來必無鬭者猛引師急進法尚設奇兵大敗之猛僅以身免隋文帝爲丞相司馬消難作亂陰遣上開府段珣攻圍之外無救援法尚棄城走消難虜其母弟及家累三百人歸陳及文帝受禪拜巴州刺

史破三鴉叛蠻復從柱國王誼擊走陳寇還衡川總管改封譙郡公後上幸洛陽召之賜金鈿酒鐘一雙綵五百段良馬十五匹奴婢三百口給鼓吹一部法尚固辭上曰公有大功於國特給鼓吹者欲公鄉知朕之寵公也轉黃州總管使經略江南及伐陳之役以行軍總管隸秦孝王轉鄂州刺史還永州總管安集嶺南仍給黃州兵三千五百人爲帳內前後賞賜甚厚轉桂州總管仍嶺南道安撫大使後數年入朝以本官宿衛未幾桂州人李光仕反令法尚與上柱國王世積討之法尚發嶺南兵世積徵嶺北軍俱會尹州世積所部多遇瘴不能進頓于衡州法尚獨討之捕得其弟光略光度追斬光仕平之仁壽中遂州獠叛復以行軍總管討平之嶲州烏蠻反詔法尚便道討擊破之軍還檢校潞州事煬帝嗣位轉雲州刺史還定襄太守進金紫光祿大夫時帝幸榆林法尚朝于行宮內史令元壽言於帝曰漢武出塞旌旗千里今御營外請分爲二十四軍日別遣一軍發相去三十里旗幟相望鉦鼓相聞首尾連注千里不絕法尚曰兵車千里動閒山谷卒有不虞四分五裂腹心有事首尾未知雖有故事

此取敗道也帝不懌曰卿以爲如何法尚曰請爲方陣四面外拒六宮及百官家口並住其閒若有變當頭分抗車爲壁壘重設鉤陳此與據城何異臣謂牢固萬全策也帝曰善因拜左武衞將軍明年黔安夷向思多反殺將軍鹿愿圍太守蕭造法尚與將軍李景分路討之法尚破思多于清江及還從討吐谷渾別出松州道逐捕亡散至于青海出爲燉煌太守還會寧太守遼東之役以舟師指朝鮮道會楊玄感反與宇文述來護等破之以功進授右光祿大夫時齊郡人主簿孟讓等爲盜保長白山法尚頻擊破之明年復臨滄海在軍遇疾卒贈武衞大將軍諡曰僖有子六人紹範最知名

衞玄字文昇河南洛陽人也祖悅魏司農卿父摽侍中左武衞大將軍玄少有器識周武帝在藩引爲記室遷給事上士襲爵興勢公武帝親總萬機拜益州總管長史賜以萬釘寶帶稍遷開府儀同三司大府中大夫攝內史事仍領京兆尹稱爲強濟隋文帝作相檢校熊州事及受禪遷淮州總管進封同軌郡公坐事免未幾拜嵐州刺史會起長城之役詔玄監督之後爲衞尉少卿仁壽初

山獠作逆以玄爲資州刺史以鎭撫之玄旣到官時獠攻圍太牢鎭玄單騎造

其營謂羣獠曰我是刺史銜天子詔安養汝等汝等勿驚諸賊莫敢動於是說

以利害渠帥感悅解兵歸附者十餘萬口文帝大悅賜縑二千匹除遂州總管

仍令劍南安撫煬帝卽位後徵爲衞尉卿夷獠攀戀數十里不絕及與之決並

揮涕而去遷工部尙書後拜魏郡太守尙書如故未幾拜右候衞大將軍檢校

左候衞事轉刑部尙書遼東之役檢校右禦衞大將軍帥師出增地道時諸軍

多不利玄獨全衆而還拜金紫光祿大夫九年駕幸遼東使玄與代王侑留守

京師拜爲京兆內史尙書如故許以便宜從事敕代王待以師傅禮會楊玄感

圍東都玄率步騎七萬援之至華陰掘楊素冢焚其骸骨夷其塋域示士卒以

必死旣出潼關議者恐崤函有伏兵請於陝縣沿流東下直趨河陽以攻其背

玄曰此計非豎子所及也乃鼓行而進旣度函谷卒如所量乃遣武賁郎將張

峻爲疑軍於南道玄以大兵直趨城北玄感逆拒之且戰且行屯軍金谷於軍

中掃地而祭文帝曰若社稷靈長宜令醜徒冰碎如或大運去矣幸使老臣先

死詞氣激揚三軍莫不涕咽時衆寡不敵與賊頻戰不利死傷大半玄苦戰賊
稍却進屯北芒會宇文述來護等援兵至玄感西遁玄遣通議大夫斛斯萬善
監門直閤龐玉前鋒追之及于閿鄉與宇文述等合擊破之車駕至高陽徵詣
行在所帝勞之曰社稷臣也使朕得無西顧之憂進右光祿大夫賜以良田甲
第資物鉅萬還鎮京師帝謂曰關右之任一委於公公安社稷乃安公危社稷
亦危出入須有兵衞坐臥恆宜自牢也今特給千兵以充侍從與樊子蓋俱賜
以玉麟符以代銅獸十一年詔玄撫關中時盜賊蜂起百姓饑饉玄竟不能救
恤而官方壞亂貨賄公行自以年老上表乞骸骨帝遣內史舍人封德彝馳喻
之曰京師國本宗廟園陵所在藉公臥以鎮之玄乃止義師入關自知不能守
憂懼稱疾不知政事城陷歸于家義寧中卒子孝則位通事舍人兵部承務郎
卒
劉權字世略彭城豐人也祖軌齊羅州刺史權少有俠氣重然諾藏亡匿死吏
不敢過門後更折節好學動循法度仕齊位行臺郎中齊亡周武帝以爲假淮

州刺史開皇中以車騎將軍領鄉典兵從晉王廣平陳進授開府儀同三司宋國公賀若弼甚禮之十二年拜蘇州刺史賜爵宋城縣公時江南初平權撫以恩信甚得人和煬帝嗣位拜衞尉卿進位銀青光祿大夫大業五年從征吐谷渾權出伊吾道逐賊至青海乘勝至伏俟城帝復令權過曼頭赤水置河源郡積石鎭大開屯田留鎭西境在邊五年諸羌懷附貢賦歲入吐谷渾餘燼遠遁道路無壅徵拜司農卿加金紫光祿大夫尋爲南海太守行至鄱陽會羣盜起不得進詔權召募討之權率兵遇賊不戰先乘單船詣賊營說以利害羣賊感悅一時降附帝聞而嘉之及至南海甚有異政數歲遇盜賊羣起羣豪願推權爲首權竟固守以拒之子世徹又密遣人賫書詣權稱四方擾亂諷令舉兵權召集佐寮對斬其使竟無異圖守之以死卒官世徹倜儻不羈頗爲時人所許大業末羣雄並起世徹所至處輒見忌多拘禁之後竟爲兗州賊帥徐圓朗所殺權從叔烈字子將美容儀有器局位鷹揚郎將有子德威知名於世

李景字道興天水休官人也父超周應戎二州刺史景容貌奇偉膂力過人美

鬚髯驍勇善射平齊之役頗有功授儀同三司後以平尉遲迥進位開府賜爵平寇縣公隋開皇九年以行軍總管從王世積伐陳以功進上開府及高智慧等反復以行軍總管從楊素擊之還授鄜州刺史十七年遼東之役爲馬軍總管及還配事漢王文帝奇其壯武使袒而觀之曰卿相表當位極人臣尋從史萬歲擊突厥於太斤山別路邀賊大破之後與上明公楊紀送義城公主於突厥至恆安遇突厥來寇時代州總管韓洪爲虜所敗景率所領數百人力戰三日殺虜甚衆改授韓州刺史以事王故不之官仁壽中檢校代州總管漢王諒作亂景發兵拒之諒頻遣劉嵩喬鍾葵等攻之景率士卒殊死戰屢挫賊鋒司馬馮孝慈司法參軍呂玉並驍勇善戰儀同三司侯莫陳乂多謀畫工拒守之術景推誠此三人無所關預唯在閤持重時出撫循而已及朔州總管楊義臣援兵至合擊大破之先是府內井中甃上生花如蓮并有龍見時變爲鐵馬甲士又有神人長數丈見城下跡長四尺五寸景問巫者巫者曰此不祥之物來食血耳景大怒推出之旬日而兵至死者數萬景尋被徵進柱國拜右武衞大

將軍賜女樂一部加以珍物景智略非所長而忠直爲時所許帝甚信之又擊破叛蠻向思多明年擊吐谷渾於青海破之進位光祿大夫五年車駕西巡至天水景獻食於帝帝曰公主人也賜坐齊王暕上至隴州宮帝將大獵景與左武衛大將軍郭衍俱有難色爲入奏帝大怒令摽之竟以坐免歲餘復位與宇文述等參掌選舉明年攻高麗武列城破之賜爵苑丘侯八年出渾彌道九年復出遼東及旋使景殿高麗追兵大至景擊走之進爵滑國公楊玄感之反朝臣子弟多預焉景獨無關涉帝曰公誠直天然我梁棟也賜以美女帝每呼李大將軍而不名見重如此十二年帝令景營遼東戰具於北平賜御馬一匹名師子駐于時盜賊蜂起景遂召募以備不虞武賁郎將羅藝與景有隙誣景將反帝遣其子慰諭曰縱人言公闚天闕據京都吾無疑也後爲高開道所圍獨守孤城士卒患腳腫死者十六七景撫循之一無離叛遼東軍資多在其所粟帛山積景無所私焉及帝崩於江都遼西太守鄧暠救之遂歸柳城將還幽州遇賊見害契丹靺鞨素感其恩聞之莫不流涕幽燕人士于今傷惜之子世謨

薛世雄字世英本河東汾陰人也其先寓居敦煌父回字道弘仕周位涇州刺史開皇初封舞陰郡公領漕渠監世雄兒童時與羣輩戲輒畫地爲城郭令諸兒爲攻守勢不從令者輒撻之諸兒畏憚莫不齊整其父見而奇之謂人曰此兒當興吾家年十七從周武帝平齊以功拜帥都督隋開皇中累遷右親衛車騎將軍煬帝嗣位爲右監門郎將從征吐谷渾進位通議大夫世雄性廉慎行軍破敵之處秋毫無犯帝由是嘉之帝嘗謂羣臣曰欲舉好人諸君識否咸曰不測聖心帝曰我欲舉薛世雄羣臣皆稱善於是超拜右翊衛將軍歲餘爲玉門道行軍大將軍與突厥啓人可汗連兵擊伊吾師次玉門啓人背約兵不至世雄孤軍度磧伊吾懼請降世雄遂於漢舊伊吾城東築城號新伊吾留銀青光祿大夫王威鎮之而還進位正議大夫遼東之役爲沃沮道軍將與宇文述同敗績於平壤還次白石山爲賊所圍百餘重四面矢下如雨世雄以羸師爲方陣選勁騎二百縱擊破之而還所亡失多竟坐免明年帝復征遼東拜右候衛將軍兵指蹋頓道軍至烏骨城會楊玄感反班師帝至柳城以世雄爲東北

道大使行燕郡太守鎭懷遠十年復從帝至遼東遷左禦衞大將軍仍領涿郡
留守未幾李密逼東都詔世雄率幽薊精兵將擊之次河閒營於城南竇建德
率精銳數百人來襲之大敗世雄與左右數十騎遁入河閒城慚恚發病歸涿
郡卒子萬述萬淑萬鈞萬徹萬備並以驍武知名

論曰段文振有周之日早以武毅見知隋世之初又以幹力受委任兼文武稱
爲諒直其高位厚秩非虛致也來護幼懷倜儻猛槩抑揚晚至勤王驅馳畢力
樓船制勝掃勍敵如拾遺閱鄉討亂翦兇魁如摧朽位班上將顯居大國道消
遘難忠至不渝惜矣子蓋雅有幹局質性方嚴見義而勇臨機能斷保全邦邑
勤亦懋哉羅睺忠亮之性所在稱重送往之節義感人臣死而有知乃結草之
義法尚征伐四夷亦足嘉焉文昇東都解圍頗亦宣力西京居守政以賄成鄙
哉鄙哉夫何足數劉權淮楚舊族雄名早著時逢擾攘任等尉佗遂能拒子邪
言足驗誠臣之節李薛並以驍武之用當于有事之秋致茲富貴可謂自取時
逃遭躓良有命乎

北史卷七十六

北史卷七十六考證

段文振傳遂北至居延塞○遂隋書作逐

來護兒傳時智慧餘黨臧道延阻兵爲亂○監本缺餘字今從南本增入

又與蒲山公李寬討平黟歙逆黨汪文進○監本蒲作浦黟作黝今從隋書臣宗萬按隋之封爵有蒲州蒲城蒲山等號此處浦山蓋蒲山之訛也又唐書李密亦稱蒲山公

樊子蓋傳子蓋仕齊位東海北陳二郡太守○海隋書作汝

劉權傳拜蘇州刺史賜爵宋城縣公○宋隋書作宗

北史卷七十六考證

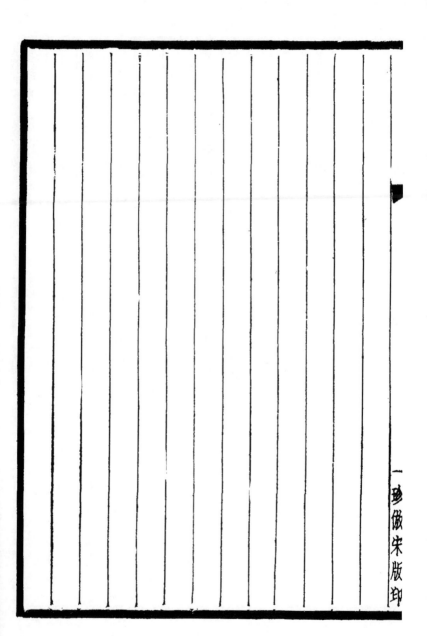

北史卷七十七

唐　李　延　壽　撰

列傳第六十五

裴政　李諤　鮑宏　高構
榮毗　陸知命　梁毗　柳彧
趙綽　杜整

裴政字德表河東聞喜人也祖邃父之禮並南史有傳政幼聰明博聞強記達於從政爲當世所稱仕梁以軍功封爲夷陵侯給事黃門侍郎及魏軍圍荊州政在外見獲蕭詧謂政曰我武皇帝之孫不可爲爾君乎爾何煩殉身於七父若從我計則貴及子孫不然分腰領矣鎖之送至城下使謂元帝曰王僧辯聞臺城破已自爲帝王琳孤弱不能復來政許之旣而告城中曰援兵大至吾以閒使被禽當以碎身報國監者擊其口終不易辭詧怒命趣行戮蔡大業諫曰此人之望也殺之則荊州不可下因得釋會江陵平與城中朝士俱送京師周

文聞其忠授員外散騎侍郎引入相府命與盧辯依周禮建六官并撰次朝儀車服器用多遵古禮革漢魏之法事並施行尋授刑部下大夫轉少司憲政明習故事又參定周律能飲酒至數斗不亂簿案盈几剖決如流用法寬平無有寃濫囚徒犯極刑者乃許其妻子入獄就之至冬將行決皆曰裴大夫致我於死死無所恨又善鐘律嘗與長孫紹遠論樂事在紹遠傳隋開皇元年爲率更令加上儀同三司詔與蘇威等修定律令採魏晉刑典下至齊梁沿革輕重取其折衷同撰著者十餘人凡疑滯不通皆取決於政進位散騎常侍轉左庶子多所匡正見稱純慤東宮凡有大事皆以委之右庶子劉榮性甚專固時武職交番通事舍人趙元愷作辭見帳未及成太子再三催促榮令元愷口奏不須造帳及奏太子問名帳安在元愷云稟承劉榮不聽造帳太子卽以詰榮榮便拒諱太子付政推問未及奏狀阿附榮者先言於太子曰政欲陷榮推事不實太子召責之政曰凡推事有兩一察情一據證審其曲直以定是非臣察榮位高任重縱實語元愷蓋是纖介之愆計不須諱又察元愷受制於榮豈敢以無

端之言妄相黠累二人之情理正相似元愷引左衞率崔蒨等證蒨款狀悉與元愷符同察情既敵須以證定臣謂榮語元愷非虛太子亦不罪榮而稱政平直政好面折人短而退無後言時雲定興數入侍太子爲奇服異器進奉後宮又緣女寵來往無節政數切諫太子不納政謂定興曰公所爲不合禮度又元妃暴薨道路籍籍此於太子非令名也願公自引退不然將及禍定興怒以告太子太子益疎政由是出爲襄州總管妻子不之官所受秩奉散給寮吏人犯罪者陰悉知之或竟歲不發至再三犯乃因都會時於衆中召出親案其罪五人處死流徙者甚衆合境惶懾令行禁止稱爲神明爾後不修囹圄殆無諍訟卒於官著承聖實錄十卷及太子廢文帝追憶之曰向遣裴政劉行本在共匡弼之猶應不令至此子南金位膳部郎學涉有文藻以輕財貴義稱

李諤字士恢趙郡人也博學解屬文仕齊爲中書舍人有口辯每接對陳使周平齊拜天官都上士諤見隋文帝有帝王志操深自結納及帝爲丞相甚見親待訪以得失時兵革屢動國用虛耗諤上重穀論以諷焉帝納之及受禪歷比

部考功工曹侍郎賜爵南和伯諤性公方明時務遷書侍御史上謂羣臣曰朕
昔爲大司馬每求外職李諤陳十二策苦勸不許朕遂決意在內今此事業諤
之力也賜物二千段諤見禮教彫敝公卿薨亡其愛妾侍婢子孫輒嫁賣之遂
成風俗乃上書曰臣聞追遠愼終人德歸厚三年無改方稱爲孝如聞大臣之
內有父祖之沒日月未久子孫無賴引其妓妾嫁賣取財有一於此實損風化
妾雖微賤親承衣履服斬三年古今通式豈容遽褫衰絰強傅鉛華泣辭靈几
之前送付他人之室凡在見者猶致傷心況乎人子能堪斯忍復有朝廷重臣
位望通貴平生交舊情若弟兄及其亡沒杳同行路朝聞其死夕規其妾方便
求娉以得爲限無廉恥之心棄友朋之義且居家理務可移於官既不正私何
能贊務上覽而嘉之五品已上妻妾不得改醮始於此也諤又以時文體尚輕
薄流宕忘反上書曰臣聞古先哲王之化人也必變其視聽防其嗜慾塞其邪
放之心示以淳和之路五教六行爲訓人之本詩書禮易爲道義之門故能家
復孝慈人知禮讓正俗調風莫大於此其有上書獻賦制誄鐫銘皆以褒德序

賢明勳證理苟非懲勸義不徒然降及後代風教漸落魏之三祖更尚文詞忽君人之大道好彫蟲之小藝下之從上有同影響競騁文華遂成風俗江左齊梁其弊彌甚貴賤賢愚唯務吟詠遂復遺理存異尋虛逐微競一韻之奇爭一字之巧連篇累牘不出月露之形積案盈箱唯是風雲之狀世俗以此相高朝廷據茲擢士祿利之路既開愛尚之情愈篤於是閭里童昏貴游總丱未窺六甲先製五言至如羲皇舜禹之典伊傅周孔之說不復關心何嘗入耳以傲誕爲清虛以緣情爲勳績指儒素爲古拙用詞賦爲君子故文筆日繁其政日亂良由棄大聖之軌模構無用以爲用也損本逐末流徧華壤遞相師祖久而愈扇及大隋受命聖道聿興屏黜浮詞遏止華僞自非懷經抱質志道依仁不得引預搢紳參廁纓冕開皇四年普詔天下公私文翰並宜實錄其年九月泗州刺史司馬幼之文表華豔付所司推罪自是公卿大臣咸知正道莫不鑽仰墳素棄絕華綺擇先王之令典行大道於茲世如聞外州遠縣仍踵弊風選吏舉人未遵典則宗黨稱孝鄉曲歸仁學必典謨交不苟合則擯落私門不加收齒

其學不稽古逐俗隨時作輕薄之篇章結朋黨而求譽則選充吏職舉送天朝蓋由縣令刺史未行風教猶挾私情不存公道臣既忝憲司職當糾察若聞風即劾恐挂網者多請勒有司普加搜訪有如此者具狀送臺諤又以當官者好自矜伐復上奏具陳其弊請加罪黜以懲風軌上以諤前後所奏頒示天下四海靡然向風深革其弊諤在職數年務存大體不尙嚴猛由是無剛謇之譽而潛有匡正之志邳公蘇威以臨道店舍乃求利之徒事業汚雜非敦本之義遂奏約遣歸農有願依舊者在所州縣錄附市籍仍撤毀舊店並令遠道限以時日時逢冬寒莫敢陳訴諤因別使見其如此以農工有業各附所安逆旅之與旗亭自古非同一槩即附市籍於理不可且行旅之所依託豈容一朝而廢徒爲勞擾於事非宜遂專決之並令依舊使還詣闕然後奏聞文帝善之曰體國之臣當如此矣以年老出拜通州刺史甚有惠政人吏悅服卒官四子世子大方襲爵最有才器大業初判內史舍人次大體大鈞並位尙書郎

鮑宏字潤身東海郯人也父機以才學知名仕梁位書侍御史宏七歲而孤爲

兄泉之所愛育年十二能屬文嘗和湘東王繹詩繹嗟賞不已引爲中記室累遷通直散騎侍郎江陵平歸于周明帝甚禮之引爲麟趾殿學士累遷遂伯下大夫與杜子暉聘陳謀伐齊遂出兵度江以侵齊帝嘗問宏取齊策宏以爲先皇往日出師洛陽彼有其備每不克捷如臣計者進兵汾潞直掩晉陽出其不虞以爲上策帝從之及定山東除小御正賜爵平遙縣伯加儀同隋文帝作相奉使山南會王謙舉兵於蜀路次潼州爲謙將達奚惎所執逼送成都竟不屈節謙敗馳傳入京文帝嘉之賜以金帶及受禪加開府進爵爲公歷利邛二州刺史秩滿還京時有尉義臣者其父崇不從尉遲迥後復與突厥戰死上嘉之將賜姓金氏訪及羣下宏曰昔項伯不同項羽漢高賜其姓劉氏秦貞父能死難魏武賜姓曹氏請賜以皇族帝曰善因賜義臣姓楊後授均州刺史以目疾免卒于家初周武帝敕宏修皇室譜一部分爲帝緒疎屬賜姓三篇有集十卷行於世

高構字孝基北海人也性滑稽多智辯給過人好讀書工吏事仕齊歷蘭陵平

原二郡太守齊滅周武帝以爲許州司馬隋文帝受禪累遷戸部侍郎時內史侍郎晉平東與兄子長茂爭嫡尚書省不能斷朝臣三議不決構斷而合理上以爲能召入內殿勞之曰我聞尚書郎上應列宿觀卿才識方知古人之言信矣嫡庶者禮教之所重我讀卿判數徧詞理愜當意所不能及也賜米百石由是知名馮翊武鄉女子焦氏旣瘂又聾嫁之不售嘗樵菜於野爲人所犯而有孕遂生一男年六歲莫知其姓於是申省構判曰母不能言窮究理絕案風俗通姓有九種或氏於爵或氏於居此兒生在武鄉可以武爲姓尋還雍州司馬以明斷見稱歲餘轉吏部侍郎號爲稱職復徙雍州司馬坐事左轉盩厔令甚有能名上善之復拜雍州司馬仁壽初又爲吏部侍郎以公事免煬帝立召令復位時爲吏部者多以不稱去職唯構最有能名前後典選之官皆出其下時人以構好劇談頗謂輕薄然其內懷方雅特爲吏部尚書牛弘所重後以老病解職弘時典選凡將有所擢用輒遣人就第問其可不河東薛道衡才高當世每稱構有清鑒所爲文筆必先以草呈構而後出之構有所詆訶道衡未嘗不

嗟伏大業七年終于家所舉薦杜如晦房玄齡等後皆自致公輔論者稱構有知人之鑒開皇中昌黎豆盧實爲黃門侍郎稱爲慎密河東裴術爲右丞多所糾正河內士燮平原東方舉安定皇甫聿道俱爲刑部並執法平允京兆韋焜爲戶部郎屢進讜言南陽韓則爲延州甚有惠政此等事行遺闕皆有吏幹爲當時所稱

榮毗字子諶北平無終人也父權魏兵部尚書毗少剛鯁有局量涉獵羣言仕周位內史下士隋開皇中累遷殿內局監時以華陰多盜賊妙選長史楊素薦毗爲華州長史世號爲能素之田宅多在華陰左右放縱毗以法繩之無所寬貸毗因朝集素謂之曰素之舉卿適以自罰也毗答曰奉法一心者但恐累公所舉素笑曰前言戲耳卿之奉法素之望也時晉王在揚州每令人密覘京師消息遣張衡於路次往往置馬坊以畜牧爲辭實給私人也州縣莫敢違毗獨遏絕其事上聞而嘉之賚絹百匹轉蒲州司馬漢王諒之反也河東豪傑以城應諒刺史丘和覺變遁歸關中長史渤海高義明謂毗曰河東國之東門若失

之則爲難不細城中雖復匈匈非悉反也但收桀黠者十餘人斬之自當立定耳毗然之義明馳馬追和將與協計至城西門爲渤海所殺毗亦被執及諒平拜書侍御史帝謂曰今日之舉馬坊之事也無改汝心帝亦敬之毗在朝侃然正色爲百寮震憚後以母憂去職歲餘起令視事尋卒官贈鴻臚少卿毗兄建緒性甚亮直兼有學業仕周爲載師下大夫儀同三司及平齊之始留鎮鄴城因著齊紀三十卷建緒與文帝有舊及爲丞相加位開府拜息州刺史將之官時帝陰有禪代之計因謂建緒曰且躊躇當共取富貴耳建緒自以周之大夫因義形於色曰明公此舉非僕所聞帝不悅建緒遂行開皇初來朝上謂之曰卿亦悔不建緒稽首曰臣位非徐廣情類楊彪上笑曰朕雖不解書語亦知卿此言不遜也兼始洪二州刺史俱有能名

陸知命字仲通吳郡富春人也父敖陳散騎常侍知命性好學通識大體以貞介自持仕陳爲太學博士南獄正及陳滅歸於家會高智慧等作亂于江左晉王廣鎮江都以其三吳之望召令諷諭反者以功拜儀同三司賜以田宅復用

其弟恪爲汧陽令知命以恪非百里才上表陳讓朝廷許之時見天下一統知命詣朝堂上表請使高麗以宣示皇風使彼君臣面縛闕下書奏天子異之歲餘授普寧鎮將人或言其正直者由是待詔於御史臺煬帝嗣位拜書侍御史侃然正色爲百寮所憚帝甚敬之後坐事免歲餘復職時齊王暕頗驕縱暱近小人知命奏劾之暕竟得罪百寮震慄遼東之役爲東䧟道受降使者卒於師贈御史大夫

梁毗字景和安定烏氏人也祖越魏涇豫洛三州刺史郃陽縣公父茂周滄兗二州刺史毗性剛謇頗有學涉仕周累遷布憲下大夫宣政中封易陽縣子遷武藏大夫隋文帝受禪進爵爲侯開皇初以鯁正拜書侍御史名爲稱職轉大興令遷雍州贊務毗既出憲司復典京邑直道而行無所回避頗失權貴心由是出爲西寧州刺史改封邯鄲縣侯在州十一年先是蠻夷酋長皆服金冠以金多者爲豪儁由是遞相陵辱每尋干戈邊境略無寧歲毗患之後因諸酋長相率以金遺之於是置金座側對之慟哭謂曰此飢不可食寒不可衣汝等以

此相滅今將此來欲殺我邪一無所納悉以還之於是蠻夷感悟遂不相攻文帝聞而善之徵爲散騎常侍大理卿處法平允時人稱之歲餘進位上開府毗見左僕射楊素貴重擅權百寮震慴恐爲國患因上封事曰竊見左僕射越國公素幸遇愈重權勢日隆所私皆非忠讜所進咸是親戚子弟布列兼州連縣天下無事容息姦圖四海稍虞必爲禍始夫姦臣擅命有漸而來王莽資之於積年桓玄基之於易世而卒殄漢紀終傾晉祚陛下若以素爲阿衡臣恐其心未必伊尹也帝大怒命有司禁止親自詰之極言曰素既擅權寵作威作福將領之處殺戮無道又太子蜀王罪廢之日百寮無不震悚唯素揚眉奮肘喜見容色利國家有事以爲身幸毗發言謇謇有誠亮之節帝無以屈也乃釋之素自此恩寵漸衰但素任寄隆重多所折挫當時朝士無不慴伏有敢與相是非辭氣不撓者獨毗與柳彧及尚書左丞李綱而已後上不復專委於素蓋由察毗之言煬帝即位遷刑部尚書幷攝御史大夫事奏劾宇文述私役部兵帝議免述罪毗固爭因忤旨遂令張衡代爲大夫毗憂憤卒帝令吏部尚書牛弘弔

之子敬真位大理司直時煬帝欲成光祿大夫魚俱羅罪令敬真案其獄遂希
旨陷之極刑未幾敬真有疾見俱羅爲祟而死
柳彧字幼文河東解人也世居襄陽父仲禮南史有傳仲禮梁敗見囚于周復
家河東彧少好學頗涉經史周大冢宰宇文護引爲中外府記室久而出爲寧
州總管掾武帝親總萬機彧詣闕求試帝異之以爲司武中士轉鄭令平齊之
後帝賞從官留京者不預彧上表曰今太平告始信賞宜明酬勳報勞務先有
本屠城破邑出自聖規斬將搴旗必由神略若負戈擐甲征扞劬勞至於鎮撫
國家宿衞爲重俱稟成算非專己能留從事同功勞須等於是留守並加品級
隋文帝受禪歷尚書虞部屯田二侍郎時制三品已上門皆列戟左僕射高熲
子弘德封應國公申牒請戟彧判曰僕射之子更不異居父之戟槊已列門外
尊有厭卑之義子有避父之禮豈容外門既設內閤又施事竟不行熲聞而歎
伏後遷書侍御史當朝正色甚爲百寮敬憚上嘉其婞直謂曰大丈夫當立名
於世無容容而已賜錢十萬米百石時刺史多任武將類不稱職彧上表曰伏

見詔書以上柱國和干子爲杞州刺史其人年垂八十鐘鳴漏盡前在趙州闍於職務政由羣小賄賂公行百姓吁嗟歌謠滿道乃云老禾不早殺餘種穢良田古人云耕當問奴織當問婢此言各有所能也干子弓馬武用是其所長臨人莅職非其所解如謂優老尙年自可厚賜金帛若令刺舉所損殊大臣死而後已敢不竭誠上善之干子竟免有應州刺史唐君明居母喪娶雍州長史庫狄士文之從父妹或劾之曰君明忽劬勞之痛惑嬿爾之親冒此苴衰命彼褕翟不義不昵春秋載其將亡無禮無儀詩人欲其遄死士文贊務神州名位通顯棄二姓之重匹違六禮之軌儀請禁錮終身以懲風俗二家竟坐得罪隋承喪亂之後風俗頹壞或多所矯正上甚嘉之又見上勤於聽受百寮奏請多有煩碎因上疏諫曰人君出令誠在煩數是以舜任五臣堯咨四岳設官分職各有司存垂拱無爲天下以乂所謂勞於求賢逸於任使比見事無大小咸關聖聽陛下留心政道無憚疲勞至乃營造細小之事出給輕微之物一日之內酬答百司至乃日旰忘食分夜未寢動以文簿憂勞聖躬伏願思臣至言少減煩

務上覽而嘉之以其家貧敕有司與之築宅因曰柳彧正直之士國之寶也其見重如此右僕射楊素當塗顯貴百寮懾憚無敢忤者嘗以少譴敕送南臺素恃貴坐或牀彧從外來見素如此於階下端笏整容曰奉敕推公罪素遽下彧據案坐立素於庭前辯詰事狀素由是銜之彧時方爲上所信任故素未有以中之彧見近代以來都邑百姓每至正月十五日作角抵戲遞相誇競至於糜費財力上奏請禁絕之曰竊見京邑爰及外州每以正月望夜充街塞陌鳴鼓聒天燎炬照地人戴獸面男爲女服倡優雜伎詭狀異形外內共觀曾不相避竭貲破產競此一時盡室幷孥無問貴賤男女混雜緇素不分穢行因此而生盜賊由斯而起非益於化實損於人請頒天下並卽禁斷詔可其奏是歲持節巡河北五十二州奏免長史贓汙不稱職者二百餘人州縣肅然莫不震懼上嘉之賜絹布二百匹氈三十領拜儀同三司歲餘加員外散騎常侍仁壽初持節巡省太原道十九州及還賜絹百五十匹彧嘗得博陵李文博所撰政道集十卷蜀王秀遣人求之彧送之於秀秀復賜彧奴婢十口及秀得罪楊素奏

或以內臣交通諸侯除名配戍懷遠鎮行達高陽有詔徵還至晉陽遇漢王諒作亂遣使馳召或入城而諒反形已露或入城度不得免遂詐中惡不食自稱危篤諒怒囚之及諒敗楊素奏或心懷兩端以候事變迹雖不反心實同逆坐徙敦煌素卒乃自申理有詔徵還卒於道有子紹爲介休令

趙綽字士倬河東人也性質直剛毅周初爲天官府史以恭謹恪勤擢授夏官府下士稍以明幹見知爲內史中士父艱去職哀毀骨立世稱其孝隋文帝爲丞相知其清正引爲錄事參軍遷掌朝大夫從行軍總管是云暉擊叛蠻以功拜儀同文帝受禪授大理丞處法平允考績連最歷大理正尚書都官侍郎每有奏讞正色侃然漸見禮重上以盜賊不禁將重其法綽進諫曰律者天下之大信其可失乎上忻然納之因謂曰若更有聞見宜數言之遷大理少卿故陳將蕭摩訶其子世略在江南作亂摩訶當從坐上曰世略年未二十亦何能爲以其名將之子爲人逼耳因赦摩訶綽固諫不可上不能奪欲待綽去而赦之因命綽退食綽曰臣奏獄未決不敢退朝上曰大理其爲朕特放摩訶也因命

左右釋之刑部侍郎辛亶嘗衣緋褌俗云利官上以爲厭蠱將斬之綽曰據法不當死臣不敢奉詔上怒甚謂曰卿惜辛亶而不自惜也命左僕射高熲將綽斬之綽曰陛下寧可殺臣不可殺辛亶至朝堂解衣當斬上使人謂綽曰竟如何對曰執法一心不敢惜死上拂衣入良久乃釋之明日謝綽勞勉之賜物三百段時上禁行惡錢有二人在市以惡錢易好者武候執以聞上悉令斬之綽諫曰此人坐當杖殺之非法上曰不關卿事綽曰陛下不以臣愚闇置在法司欲妄殺人豈得不關臣事上曰撼大木不動者當退對曰臣望感天心何論動木上復曰啜羹者熱則置之天子之威欲相挫邪綽拜而益前訶之不肯退上遂入書侍御史柳彧復上奏切諫上乃止上以綽有誠直之心每引入閤中或遇上與皇后同榻卽呼綽坐評論得失前後賞賜以萬計後進開府贈其父爲蔡州刺史時河東薛胄爲大理卿俱名平恕然胄斷獄以清而綽守法俱爲稱職上每謂綽曰朕於卿無所愛惜但卿骨相不當貴耳仁壽中卒官上爲之流涕中使弔祭鴻臚監護喪事二子方元襲

杜整字皇育京兆杜陵人也祖盛魏穎川太守父闢滑州刺史整少有風槩九歲丁父憂哀毀骨立事母以孝聞及長驍勇有膂力好讀孫吳兵法魏大統末襲爵武鄉侯周文引爲親信累遷儀同三司武州刺史從武帝平齊加上儀同進爵平原縣公入爲勳曹中大夫隋文帝爲丞相進位開府及帝受禪加上開府進封長廣郡公拜左武衛將軍開皇六年突厥犯塞詔衛王爽北伐以整爲行軍總管兼元帥長史至合川無虜而還密進取陳策上善之以爲行軍總管鎮襄陽卒上傷之謚曰襄子楷嗣位開府整弟肅亦有志行位北地太守

論曰大廈之構非一木之枝帝王之功非一士之略長短殊用大小異宜栭棁棟梁莫可棄也裴政李諤鮑宏高構榮毗陸知命等或文能道義或才足幹時識用顯於當年故事留於臺閣參之有隋多士取其開物成務皆廊廟之榱桷亦北辰之衆星也趙綽居大理囹圄無寃柳彧之處憲臺姦邪自肅然不畏強禦梁毗得之矣邦之司直柳彧近之矣杜整以聲績著美其有以取之乎

北史卷七十七考證

李諤傳由是無剛謇之譽而潛有匡正之志○之志隋書作多矣

鮑宏傳時有尉義臣者○事見隋史楊義臣傳本姓尉遲氏

榮毗傳爲渤海所殺○渤海隋史作反者

梁毗傳遂希旨陷之極刑○旨監本訛皆今改從隋書

柳彧傳以上柱國和干子爲杞州刺史○干隋書作平

楊素奏彧心懷兩端以候事變○候南本作侯

趙綽傳二子方元襲○方元襲隋書作元方元襲

北史卷七十七考證

北史卷七十八

唐　李延壽　撰

列傳第六十六

張定和　張奫　麥鐵杖沈光　權武
王仁恭　吐萬緒　董純　魚俱羅
王辯　陳稜　趙才

張定和字處謐京兆萬年人也家少貧賤有志節初爲侍官隋開皇九年平陳定和當從征無以自給其妻有嫁時衣服定和求鬻之妻不與定和遂行以功拜儀同賜帛千匹遂棄其妻後數以軍功加上開府驃騎將軍從上柱國李充征突厥先登陷陣虜刺之中頸定和以草塞創而戰神氣自若虜遂敗走上聞而壯之遣使賫藥馳詣定和所勞問之進位柱國封武安縣侯賞物二千段良馬二匹金百兩煬帝嗣位歷宜州刺史河內太守頗有惠政還左屯衛大將軍從帝征吐谷渾至覆袁川時吐谷渾主與數騎遁其名王詐爲渾主保車我真

山帝命定和擊之旣與賊遇輕其衆少呼之令降賊不肯下定和不被甲挺身登山中流矢而斃其亞將柳武達擊賊悉斬之帝爲之流涕贈光祿大夫時舊爵例除於是復封武安侯諡曰壯武子世立嗣尋拜光祿大夫

張奫字文懿清河東武城人也本名犯廟諱七代祖沉石季龍末自廣陵六合度江家焉仕至桂陽太守孫脁晉佐著作郎坐外祖楊佺期除名徙于南譙因寓居之奫好讀兵書長於騎射尤便刀楯父雙自清河太守免歸周時鄉人郭子冀密引陳寇雙欲率子弟擊之猶豫未決奫贊成其謀竟破賊由是以勇決知名起家州主簿及隋文帝作相授丞相府大都督領鄉兵賀若弼之鎭江都也特敕奫從因爲間諜平陳之役頗有力焉進位開府儀同三司封文安縣子歲餘奫率水軍破逆賊笮子游於京口薛子建於和州徵入拜大將軍文帝命升御坐宴之謂曰卿可爲朕兒朕爲卿父今日聚集示無外也後賜綵沉甲獸文具裝綺羅千匹尋從楊素征江表別破高智慧於會稽吳世華於臨海進位上大將軍歷撫濟二州刺史俱有能名開皇十八年爲行軍總管從漢王諒征

遼東諒軍多物故獮衆獨全帝善之仁壽中卒於潭州總管謚曰莊子孝廉

麥鐵杖始與人也貧賤少驍勇有膂力日行五百里走及奔馬性疎誕使酒好交遊重信義每以漁獵爲事不修生業陳大建中結聚爲羣盜廣州刺史歐陽頠俘之以獻沒爲官戶配執御繖每罷朝後行百餘里夜至南徐州踰城而入行光火劫盜旦還及牙時仍又執繖如此者十餘度物主識之州以狀奏朝士見鐵杖每旦恆在弗之信後南徐州數告變尚書蔡徵曰此可驗矣於仗下時購以百金求人送詔書與南徐州刺史鐵杖出應募齎敕而往明旦反奏事帝曰信然爲盜明矣惜其勇捷誡而釋之闕五字陳亡後徙居清流縣遇江東反楊素遣鐵杖頭戴草束夜浮度江覘賊中消息具知還報後復更往爲賊所禽逆帥李稜縛送高智慧行至庱亭衞者憩食哀其餒解手以給其飡鐵杖取賊刀亂斬衞者殺之皆盡悉割其鼻懷之以歸素大奇之後敘戰勳不及鐵杖遇素馳驛歸於京師鐵杖步追之每夜則同宿素見而悟特奏授儀同三司以不識書放還鄉里成陽公李徹稱其驍武開皇十六年徵至京師除車騎將

軍仍從楊素北征突厥加上開府煬帝即位漢王諒反從楊素擊之每戰先登
進位柱國除蔡州刺史無蒞政名轉汝南太守稍習法令羣盜屏迹後因朝集
考功郎竇威嘲之曰麥是何姓鐵杖應聲曰麥豆不殊何忽相怪威赧然無以
應時人以爲敏捷尋除左屯衞大將軍帝待之愈密鐵杖自以荷恩深重每懷
竭命之志及遼東之役請爲前鋒顧謂醫者吳景賢曰大丈夫性命自有所在
豈能艾炷灸頞瓜蒂歕鼻療黄不差而臥死兒女手中乎將度遼呼其三子曰
阿奴當備淺色黄衫吾荷國恩今是死日我得被殺爾當富貴唯誠與孝爾其
勉之及濟橋未成去東岸尚數丈賊大至鐵杖跳上岸與賊戰死武賁郎將錢
士雄孟金叉亦死之左右更無及者帝爲之流涕購得其屍贈光祿大夫宿國
公謚曰武烈子孟才嗣授光祿大夫孟才二弟仲才季才俱拜正議大夫賵贈
鉅萬賜輼輬車給前後部羽葆鼓吹命平壤道敗將宇文述等百餘人皆爲執
紼王公以下送至郊外士雄贈左光祿大夫右屯衞將軍武強侯謚曰剛子傑
嗣金叉贈右光祿大夫子善誼襲官孟才字智稜果烈有父風帝以其死節將

子恩錫殊厚拜武賁郎及江都之難慨然有復讎志與武牙郎將錢傑素交友二人相謂曰吾等世荷國恩門著誠節今賊臣弑逆社稷淪亡無節可紀何面目視息世間哉乃流涕扼腕相與謀於顯福宮邀擊宇文化及事臨發陳藩之子謙知而告之與其黨沈光俱爲化及所害忠義之士哀焉光字總持吳興人也父居道仕陳爲吏部侍郎陳滅徙家長安皇太子勇引署學士後爲漢王諒府掾諒敗除名光少驍捷善戲馬爲天下之最略綜書記微有詞藻常慕立功名不拘小節家貧父兄並以傭書爲事光獨跅弛交通輕俠爲京師惡少年所附人多贍遺得以養親每致甘食美服未嘗困匱初建禪定寺其中幡竿高十餘丈適值繩絕非人力所及光謂僧曰當相爲上繩諸僧驚喜光因取索口銜拍竿而上直至龍頭繫繩畢手足皆放透空而下以掌拓地倒行十餘步觀者駭悅莫不嗟異時人號爲肉飛仙大業中煬帝徵天下驍果之士伐遼東光預焉同類數萬人皆出其下光將詣行在所賓客送至灞上百餘騎光酹酒誓曰是行若不建功立名當死於高麗不復與諸君相見及從帝攻遼東以衝梯擊

城竿長十五丈光升其端臨城與賊戰短兵接敵殺傷十數人賊競擊而墜未及地適遇竿有垂絙光接而復上帝望見壯而異之馳召與語大悅卽日拜朝散大夫賜寶刀良馬恆置左右親顧漸密未幾以爲折衝郎將賞遇優重帝每推食解衣賜之同輩莫比光自以荷恩深重思懷竭節及江都之難潛構義勇將爲帝復讎先是帝寵昵官奴名爲給使宇文化及以光驍勇方任之使總統營於禁內時麥孟才錢傑等陰圖化及因謂光曰我等荷國厚恩不能死難又俛首事讎受其驅率何用生爲吾必欲殺之死無所恨公義士也肯從我乎光泣下霑衿曰是所望於將軍也僕領給使數百人並荷先帝恩今在化及內營以此復讎如鷹鸇之逐鳥雀孟才爲將軍領江淮衆數千人期以營將發時晨起襲化及光語泄陳謙告其事化及大懼曰此麥鐵杖子也及沈光者並勇決不可當須避其鋒是夜卽與腹心走出營外留人告司馬德戡等遣領兵馬逮捕孟才光聞營內諠聲知事發不及被甲卽襲化及營空無所獲逢舍人元敏數而斬之德戡兵至四面圍合光大呼潰圍給使齊奮斬首數十級賊皆披靡

德甚輒復遣騎翼而射之光身無介冑遇害時年二十八麾下百人皆鬭死一無降者壯士聞之莫不爲之隕涕

權武字武弄天水人也祖超魏秦州刺史父襲慶仕周爲開府時武元皇帝之爲周將也與齊師戰於幷州襲慶時從被圍百餘重力戰矢盡短兵接戰殺傷甚衆刀矟皆折脫冑擲地向賊大罵曰何不來斫頭賊遂殺之武以忠臣子起家拜開府襲爵齊郡公武少果勁勇力絶人能重甲上馬嘗倒投於井未及泉復躍而出其拳捷如此頻以軍功增邑周宣帝時拜勁捷左旅上大夫進位上開府隋文帝爲丞相引置左右平陳之役以行軍總管從晉王出六合還拜豫州刺史以創業之舊進位大將軍檢校潭州總管其年桂州人李世賢作亂武以行軍總管與武候大將軍虞慶則擊平之慶則以罪誅功竟不錄復還于州多造金帶遺嶺南酋領其人復答以寶物武皆納之由是致富後武晚生一子與親客宴集酒酣遂擅赦所部獄囚武常以南越邊遠政從其俗務適便宜不依律令而每言當今法急官不可爲上令有司案之皆驗令斬之武於獄中上

書言父爲武元皇帝戰死於馬前以求哀由是除名仁壽中復拜大將軍封邑如舊未幾授太子右衞率煬帝即位拜右武衞將軍坐事免後爲右屯衞大將軍坐事除名卒於家子弘

王仁恭字元實天水上邽人也祖建周鳳州刺史父猛鄯州刺史仁恭少剛毅修謹工騎射秦孝王引爲記室後爲車騎將軍從楊素擊突厥於靈武以功拜上開府以驃騎將軍典蜀王軍事蜀王以罪廢官屬多罹其患上以仁恭素質直置而不問後從楊素討平漢王諒以功進位大將軍歷呂衞二州刺史尋改爲汲郡太守有能名上徵入朝慰勉之褒賜甚厚遷信都太守汲郡吏民扣馬號哭於道數日不得出境遼東之役以仁恭爲將軍及班師仁恭爲殿遇賊敗之進左光祿大夫明年復以軍將指扶餘道帝謂曰往者諸軍多不利公獨以一軍破賊古人云敗軍之將不可以言勇諸將其可任乎今委公爲前軍前後賞賚甚重仁恭遂進軍至新城破其軍因圍之帝聞之大悅遺賜以珍物進光祿大夫會楊玄感反其兄子武賁郎將仲伯預焉由是坐免尋而突厥爲寇詔

仁恭以本官領馬邑太守其年始畢可汗來寇馬邑復令二將勒兵南過時郡兵不滿三千仁恭簡精銳逆擊破之幷斬二將後突厥復入定襄仁恭復大破之時天下大亂道路隔絕仁恭頗改舊節受納貨賄又不敢輒開倉賑恤百姓其麾下校尉劉武周與仁恭侍婢姦通恐其事泄遂害之武周於是開倉賑給郡內皆從之自稱天子置百官轉攻傍郡

吐萬緒字長緒代郡鮮卑人也父通周郢州刺史緒少有武略在周襲爵元壽縣公累遷大將軍小司武隋文帝受禪拜襄州總管封穀城郡公轉青州總管頗有政名徙朔州總管甚爲北狄所憚後帝有吞陳志轉爲徐州總管令修戰具及大舉濟江緒以行軍總管與西河紇豆陵洪景屯兵江北及陳平拜夏州總管晉王廣爲太子引爲右虞候率及帝即位恐漢王諒爲變拜緒晉絳二州刺史未出關諒已舉兵詔緒從楊素擊破之拜左武候將軍大業初轉光祿卿賀若弼遇讒引緒爲證緒明其無罪由是免官後守東平太守帝幸江都路經其境迎謁道傍帝命升龍舟緒因頓首謝往事帝大悅拜金紫光祿大夫太守

如故及遼東之役請爲先鋒拜左屯衞大將軍指蓋馬道及還留鎭懷遠進位左光祿大夫時劉元進作亂攻潤州帝徵緒討之緒擊破元進解潤州圍賊窮蹙請降元進及其僞僕射朱爕僅以身免於陣斬其僞僕射管崇及其將軍陸顗等五千餘人進解會稽圍元進復據建安帝令進討之緒以士卒疲弊請息甲待來春帝不悅密求緒罪有司奏緒怯懦違詔除名配防建安尋徵詣行在所緒鬱鬱不得志還至永嘉發疾而卒

董純字德厚隴西成紀人祖和魏太子左衞率父昇周柱國純少有膂力便弓馬仕周位司御上士典馭下大夫從武帝平齊拜儀同進爵大興縣侯隋文帝受禪進爵漢曲縣公後以軍功進位上開府開皇末以勞舊拜左衞將軍改封順政縣公後從楊素平漢王諒以功拜柱國進爵郡公再遷左驍衞將軍齊王暕之得罪純坐與交通帝譴之純曰比數詣齊王者以先帝先后往在仁壽宮置元德太子及齊王於膝上謂臣曰汝好看此二兒勿忘吾言臣誠不敢忘先帝語時陛下亦侍先帝側帝改容曰誠有斯旨於是捨之數日出爲汶山太守

歲餘突厥寇邊轉榆林太守會彭城賊帥張大虎宗世模等保懸薄山帝令純討破之斬萬餘級築爲京觀又破賊魏麒麟於單父及帝重征遼東復以純爲彭城留守東海賊彭孝才轉入沂水保伍不及山純擊之禽孝才於陣車裂之時盜賊日益純雖剋捷而所在蜂起有譖純怯懦不能平賊帝遣鎖詣東都有司見帝怒甚希旨致純死罪竟誅

魚俱羅馮翊下邽人身長八尺膂力絕人聲氣雄壯言聞數百步爲大都督從晉王廣平陳以功拜開府及沈玄懀高智慧等作亂江南楊素以俱羅壯勇請與同行有功加開府封高唐縣公拜疊州總管以母憂去職還至扶風會楊素將出靈州道擊突厥逢之遂與俱行及遇賊俱羅與數騎奔擊瞋目大呼所當皆披靡以功進位柱國拜豐州總管突厥入境輒禽斬之自是屏迹不敢畜牧於塞下初煬帝在藩俱羅弟贇以左右從累遷大都督及帝嗣位拜車騎將軍贇凶暴令左右炙肉遇不中意以籤刺瞎其眼溫酒不適口者立斷其舌帝以藩邸之舊不忍加誅謂近臣曰弟既如此兄亦可知因召俱羅責之出贇於獄

令自爲計賛至家飲藥而死帝恐俱羅不安慮生邊患轉安州刺史遷趙郡太守後因朝集至東都與將軍梁伯隱有舊數相往來又從郡多將雜物以貢獻帝不受因遺權貴御史劾俱羅以郡將交通內臣帝大怒與伯隱俱坐除名未幾越巂飛山蠻反詔俱羅白衣領將兵率蜀郡都尉段鍾葵討平之大業九年重征高麗以俱羅爲碣石道軍將及還江南劉元進作亂詔俱羅將兵向會稽諸郡逐捕之時百姓思亂從盜如市俱羅擊賊帥朱燮管崇等戰無不捷然賊勢浸盛敗而復聚俱羅度賊非歲月可平諸子並在京洛又見天下漸亂終恐道路隔絕于時東都饑饉穀食踊貴俱羅遣家僮將船米至東都糶之益市財貨潛迎諸子朝廷微知之恐有異志案驗不得其罪帝復令大理司直梁敬真就鎖將詣東都俱羅相表異人目有重瞳陰爲帝之所忌敬真希旨奏俱羅師徒敗衂斬東都市家口籍沒

王辯字警略馮翊蒲城人也祖訓以行商致富魏世出粟助給軍糧爲假清河太守辯少習兵書尤善騎射慷慨有大志在周以軍功授帥都督仁壽中累遷

車騎將軍後從楊素討平漢王諒賜爵武寧縣男累以軍功加至通議大夫尋
遷武賁郎將及山東盜賊起帝引辯升御榻問以方略辯論取賊勢帝稱善曰
誠如此賊不足憂於是發從行步騎三千擊敗之賜黃金二百兩勃海賊帥高
士達自號東海公衆以萬數令辯擊之屢挫其銳帝在江都宮聞而召之及見
禮賜甚厚復令往信都經略士達復戰破之優詔褒顯時賊帥郝孝德孫宣雅
時季康竇建德魏刁兒等往往屯聚大者十數萬小者數千寇掠河北辯擊之
所向皆捷及翟讓寇徐豫辯頻擊走之讓尋與李密屯據洛口倉辯與王世充
討密阻洛水相持經年辯攻敗密乘勝將入城世充不知恐將士勞倦鳴角收
兵翻爲密徒所乘官軍大潰不可救止辯至洛水橋已壞遂涉水至中流爲溺
人所引墜馬竟溺死三軍莫不痛惜之時有河南斛斯萬善驍勇果毅與辯齊
名從衞玄討楊玄感萬善與數騎追及之玄感窘迫自殺由是知名拜武賁郎
將突厥始畢之圍鴈門萬善奮擊之所向皆破由是突厥莫敢逼城十許日竟
退萬善力也後頻討羣盜累功至將軍又有將軍鹿愿范貴馮孝慈俱爲將帥

數從征伐並有名於世事皆亡失故史官闕云

陳稜字長威廬江襄安人也祖碩以漁釣自給父峴少驍勇事章大寶爲帳內部曲告大寶反授譙州刺史陳滅廢於家高智慧汪文進反廬江豪傑亦舉兵相應以峴舊將共推爲主峴欲拒之稜謂峴曰衆亂既作拒之禍且及己不如僞從別爲後計峴然之後潛使稜至柱國李徹所請爲內應徹上其事拜上大將軍宣州刺史封譙郡公詔徹應接之徹軍未至謀泄爲其黨所殺稜僅以獲免上以其父之故拜開府尋領鄉兵大業三年拜武賁郎將後與朝請大夫張鎮周自義安汎海擊流求國月餘而至流求人初見船艦以爲商旅往往詣軍貿易稜率衆登岸遣鎮周爲先鋒其主歡斯渴刺兜遣兵拒戰鎮周頻破之稜進至低沒檀洞其小王歡斯老模拒戰稜敗之斬老模其日霧雨晦冥將士皆懼稜刑白馬以祭海神既而開霽分爲五軍趣其都邑乘勝逐北至其柵破之斬渴刺兜獲其子島槌虜男女數千而歸帝大悅加稜右光祿大夫鎮周金紫光祿大夫遼東之役以宿衛遷左光祿大夫明年帝復征遼東稜爲東萊留守

楊玄感反稜擊平黎陽斬玄感所署刺史元務本尋奉詔於江南營戰艦至彭城賊帥孟讓據梁都宮阻淮爲固稜潛於下流而濟至江都襲破讓以功進位光祿大夫賜爵信安侯後帝幸江都宮俄而李子通據海陵左才相掠淮北杜伏威屯六合帝遣稜擊之往見剋捷超拜右禦衛將軍復度清江擊宣城賊俄而帝以弑崩宇文化及引軍北上召稜守江都稜集衆縞素爲煬帝發喪備儀衛改葬於吳公臺下衰杖送喪慟感行路論者深義之稜後爲李子通所陷奔杜伏威伏威忌而害之

趙才字孝才張掖酒泉人也祖隗魏銀青光祿大夫樂涫太守父壽周順政太守才少驍武便弓馬性麤悍無威儀仕周爲輿正上士隋文帝受禪以軍功至上儀同後配事晉王爲右虞候率煬帝卽位轉左備身驃騎右驍衛將軍帝以才藩邸舊臣漸見親待才亦恪勤匪懈所在有聲轉右候衛將軍從征吐谷渾以爲行軍總管率衛尉卿劉權兵部侍郎明雅等出合河道破賊以功進金紫光祿大夫及遼東之役再出碣石道再遷右候衛大將軍時帝每事巡幸才恆

爲斥候肅遏姦非無所迴避在途遇公卿妻子有違禁者才輒醜言大罵多所援及時人雖患其不遜然才守正無如之何十一年帝將幸江都才見四海土崩諫請還京師安兆庶帝大怒以才屬吏旬日乃出之遂幸江都待遇逾昵時江都糧盡內史侍郞虞世基祕書監袁充等多勸帝幸丹楊才極陳入京策世基極言度江便帝無言才與世基相忿而出宇文化及弑逆之際才時在苑北化及遣驍果席德方執之謂曰今日之事秖得如此才默然不對化及忿才無言將殺之三日乃釋以本官從事鬱鬱不得志才嘗對化及宴請勸其同謀逆者十八人楊士覽等酒化及許之才執盃曰十八人止可一度作勿復餘處更爲諸人默然不對行止聊城遇疾俄而化及爲竇建德所破才復見虜心彌不平數日而卒仁壽大業閒有蘭興洛賀蘭蕃俱爲武候將軍剛嚴正直不避強禦咸以稱職知名

論曰虎嘯風生龍騰雲起英賢奮發亦各因時張定和張奫麥鐵杖皆一時壯士而困於貧賤當其鬱抑未遇亦安知有鴻鵠志哉終能振拔汙泥申其力用

符馬革之願快生平之心得丈夫之節矣孟才錢傑沈光等感懷恩舊臨難忘身雖功無所成其志有可稱矣權武素無行檢不拘刑憲終取黜辱不亦宜哉仁恭武毅見知文以取達初在汲郡清能可紀後居馬邑貪惏而亡鮮克有終斯言乃驗吐萬緒董純以萑蒲不翦遽嬰罪戮大業之季盜可盡乎俱羅欲加之罪非其咎釁王辯殞身効敵志在勤王陳稜縞素發喪哀感行路義之所動固已深乎趙才雖人而無儀志在強直拒世基之謟可謂不苟同矣

北史卷七十八

北史卷七十八考證

張定和傳妻不與○隋書作妻斬固不與

張奫傳河東武城人也○隋書自云清河人也

周時鄉人郭子蕘密引陳寇○蕘隋書作翼

麥鐵杖傳誡而釋之　闕五字○隋書亦無此五字故不可考

光字總持○隋書沈光自爲傳

父居道○居隋書作君

光獨跡弛○弛隋書作跐

權武傳其人復答以寶物武皆納之○監本缺復字今從南本增入

魚俱羅傳弁率蜀郡都尉段鐘葵討平之○鐘隋書作鍾

陳稜傳祖碩以漁釣自給○釣監本訛鈞今改正

父峴少驍勇○少監本訛必今改正

北史卷七十八考證

北史卷七十九

唐 李延壽 撰

列傳第六十七

宇文述 雲定興 司馬德戡 趙行樞 裴虔通 述子化及 王世充 段達

宇文述字伯通代郡武川人也高祖侰與敦曾祖長壽祖孤仕魏並爲沃野鎮軍主父盛仕周位上柱國大宗伯述少驍銳便弓馬年十一時有相者謂曰公子善自愛後當位極人臣周武帝時以父軍功起家拜開府述性謹密周大冢宰宇文護甚愛之以本官領護親信及武帝親總萬機召爲左宮伯累遷英果中大夫賜爵博陵郡公改封濮陽郡公尉遲迥作亂述以行軍總管從韋孝寬擊之破迥將李儁軍於懷州又與諸將破尉惇於永平橋以功超拜上柱國進爵褒國公開皇初拜右衛大將軍平陳之役以行軍總管自六合而濟時韓擒賀若弼兩軍趣丹陽述據石頭以爲聲援陳主既禽而蕭瓛蕭巖據東吳地述領行軍總管元契張默言等討之落叢公燕榮以舟師自東海至亦受述節度

於是吳會悉平以功授子化及爲開府徙拜安州總管時晉王廣鎮揚州甚善於述奏爲壽州總管王時陰有奪宗之志請計於述述曰皇太子失愛已久大王才能蓋世數經將領主上之與內宮咸所鍾愛四海之望實歸大王然廢立國家大事能移主上者唯楊素耳移素謀者唯其弟約述雅知約請朝京師與約共圖廢立晉王大悅多賫金寶資述入關述數請約盛陳器玩與之酣暢因共博戲每陽不勝輸所將金寶約所得既多稍以謝述述因曰此晉王賜述令與公爲歡約大驚曰何爲者述因爲王申意約然其說退言於素亦從之於是晉王與述情好益密命述子士及尚南陽公主前後賞賜不可勝計及晉王爲皇太子以述爲左衛率舊令率官第四品以述素貴遂進率品第三其見重如此煬帝嗣位拜左衛大將軍參掌武官選事後改封許國公尋加開府儀同三司每冬正朝會輒給鼓吹一部從幸榆林時鐵勒契弊歌秣攻敗吐谷渾其部攜散遂遣使請降求救帝令述以兵撫納降附吐谷渾見述擁強兵懼不敢降遂西遁述追至曼頭城攻拔之乘勝至赤水城復拔之其餘黨走屯丘尼川進

擊大破之獲其王公尙書將軍二百人渾主南走雪山其故地皆空帝大悅明
年從帝西巡至金山登燕支述每爲斥候時渾賊復寇張掖述進擊走之還至
江都宮敕述與蘇威常典選舉參預朝政述時貴重委任與威等其親愛則過
之帝所得遠方貢獻及四時口味輒見班賜中使相望於道述善於供奉俯仰
折旋容止便辟宿衞咸取則焉又有巧思凡所裝飾皆出人意表數以奇服異
物進宮掖由是帝彌悅焉言無不從勢傾朝廷左衞將軍張瑾與述連官嘗有
評議偶不中意述張目瞋之瑾惶懼而走文武百寮莫敢違忤性貪鄙知人有
珍異物必求取富商大賈及隴右諸胡子弟皆接以恩意呼之爲兒由是競加
餽遺金寶累積後庭曳羅綺者甚衆家僮千餘人皆控良馬被服金玉及征高
麗述爲扶餘道軍將臨發帝謂曰禮七十者行役以婦人從公宜以家累自隨
古稱婦人不入軍謂臨戰時耳至軍壘間無所傷也項籍虞兮卽其故事述與
九軍至鴨淥水糧盡議欲班師諸將多異同述又不測帝意會乙支文德來詣
其營述先與丁仲文俱奉密旨令誘執文德旣而緩縱文德逃歸述內不自安

遂與諸將度水追之時文德見述軍中多饑色欲疲述衆每鬭便北述一日中七戰皆捷既恃驟勝又內逼羣議遂進東濟薩水去平壤城三十里因山爲營文德復遣使僞降請述曰若旋師者當奉高元朝行在所述見士卒疲弊不可復戰又平壤險固卒難致力遂因其詐而還衆半濟賊擊後軍於是大潰不可禁止九軍敗績一日一夜還至鴨淥水行四百五十里初度遼九軍三十萬五千人及還至遼東城唯二千七百人帝怒除其名明年帝又事遼東復述官爵待之如初從至遼東與將軍楊義臣率兵復臨鴨淥水會楊玄感作亂帝召述馳驛討玄感時玄感逼東都聞述軍至西遁將圖關中述與刑部尚書衞玄右驍衞大將軍來護兒武衞將軍屈突通等躡之至閿鄉皇天原與玄感相及斬其首傳行在所復從東征至懷遠而還突厥之圍鴈門也帝大懼述請潰圍而出來護兒及樊子蓋並固諫帝乃止及圍解次太原議者多勸帝還京師帝有難色述奏曰從官妻子多在東都請便道向洛陽自潼關入帝從之尋至東都又觀望帝意勸幸江都宮述於江都遇疾及疾篤帝令中使相望于第謂述有

何言述曰願陛下一能降臨帝遣司宮魏氏謂曰公危篤朕憚相煩動必有言
可陳也述流涕曰臣子化及早預藩邸願陛下哀憐之士及夙蒙天恩亦堪驅
策臣死後智及不可久留願早除之望不破門戶魏氏返命隱其言因詭對曰
述唯憶陛下耳帝泫然曰述憶我耶將親臨之宮人百寮諫乃止及薨帝爲廢
朝贈司徒尚書令十郡太守班劍四十人轀輬車前後部鼓吹諡曰恭詔黃門
侍郎裴矩祭以太牢鴻臚監護喪事雲定與者附會於述初定與女爲皇太子
勇昭訓及勇廢除名配少府定與先得昭訓明珠絡帷私賂於述自是數共交
游定與每時節必有賂遺并以音樂干述述素好著奇炫燿時人定與爲製馬
韉於後角上缺方三寸以露白色世輕薄者率傚學之謂爲許公缺勢又遇天
寒定與曰入內宿衞必當耳冷述曰然乃製裌頭巾令深袹耳人又學之名爲
許公袹勢述大悅曰雲兄所作必能變俗我聞作事可法故不虛也後帝將事
四夷大造兵器述薦之因敕少府工匠並取其節度述欲爲之求官謂之曰兄
所製器仗並合上心而不得官者爲長寧兄弟猶未死耳定與曰此無用物何

不勸上殺之述因奏曰房陵諸子年並成立今欲動兵征討若將從駕則守掌爲難若留一處又恐不可進退無用請早處分因鴆殺長寧又遣以下七弟分配嶺表於路盡殺之其年大閱帝稱甲仗爲佳述奏並雲定與之功也擢授少府丞十一年累遷屯衞大將軍又有趙行樞者本大常樂戶家財億計述謂爲兒受其賂遺稱爲驍勇起家爲折衝郎將化及述長子也性兇險不循法度好乘肥挾彈馳騖道中由是長安謂之輕薄公子煬帝爲太子時常領千牛出入臥內累遷至太子僕以受納貨賄再三免官太子嬖昵之俄而復職又以其弟士及尙南陽公主由此益驕處公卿間言辭不遜多所凌轢見人子女狗馬珍翫必請託求之常與屠販者游以規其利煬帝卽位拜太僕少卿益恃舊恩貪冒尤甚煬帝幸榆林化及與弟智及違禁與突厥交市帝大怒囚之數月還京師欲斬之而後入城解衣辮髮訖以主救之乃釋幷智及並賜述爲奴述薨後煬帝追憶之起化及爲右屯衞將軍將作少監時李密據洛口煬帝懼留淮左不敢還都從駕驍果多關中人久客覊旅見帝無西還意謀欲叛歸時武賁郎

將司馬德戡總領驍果屯於東城風聞兵士欲叛未審遣校尉元武達陰問知
情因謀構逆共所善武賁郎將元禮直閤裴虔通互相扇惑曰聞陛下欲築宮
丹楊人人並謀逃去我欲言之恐先事見誅今知而不言後事發當族將如之
何虔通曰主上實爾德戡又謂兩人曰我聞關中陷沒李孝常以華陰叛陛下
因其二弟將盡殺之吾輩家屬正西安得無此慮虔通等曰正恐旦暮及誅計
無所出德戡曰驍果若走可與俱去虔通等曰誠如公言因遞相招誘又轉告
内史舍人元敏鷹揚郎將孟景符璽郎牛方裕直長許弘仁薛世良城門郎唐
奉義醫正張愷等日夜聚博約為刎頸交言無迴避於坐中輒論叛計並相然
許時李質在禁令驍果守之中外交通所謀益急又趙行樞先交智及勳侍楊
士覽者宇文氏之甥二人同以告智及智及素狂勃聞之喜即共見德戡期以
三月十五日舉兵圖叛劫十二衞兵馬虜掠居人財物西歸智及曰不然今天
實喪隋英雄並起因行大事此帝王業也德戡然之行樞世良請以化及為主
約定方告化及化及性駑怯初聞之大懼色動流汗久之乃定義寧二年三月

一日德戡欲告衆人恐心未一更譎詐以脅驍果謂許弘仁張愷曰君是良醫國家所使出言惑衆衆必信君可入備身府偏告所識者言陛下聞驍果欲叛多醞毒酒因享會盡鴆殺之獨與南人留此羣情必駭因而舉事無不諧矣其月五日弘仁等宣布此言驍果遞相告謀反逾急德戡等知計行遂以十日總召故人諭以所爲衆皆伏曰唯將軍命其夜奉義主閉城門門皆不下鑰至夜三更德戡於東城內集兵得數萬人舉火與城外相應帝聞有聲問是何事虔通僞曰草坊被燒外人救火故喧囂耳中外隔絕帝以爲然孟景智及於城外得千餘人劫候衛武賁馮普樂共布兵捉郭下街巷至五更德戡授虔通兵以換諸門衛士虔通因自開門領數百騎至成象殿殺將軍獨孤盛武賁郎將元禮遂引兵進宿衛者皆走虔通進兵排左閤馳入永巷問陛下安在有美人出房指云在西閣從往執帝帝謂虔通曰卿非我故人乎何恨而反虔通曰臣不敢反但將士思歸奉陛下還京師耳帝曰即爲汝歸虔通自勒兵守之至旦孟景以甲騎迎化及化及未知事果戰慄不能言人有謁之但低頭據案答曰罪

過時士及在公主第弗之知也智及遣家僮莊桃樹就第殺之桃樹不忍執詣智及久之乃見釋化及至城門德戡迎謁引入朝堂號爲丞相令將帝出江都門以示羣賊因復將入遣令狐行達弑帝於宮中又執朝臣不同己者數十人及諸王外戚無少長皆害之唯留秦孝王子浩立以爲帝十餘日奪江都人舟檝從水路西歸至顯福宮宿公麥孟才折衝郎將沈光等謀擊化及反爲所害化及於是入據六宮其自奉一如煬帝故事每帳中南面端坐人有白事者默然不對下牙時方收取啓狀共奉義方裕世良愷等參決之行至徐州水路不通復奪人車牛得二十兩並載宮人珍寶其戈甲戎器悉令軍士負之道遠疲極三軍始怨德戡失望竊謂行樞曰君大誤我當今撥亂必藉英賢化及庸暗事將必敗若何行樞曰廢之何難因共李孝本宇文導師尹正卿等謀以後軍萬餘兵襲殺化及立德戡爲主弘仁知之密告化及盡收德戡及支黨殺之引兵向東郡通守王軌以城降之元文都推越王侗爲主拜李密爲太尉令擊化及密壁清淇與徐世勣以烽火相應化及數戰不利其將軍于弘達爲密所禽

送於僴所鑊烹之化及糧盡度永濟渠與密決戰於童山遂入汲郡求軍糧又遣使拷掠東郡人吏責米粟王軌怨之以城歸李密化及大懼自汲郡將圖以北諸州其將陳智略率嶺南驍果萬餘人張童兒率江東驍果數千人皆叛歸李密化及尙有衆二萬北走魏縣張愷與其將陳伯謀去之事覺爲化及所殺腹心稍盡兵勢日蹙兄弟更無他計但相聚酣宴奏女樂醉後尤智及曰我初不知由汝爲計彊來立我今所向無成負弒主之名天下所不納滅族豈非由汝乎抱其兩子而泣智及怒曰事捷之日都不賜尤及其將敗乃欲歸罪何不殺我以降建德兄弟數相鬬鬩言無長幼醒而復飲以此爲恆自知必敗乃歎曰人生故當死豈不一日爲帝乎於是鴆殺浩僭皇帝位於魏縣國號許建元爲天壽置百官攻元寶藏於魏州反爲所敗乃東北趣聊城將招攜海內諸賊遣士及徇濟北徵求餉餽大唐遣淮安王神通安撫山東神通圍之十餘日不剋而退竇建德悉衆攻之先是齊州賊帥王薄聞其多寶物詐來投附化及信之與共居守至是薄引建德入城禽化及悉虜其衆先執智及元武達孟景楊

士覽許弘仁等皆斬之乃以檻車載化及至大陸縣城下數其弒逆并二子承基承趾皆斬之傳首於突厥義城公主梟之虜庭士及自濟北西歸長安智及幼頑凶好與人羣聚鬬鷄習放鷹狗初以父功賜爵濮陽郡公蒸淫醜穢無所不爲其妻長孫氏妬而告述述雖爲隱而不忿之纖芥之愆必加鞭箠弟士及恃尚主又輕忿之唯化及事事營護父再三欲殺輒救免之由是頗相親昵遂勸化及遣人入蕃私爲交易事發當誅述獨證智及罪惡而爲化及請命帝因兩釋之述將死抗表言其兇勃必且破家帝後思述拜智及將作少監其江都弒逆事皆智及之謀也化及爲丞相以爲右僕射領十二衞大將軍及僭號封齊王竇建德獲而斬之并其黨十餘人皆暴屍梟首

司馬德戡扶風雍人父元謙仕周爲都督德戡幼孤以屠豕自給有桑門釋粲通德戡母娥氏遂撫教之因解書計開皇中爲侍官漸遷至大都督從楊素出討漢王諒充內營左右進止便僻俊辯多姦計素大善之以勳授儀同三司大業三年爲鷹揚郎將從討遼左進位正議大夫遷武賁郎將煬帝甚昵之從至

江都領左右備身驍果萬人營於城內因隋末大亂乃率驍果反語在化及事中既獲煬帝與黨孟景等推化及爲丞相化及首封德戡爲溫國公加光祿大夫仍統本兵化及意甚忌之後數日化及署諸將分配士卒乃以德戡爲禮部尚書外示美遷實奪其兵也由是懷怨所獲賞物皆賂於智及智及爲之言行至徐州捨舟登陸令德戡將後軍乃與趙行樞李孝本尹正卿宇文導師等謀襲化及遣人使于孟海公結爲外助遷延未發以待使報許弘仁張愷知之以告化及因遣其弟士及陽爲游獵至於後軍德戡不知事露出營參謁因命執之并其黨與化及責之曰與公戮力共定海內出於萬死今始事成願得同守富貴公又何爲反也德戡曰本殺昏主苦其毒害立足下而又甚之逼於物情不獲已也化及不對命送至幕下縊而殺之

裴虔通河東人初煬帝爲晉王以親信從稍遷至監門校尉帝卽位擢舊左右授宣惠尉累從征役至通議大夫與司馬德戡同謀作亂先開宮門騎至成象殿殺將軍獨孤盛執帝於西閣化及以虔通爲光祿大夫莒國公化及引兵之

北也令鎮徐州化及敗後歸於大唐卽授徐州總管轉辰州刺史封長蚍男尋以隋朝弑逆之罪除名徙於嶺表而死

王世充字行滿本西域胡人也祖支頹褥徙居新豐頹褥死其妻少寡與儀同王粲野合生子曰瓊粲遂納之以爲小妻其父收幼孤隨母嫁粲粲愛而養焉因姓王氏官至懷汴二州長史世充捲髮豺聲沈猜多詭詐頗窺書傳尤好兵法曉龜策推步盈虛然未嘗爲人言也開皇中爲左翊衞後以軍功拜儀同授兵部員外郎善敷奏明習法律而儛弄文墨高下在心或有駁難之者世充利口飾非辭義鋒起衆雖知其否而莫能屈稱爲明辯煬帝世累遷至江都郡丞時帝數幸江都世充善候人主顏色阿諛順旨每入言事帝善之又以郡丞領江都宮監乃彫飾池臺陰奏遠方珍物以媚於帝由是益昵之大業八年隋始亂世充內懷徼倖卑身禮士陰結豪俊多收衆心江淮閒人素輕薄又屬賊盜羣起人多犯法有繫獄抵罪者世充枉法出之以樹私恩及楊玄感反吳人朱燮晉陵人管崇起兵江南以應之自稱將軍擁衆十餘萬帝遣將軍吐萬緒魚

俱羅討之不能剋世充募江郡萬餘人擊頻破之每有剋捷必歸功於下所獲軍實皆推與士卒身無所取由此人爭爲用功最居多十年齊郡賊帥孟讓自長白山寇掠諸郡至盱眙有衆十餘萬世充以兵拒之而羸師示弱保都梁山爲五柵相持不戰後因其懈弛出兵奮擊大破之乘勝盡滅諸賊讓以數十騎遁去斬首萬人六畜軍資莫不盡獲帝以世充有將帥才略始遣領兵討諸小盜所向破之然性多矯僞詐爲善能自勤苦以求聲譽十一年突厥圍帝於鴈門世充盡發江都人往赴難在軍中垢面悲泣曉夜不解甲藉草而坐帝聞之以爲愛己益信任之十二年遷爲江都通守時厭次人格謙爲盜數年兵十餘萬在豆子䴚中世充破斬之威振羣賊又擊盧明月破之於南陽後還江都帝大悅自執杯酒以賜之時世充又知帝好內乃言江淮良家多有美女願備後庭無由自進帝愈喜因密令世充閱觀諸女資質端麗合法相者取正庫及應入京物以聘納之所用不可勝計帳上所司云敕別用不顯其實有合意者則厚賞世充或不中者又以賚之後令以船送東京而道路賊起使者苦役於淮

泗中沉船溺殺之者前後十數或有發露世充爲祕之又遽簡閱以供進是後益見親昵遇李密攻陷興洛倉進逼東都官軍數敗光祿大夫裴仁基以武牢降於密帝惡之大發兵將討焉特發中詔遣世充爲將軍於洛口以拒密前後百餘戰互有勝負世充乃引軍度洛水逼倉城李密與戰世充敗績赴水溺死者萬餘人時天寒大雨雪兵既度水衣皆霑濕在道凍死者又數萬人比至河陽纔以千數世充自繫獄請罪越王侗遣使赦之召令還都收合亡散屯於含嘉城中不敢復出宇文化及殺帝於江都世充與太府卿元文都將軍皇甫無逸右司郎盧楚奉侗爲主侗以世充爲吏部尚書封鄭國公及侗用元文都盧楚之謀拜李密爲太尉尚書令密遂稱臣復以兵拒化及於黎陽遣使獻捷衆皆悅世充獨謂其麾下諸將曰文都之輩刀筆吏耳吾觀其勢必爲李密所禽且吾軍人馬每與密戰殺其父兄子弟前後已多一旦爲之下吾屬無類矣出此言以激怒其衆文都知而大懼與楚等謀將因世充入內伏甲而殺之期有日矣將軍段達遣女壻張志以楚等謀告之世充夜勒兵圍宮城將軍費曜田

世閣等與戰於東太陽門外曜軍敗世充遂攻門而入無逸以單騎遁走獲楚
殺之時宮門尚閉世充遣人扣門言於侗曰元文都等欲執皇帝降於李密段
達知而以告臣臣非敢反誅反者耳文都聞變入奉侗於乾陽殿陳兵衛之令
將帥乘城以拒難兵敗侗命開門以納世充世充悉遣人代宿衞者明日入謁
頓首流涕而言曰文都等無狀謀相屠害事急爲此不敢背國侗與之盟世充
尋遣韋節等諷侗命拜爲尚書左僕射總督內外諸軍事又授其兄惲爲內史
令入居禁中未幾李密破化及還其勁兵良馬多戰死士卒皆勌世充欲乘其
弊而擊之恐人心不一乃假託鬼神言夢見周公乃立祠於洛水之上遣巫宣
言周公欲令僕射急討李密當有大功不則兵皆疫死世充兵多楚人俗信妖
妄故出此言以惑之衆皆請戰世充簡練精勇得二萬餘人馬千餘疋營洛水
南密軍偃師北山上時密新得志於化及有輕世充之心不設壁壘世充遣二
百餘騎潛入北山伏溪谷中令軍秣馬蓐食既而宵濟人馬奔馳比明而薄密
密出兵應之陣未成列而兩軍合戰其伏兵蔽山而上潛登北原乘高而下馳

壓密營營中亂無能拒者卽入縱火密軍大驚而潰降其將張童兒陳智略進下偃師初世充兄偉及子玄應隨化及至東郡密得而囚之於城中至是盡獲之又執密長史景元真妻子司馬鄭虔象之母及諸將子弟皆撫慰之各令潛呼其父兄兵次洛口元真鄭虔象等舉倉城以應之密以數十騎遁逸世充收其衆而還東盡於海南至於江悉來歸附世充又令韋節諷侗拜己爲太尉置署官屬以尙書省爲其府尋自稱鄭王遣其將高略帥師攻壽安不利而旋又帥師攻圍穀州三日而退明年自稱相國受九錫備法物是後不朝侗矣有道士桓法嗣者自言解圖讖世充昵之法嗣乃上孔子閉房記畫作大夫持一干以驅羊法嗣云楊隋姓也干一者王字也王居楊後明相國代隋爲帝也又取莊子人閒世德充符二篇上之法嗣釋曰上篇言世下篇言充此則相國名矣當德被人閒而應符命爲天子也世充大悅曰此天命也再拜受之卽以法嗣爲諫議大夫世充又羅取雜鳥書帛係其頸自言符命而散之於空或有彈射得鳥而來獻者亦拜官爵既而廢侗陰殺之僭卽皇帝位建元曰開明國號鄭

大唐太宗帥師圍之世充頻出兵戰輒不利諸城相繼降款世充窘迫遣使請救於竇建德建德率兵援之至武牢太宗破之禽建德以詣城下世充將潰圍而出諸將莫有應之者於是出降至長安爲讐家所殺

段達武威姑臧人父嚴周朔州刺史達在周年始三歲襲爵襄垣縣公及長身長八尺美鬚髯便弓馬隋文帝爲丞相以爲大都督領親信兵常置左右及踐阼爲左直齋遷車騎將軍督晉王府軍事以擊高智慧功授上儀同又破汪文進等加開府仁壽初爲太子左衛副率大業初以藩邸之舊拜左翊衛將軍從征吐谷渾進位金紫光祿大夫帝征遼東平原郝孝德清河張金稱等並起爲盜帝令達擊之數爲金稱等所挫諸賊輕之號爲段姥後用鄃令楊善會謀更與賊戰方致剋捷還京師以公事坐免明年帝征遼東使達留守涿郡俄復拜左翊衛將軍高陽魏刀兒聚衆自號歷山飛寇掠燕趙達率涿郡通守郭絢擊敗之時盜賊既多達不能因機決勝唯持重自守時人皆謂之爲怯懦十二年帝幸江都宮詔達與太府卿元文都等留守東都李密縱兵侵掠城下達與監

門郎將龐玉武牙郎將霍世舉禦之以功遷左驍衛大將軍王世充之敗也密進據北芒來薄上春門達與判戶部尚書韋津拒之達見賊不陣而走軍大潰津沒於密及帝崩於江都達與文都等推越王侗爲主署開府儀同三司兼納言陳國公元文都等之謀誅王世充達預焉既而陰告世充達爲之內應及事發迫越王送文都於世充世充甚德於達既破李密諷越王禪讓世充僭號以達爲司徒及東都平坐斬妻子籍沒

論曰宇文述便辟足恭柔顏取悅君所謂可亦曰可焉君所謂不亦曰不焉無所是非不能輕重默默茍容偷安高位甘素餐之責受彼己之譏此固君子所不爲亦丘明之深恥化及以此下才負恩累葉時逢崩折不能竭命乃因利乘便先圖干紀率羣不逞職爲亂階拔本塞源裂冠毀冕釁深指鹿事切食蹯天地所不容人神所同憤矣世充斗筲小器遭逢時幸與蒙獎擢禮越舊臣而躬爲戎首親行鴆毒竟而蚍豕醜類繼踵誅夷梟獍兇魁相尋葅戮垂炯戒於來葉快忠義於當年爲人臣者可無殷鑒哉

北史卷七十九

北史卷七十九考證

宇文述傳尉遲逈作亂○隋書亂字下有相州二字

家僮千餘人皆控良馬被服金玉○玉監本訛王今改正

化及糧盡度永濟渠○永監本訛水今改從隋書

乃以檻車載化及至大陸縣城下○檻監本訛轞今改從南本

王世充傳因姓王氏○王監本訛玉今改正

北史卷七十九考證

北史卷八十

唐　李延壽撰

列傳第六十八

外戚

賀訥　姚黃眉　杜超　賀迷
閭毗　馮熙　李惠　高肇
胡國珍從曾孫長粲　楊騰　乙弗繪　趙猛
胡長仁　隋文帝外家呂氏

夫左賢右戚尚德尊功有國者所以御天下也殷肇王基不藉莘氏爲佐周成王業未聞姒姓爲輔然歷觀累代外戚之家乘母后之權以取高位厚秩者多矣而鮮能有克終之美必罹顛覆之患何哉皆由乎居上不以至公任物在下徒用私寵要榮藺犢引大車升質任厚棟無德而尊不知紀極忽於滿盈之戒罔念高危之咎故鬼瞰其室憂必及之所以殺身傾族相繼於西京也夫誠著

艱難功宣社稷不以謙沖自牧未免顛蹶之禍而況道不足以濟時仁不足以利物自矜於己以富貴驕人者乎魏道武初賀訥有部衆之業翼成皇祚其餘或以勞勤或緣恩澤齊氏后妃之族多自保全胡長仁以譖訴貽禍斛律光以地勢被戮俱非女謁盛衰之所致也婁昭自以佐命之功崇其名器且霸業權輿時方同德陵暴之釁因茲而起其靖德昭訓二門並良家遺孽守死無暇固不足涉言又子非繼世權難妄假昭信非惟素門履道訖構廢辱威望之地自致無由有周御歷后門初無與政既而末跡竊權竟移鼎璽斯乃西漢覆車之轍魏文所以深誡隋文潛躍之初獻后便相推轂煬帝大橫方兆蕭妃密勿經綸是以恩禮綢繆始終不易然外內親戚莫預朝權昆弟在位亦無殊寵至於居擅玉堂家稱金穴暉光戚里熏灼四方將三司以比儀命五侯而同拜者終始一代寂無聞焉考之前王可謂矯其弊矣故雖時經擾攘無有陷於不義市朝遷貿而皆得以保全比夫憑藉寵私階緣恩澤乘其非據旋就顛隕者豈可同日而言哉此所謂愛之以禮者也案外戚魏書有賀訥劉羅辰姚黃眉杜超

賀迷閭毗馮熙李峻李惠高肇于勁胡國珍李延實齊書有趙猛婁叡尒朱文
暢鄭仲禮李祖昇元蠻胡長仁周書不立此篇隋書有獨孤羅蕭巋今以劉羅
辰李峻于勁李延實婁叡尒朱文暢鄭仲禮李祖昇元蠻獨孤羅蕭巋命附其
家傳其餘並入此篇又檢楊騰乙弗繪附之魏末以備外戚傳云

賀訥代人魏道武皇帝之舅獻明后之兄也其先世爲君長祖紇尙平文女父
野干尙昭成女遼西公主昭成崩諸部乖亂獻明后與道武及衞秦二王依訥
會苻堅使劉庫仁分攝國事道武還居獨孤訥總攝東部爲大人遷居大甯行
其恩信衆多歸之侔於庫仁苻堅假訥鷹揚將軍後劉顯謀逆道武輕騎歸訥
訥驚拜曰官家復國當念老臣帝笑答曰誠如舅言要不亡也訥中弟染干麤
暴忌帝常圖爲逆每爲皇姑遼西公主擁護故染干不得肆其禍心諸部大人
請訥兄弟求舉道武爲主染干不從遂與諸大人勸進道武登代王位于牛川
及帝討吐突隣部訥兄弟遂懷異圖率諸部救之帝擊之大潰訥西遁衞辰遣
子直力鞮征訥告急請降道武躬精騎二十萬救之遂徙訥部落及諸弟處之

東界訥又通於慕容垂垂以訥爲歸善王染干謀殺訥而代立訥遂與染干相
攻垂遣子麟討之敗染干於牛都破訥於赤城道武遣師救訥麟乃引退訥從
道武平中原拜安遠將軍其後離散諸部分土定居不聽遷徙其君長大人皆
同編戶訥以元舅甚見尊重然無統領以壽終於家訥弟盧亦從平中原以功
賜爵遼西公帝遣盧會衞王儀伐鄴而盧自以帝之季舅不肯受儀節度帝遣
使切責之盧遂忿恨與儀司馬丁建構成其嫌彌加猜忌會道武敕儀去鄴盧
亦引歸道武以盧爲廣川太守盧性雄豪恥居冀州刺史王輔下襲殺輔奔慕
容德德以爲并州刺史廣寧王廣固敗盧亦沒訥從父弟悅初道武居賀蘭部
下人情未甚附唯悅舉部隨從又密爲帝祈禱天神請成大業出於誠至帝嘉
之甚見寵待後平中原以功賜爵鉅鹿侯進爵北新卒子泥襲爵後降爲肥如
侯道武崩京師草草泥出舉烽於安陽城北賀蘭部人皆往赴之明元卽位乃
罷詔泥與元渾等八人拾遺左右與北新侯安同持節行并定二州劾奏并州
刺史元六頭等皆伏罪州郡肅然後從太武征赫連昌以功進爵爲琅邪公軍

國大議每參豫焉又征蠕蠕爲別道將坐逐賊不進詐增虜當斬贖爲庶人久之拜光祿勳爲外都大官復本爵卒官子醜建襲

姚黃眉姚興之子明元昭哀皇后之弟也姚泓滅黃眉間來歸魏明元厚禮待之賜爵隴西公尚陽翟公主拜駙馬都尉隸戶二百太武即位遷內都大官後拜太常卿卒贈雍州刺史隴西王諡曰獻陪葬金陵黃眉寬和温厚希言得失太武悼惜之故贈禮有加

杜超字祖仁魏郡鄴人密皇后之兄也少有節操太常中爲相州別駕始光中太武思念舅氏以超爲陽平公尚南安長公主拜駙馬都尉位大鴻臚卿車駕幸其第賞賜巨萬神䴥三年以超行征南大將軍太宰進爵爲王鎮鄴追加超父豹鎮東大將軍陽平景王母曰鉅鹿惠君真君五年超爲帳下所害太武臨其喪哀慟者久之諡曰威王長子道生賜爵城陽侯後爲秦州刺史進爵河東公道生弟鳳凰襲爵加侍中特進太武追思超不已欲以鳳凰爲定州刺史鳳凰不願違離闕庭乃止鳳凰弟道儁賜爵發干侯鎮枋頭除兗州刺史超既薨

復授超從弟遺侍中安南將軍開府相州刺史入爲內都大官進爵廣平王遺性忠厚頻歷州郡所在著稱薨贈太傅謚曰宣王長子元寶位司空元寶弟胤寶司隸校尉元寶又進爵京兆王及歸而父遺喪明當入謝元寶欲以表聞文成未知遺薨怪其遲召之元寶將入時人止之曰宜以家憂自辭元寶欲見其寵不從遂冒哀而入未幾以謀反伏誅親從皆斬唯元寶子世衡逃免時朝議欲追削超爵位中書令高允上表理之後兗州故吏汲宗等以道傳遺惠在人前從坐爵受誅委骸土壤求得收葬書奏詔義而聽之贈散騎常侍安南將軍南康公謚曰昭世衡襲遺公爵

賀迷代人太武敬哀皇后之從父也皇后生景穆初后少孤父兄近親唯迷故蒙賜爵長鄉子卒贈光祿大夫五原公

閭毗代人蠕蠕主大檀之親屬太武時自其國來降毗卽恭皇后之兄也后生文成文成大安二年以毗爲平北將軍賜爵河東公弟紇爲寧北將軍賜爵零陵公其年並加侍中進爵爲王毗征東將軍評尚書事紇征西將軍中都大官

自餘子弟賜爵爲王者二人公五人侯六人子三人同時受拜所以隆崇舅氏和平二年追謚后祖父延襄康公辰定襄懿王毗薨贈太尉追贈毗妻河東王妃子惠襲紇薨贈司空子豆後賜名莊太和中初立三長以莊爲定戶籍大使甚有時譽十六年例降爵後爲七兵尚書卒紇弟染位外都大官冀州刺史江夏公卒先是文成以乳母常氏有保護功既卽位尊爲保太后後尊爲皇太后興安二年太后前兄英字世華自肥如令超爲散騎常侍鎮軍大將軍賜爵遼西公弟喜鎮軍大將軍祠曹尚書帶方公三妹皆封縣君妹夫王睹爲平州刺史遼東公追贈英祖父苻堅扶風太守亥爲鎮西將軍遼西簡公勃海太守澄爲侍中征東大將軍太宰遼西獻王英母許氏博陵郡君遺兼太常盧度世持節改葬獻王於遼西樹碑立廟置守冢百家太安初英爲侍中征東大將軍太宰進爵爲王喜左光祿大夫改封燕郡從兄泰爲安東將軍朝鮮侯訢子伯夫散騎常侍選部尚書次子員金部尚書喜子振太子庶子三年英領太師評尚書事內都大官伏寶泰等州刺史五年詔以太后母宋氏爲遼西王太妃和平

元年喜爲洛州刺史初英事宋不能謹而睹奉宋甚至就食於和龍無車牛宋疲不進睹負宋於筊至是宋於英等薄不如睹之篤謂太后曰何不王睹而黜英太后曰英爲長兄門戶主也家內小小不順何足追計睹雖盡力故是他姓奈何在英上本州郡公亦足報耳天安中英爲平州刺史䜣爲幽州刺史伯夫進爵范陽公英獨貨徙敦煌諸常自興公及至是皆以親疏受爵賜田宅時爲隆盛後伯夫爲洛州刺史以贓汙欺妄徵斬於京師承明元年徵英復官甍謚遼西平王始英之徵也夢日墜其所居黄山下水中村人以車牛挽致不能出英獨抱載而歸聞者異之後員與伯夫子禽可共爲飛書誣謗朝政事發有司執憲刑及五族孝文以明太后故罪止一門䜣年老赦免歸家恕其孫一人扶養之給奴婢田宅其家僮入者百人金錦布帛數萬計賜尚書已下宿衞已上其女壻及親從在朝皆免官歸本鄉十一年孝文文明太后以文昭太后故悉出其家前後沒入婦女以喜子振試守正平郡卒

馮熙字晉國長樂信都人文明太后之兄也祖弘北燕王太武平遼海熙父朗

內徙官至秦雍二州刺史遼西郡公坐事誅文明太后臨朝追贈假黃鉞太宰燕宣王立廟長安熙生於長安爲姚氏魏母所養以叔父樂陵公邈因戰入蠕蠕魏母攜熙逃避至氐羌中撫育年十二好弓馬有勇幹氐羌皆歸附之魏母惡其如此將還長安始就博士學問從師受孝經論語好陰陽兵法事及長游華陰河東二郡間性汎愛不拘小節人無士庶來則納之熙姑先入掖庭爲太武左昭儀妹爲文成帝后卽文明太后也使人外訪知熙所在徵赴京師拜冠軍將軍賜爵肥如侯尙景穆女博陵長公主拜駙馬都尉出爲定州刺史進爵昌黎王獻文卽位爲太傅累拜內都大官孝文卽位文明太后臨朝帝乃承旨以熙爲侍中太師中書監領祕書事熙以頻履師傅又中宮之寵爲羣情所駭心不自安乞轉外任文明太后亦以爲然除都督洛州刺史侍中太師如故洛陽雖經破亂而舊三字石經宛然猶在至熙與常伯夫相繼爲州廢毀分用大至頹落熙爲政不能仁厚而信佛法自出家財在諸州鎭建佛圖精舍合七十二處寫十六部一切經延致名德沙門日與講論精勤不倦所費亦不貲而營

塔寺多在高山秀阜傷殺人牛有沙門勸止之熙曰成就後人唯見佛圖焉知殺人牛也其北芒寺碑文中書侍郎賈元壽詞孝文頻登北芒寺親讀碑文稱爲佳作熙爲州因取人子女爲奴婢有容色者幸之爲妾有子女數十人號爲貪縱後授內都大官太師如故熙事魏母孝謹如事所生魏母卒乃散髮徒跣水漿不入口三日詔不聽服熙表求依趙氏之孤帝以熙情難奪聽服齊衰期後以例降改封京兆郡公帝納其女爲后曰白武通云王所不臣數有三焉妻之父母抑言其一此所謂供承宗廟不欲奪私心然吾季著於春秋無臣證於往牒既許通體之一用開至尊之敬比長秋配極陰政既敷未聞有司陳奏斯式可詔太師輟臣從禮又勒集書造儀付外孝文前後納熙三女二爲后一爲左昭儀由是馮氏寵貴益隆賞賜累巨萬帝每詔熙上書不臣入朝不拜熙上書如舊熙於後遇疾綿寢四載詔遣監問道路相望車駕亦數幸焉將還洛帝親與熙別見其困篤歔欷流涕密敕宕昌公主過曰太師萬一即可監護喪事十九年薨於代車駕在淮南留臺表聞還至徐州乃舉哀爲制緦服詔有司預

辦凶儀并開魏京之墓令公主之柩俱向伊洛凡所營送皆公家爲備又敕代給綵帛前後六千匹以供凶用皇后詣代都赴哭太子恂亦赴代哭弔將葬贈假黃金侍中都督十州諸軍事大司馬太尉冀州刺史加黃屋左纛備九錫前後部羽葆鼓吹皆依晉太宰安平獻王故事有司奏諡詔曰可以威彊恢遠曰武奉諡於公柩至七里澗帝服縗往迎叩靈悲慟而拜焉葬日送臨墓所親作誌銘主生二子誕脩誕字思正脩字寶業皆姿質妍麗年纔十餘文明太后俱引入禁中申以教誡然不能習讀經史兄弟並無學術徒整飾容儀寬雅恭謹而已誕與孝文同歲幼侍書學仍蒙親待尙帝妹樂安長公主拜駙馬都尉侍中征西大將軍南平王脩侍中鎭北大將軍尙書東平公又除誕儀曹尙書知殿中事及罷庶姓王誕爲侍中都督中外諸軍事中軍將軍特進改封長樂郡公誕拜官孝文立於庭遙受其拜既訖還室脩降爲侯誕脩雖並長宮禁而性趣乖別誕性淳篤脩乃浮競誕亦未能誨督其過然時言於太后孝文嚴責之至於楚撻由是陰懷毒恨遂結左右有憾於誕者求藥欲因食害誕事覺帝自

詰之具得情狀誕引過謝乞全脩命帝以誕父老又重其意不致於法撻之百
餘黜爲平城百姓脩妻司空穆亮女也求離婚請免官帝引管蔡事皆不許帝
寵誕仍作同輿而載同案而食同席坐臥彭城王勰北海王詳雖直禁中然親
近不及十六年以誕爲司徒帝旣愛誕除官日親爲制三讓表幷啓將拜又爲
其章謝尋加車騎大將軍太子太師十八年帝謂其無師傅奬導風誕深自誨
責從駕南伐十九年至鍾離誕遇疾不能侍從帝日省問醫藥備加帝銳意臨
江乃命六軍發鍾離南轅與誕泣訣左右皆入無不掩涕時誕已惙然彊坐視
帝悲而淚不能下言夢太后來呼臣帝嗚咽執手而出遂行是日去鍾離五十
里許昏時告誕薨問帝哀不自勝時崔慧景裴叔業軍在中淮去所次不過百
里帝乃輕駕西還從者數千人夜至誕薨所拊屍哀慟若喪至戚達旦聲淚不
絕從者亦迭舉音帝以所服衣幍充襚親自臨視徹樂去膳宣敕六軍止臨江
之駕帝親北度慟哭極哀喪至洛陽車駕猶在鍾離詔留守賜賻物布帛五千
匹穀五千斛以供葬事贈假黃鉞使持節大司馬領司徒侍中都督太師駙馬

公如故加以殊禮備錫九命依晉大司馬齊王攸故事有司奏諡詔曰案諡法
主善行德曰元柔剋有光曰懿昔貞惠兼美受三諡之榮忠武雙徽錫兩號之
茂式準前訓宜契具瞻既自少綢繆知之惟朕案行定名諡曰元懿帝又親爲
作碑文及挽歌詞皆窮美盡哀事過其厚車駕還京遂親至誕墓停車而哭使
彭城王勰詔羣官脫朱衣服單衣介幘而哭司徒貴者示以朋友微者示如寮
佐公主貞厚有禮度産二男長子穆字孝和襲熙爵避皇子愉封改封扶風郡
公尚孝文女順陽長公主拜駙馬都尉歷員外通直散騎常侍穆與叔輔興不
和輔興亡贈相州刺史祖載在庭而穆方高車良馬恭受職命言宴滿堂忻笑
自若爲御史中尉東平王匡所劾後位金紫光祿大夫遇害河陰贈司空雍州
刺史子冏字景昭襲爵昌黎王尋以庶姓罷王仍襲扶風郡公子峭字子漢齊
受禪例降穆弟顥襲父誕長樂郡公脩弟聿字寶興廢后同産兄也位黃門郎
信都伯後坐妹廢免爲長樂百姓宣武時卒於河南尹聿同産弟風幼養於宮
文明太后特加愛念數歲賜爵至北平王拜太子中庶子出入禁闥寵侔二兄

孝文親政後恩寵稍衰降爵為侯幽后立乃復敘用后死亦冗散卒贈青州刺史崔光之兼黃門也與聿俱直光每謂之曰君家富貴大盛終必衰敗聿云我家何負四海乃呪我也光云以古推之不可不慎時熙為太保誕司徒太子太傅脩侍中尚書聿黃門廢后在位禮愛未弛是後歲餘脩以罪棄熙誕喪亡后廢聿退時人以為盛必衰也

李惠中山人思皇后之父也父蓋少知名歷位殿中都官二尚書左將軍南郡公初太武妹武威長公主故涼王沮渠牧犍之妻太武平涼州頗以公主通密計之助故寵遇差隆詔蓋尚焉蓋妻與氏以是出後蓋加侍中駙馬都尉殿中都官尚書右僕射卒官贈征南大將軍定州刺史中山王諡曰莊惠弱冠襲父爵妻襄城王韓頹女生二女長即后也惠歷位散騎常侍侍中征西大將軍秦益二州刺史進爵為王轉雍州刺史征南大將軍加長安鎮大將惠長於思察雍州聽事有燕爭巢鬬已累日惠令人掩獲試命綱紀斷之並辭惠乃使卒以弱竹彈兩燕既而一去一留惠笑謂吏屬曰此留者自計為巢功重彼去者既

經楚痛理無固心羣下伏其深察人有負鹽負薪者同釋重擔息樹陰二人將行爭一羊皮各言藉背之物惠遣爭者出顧州綱紀曰此羊皮可栲知主乎羣下咸無答者惠令人置羊皮席上以杖擊之見少鹽屑曰得其實矣使爭者視之負薪者乃伏而就罪凡所察究多如此類由是吏人莫敢欺犯後爲開府儀同三司青州刺史王如故歷政有美績惠素爲文明太后所忌誣惠將南叛誅之惠二弟初樂與惠諸子同戮後妻梁氏亦死青州盡沒其家財惠本無釁故天下冤惜焉惠從弟鳳爲定州刺史安縣王長樂主簿後長樂以罪賜死時卜筮者河間邢瓚辭引鳳云長樂不軌鳳爲謀主伏誅唯鳳弟道念與鳳子及兄弟之子皆逃免後遇赦乃出太和十二年孝文將爵舅氏詔訪存者而惠諸從以再離孥戮難於應命唯道念敢先詣闕乃申后妹及鳳兄弟子女之存者於是賜鳳子屯爵柏人侯安祖浮陽侯與祖安喜侯道念貞定侯從弟寄生高邑子皆加將軍十五年安祖昆弟四人以外戚蒙見詔謂曰卿之先世內外有犯得罪於時然官必用才以親非興邦之選外氏之寵超於末葉從今已後自非

奇才不得復外戚謬班抽舉既無殊能今且可還後例降爵安祖等改侯爲伯
並去軍號帝奉馮氏過厚於李氏過薄舅家了無敘用朝野人士所以竊議太
常高閭顯言于禁中及宣武寵隆外家並居顯位乃惟孝文舅氏存已不霑恩
澤景明末特詔與祖爲中山太守正始初詔追崇惠爲使持節驃騎將軍開府
儀同三司定州刺史中山公太常考行上言案謚法武而不遂曰壯謚曰壯公
興祖自中山遷燕州刺史卒以兄安祖子侃晞爲後襲先封南郡王後以庶姓
罷王改爲博陵郡公晞侃爲莊帝所親幸拜散騎常侍嘗食典御帝之圖尒朱
榮侃晞與魯安等持刃於禁內殺榮及莊帝蒙塵侃晞奔梁
高肇字首文文昭皇太后之兄也自云本勃海蓨人五世祖顧晉永嘉中避亂
入高麗父颺字法脩孝文初與弟乘信及其鄉人韓內冀富等入魏拜厲威將
軍河間子乘信明威將軍俱待以客禮遂納颺女是爲文昭皇后生宣武颺卒
景明初宣武追思舅氏徵肇兄弟等錄尚書事北海王詳等奏颺宜贈左光祿
大夫賜爵渤海公謚曰敬其妻蓋氏宜追封清河郡君詔可又詔颺嫡孫猛襲

渤海公爵封肇平原郡公肇弟顯澄城郡公三人同日受封始宣武未與舅氏相接將拜爵乃賜衣幘引見肇顯于華林都亭皆甚惶懼舉動失儀數日之間富貴赫奕是年咸陽王禧誅財物珍寶奴婢田宅多入高氏未幾肇爲尚書右僕射冀州大中正尚宣武姑高平公主遷尚書令肇出自夷土時望輕之及在位居要留心百揆孜孜無倦世咸謂之爲能宣武初六輔專政後以咸陽王禧無事構逆由是委肇肇既無親族頗結朋黨附之者旬月超昇背之者陷以大罪以北海王詳位居其上構殺之又說宣武防衞諸王殆同囚禁時順皇后暴崩世議言肇爲之皇子昌薨僉謂王顯失於醫療承肇意旨及京兆王愉出爲冀州刺史畏肇恣擅遂至不軌肇又譖殺彭城王勰由是朝野側目咸畏惡之因此專權與奪任己又嘗與清河王懌於雲門外廡下忽忿諍大至紛紜太尉高陽王雍和止之高后既立逾見寵信肇既當衡軸每事任己本無學識動違禮度好改先朝舊制減削封秩抑黜勳人由是怨聲盈路矣延昌初遷司徒雖貴登台鼎猶以去要快快衆咸嗤笑之父兄封贈雖久竟不改瘞三年乃詔令

還葬肇不自臨赴唯遣其兄子猛改服詣代遷葬於鄉時人以肇無識哂而不責也及大舉征蜀以肇爲大將軍都督諸軍爲之節度與都督甄琛等二十餘人俱面辭宣武於東堂親奉規略是日肇所乘駿馬停於神獸門外無故驚倒轉臥渠中鞍具瓦解衆咸怪異肇出惡焉四年宣武崩赦罷征軍明帝與肇及征南將軍元遙等書稱諱言以告凶問肇承變非唯仰慕亦憂身禍朝夕悲泣至于羸悴將至宿瀍澗驛亭家人夜迎省之皆不相視直至闕下縗服號哭昇太極殿盡哀太尉高陽王先居西柏堂專決庶事與領軍于忠密欲除之潛備壯士直寢邢豹伊盆生等十餘人於舍人省下肇哭梓宮訖於百官前引入西廊清河王懌任城王澄及諸王等皆竊言目之肇入省壯士搤而拉殺之下詔暴其罪惡稱爲自盡自餘親黨悉無追問削除職爵葬以士禮逮昏乃於廁門出其尸歸家初肇西征行至函谷車軸中折從者皆以爲不獲吉還也靈太后臨朝令特贈營州刺史永熙二年孝武帝贈使持節侍中中外諸軍事太師大丞相太尉公錄尚書事冀州刺史肇子植自中書侍郎爲濟州刺史率州軍討

破元愉別將有功當蒙封賞不受云家荷重恩爲國致効是其常節何足以膺進陟之報懇惻發於至誠歷青相朔恆四州刺史卒植頻莅五州皆清能著稱當時號爲良刺史贈安北將軍冀州刺史肇長兄琨早卒襲爵封渤海郡公贈都督五州諸軍事鎮東大將軍冀州刺史詔其子猛嗣猛字豹兒尚長樂公主即宣武同母妹也拜駙馬都尉歷位中書令出爲雍州刺史有能名入爲殿中尚書卒贈司空冀州刺史孝武帝時復贈太師大丞相錄尚書事公主無子猛先在外有男不敢令主知臨終方言之年幾三十矣乃召爲喪主尋卒無後琨弟偃字仲游太和十年卒正始中贈安東將軍都督青州刺史謚曰莊侯景明四年宣武納其女爲貴嬪及于順皇后崩永平元年立爲皇后二年八坐奏封后母王氏爲武邑郡君偃弟壽早卒壽弟即肇也肇弟顯侍中高麗國大中正早卒

胡國珍字世玉安定臨涇人也祖略姚興渤海公姚逵平北府諮議參軍父深赫連屈丐給事黃門侍郎太武剋統萬深以降款之功賜爵武始侯後拜河州

刺史國珍少好學雅尙清儉太和十五年襲爵例降爲伯女以選入掖庭生明帝卽靈太后也孝明帝踐祚以國珍爲光祿大夫靈太后臨朝加侍中封安定郡公追崇國珍妻皇甫氏爲京兆郡君置守冢十戶尙書令任城王澄奏安定公宜出入禁中參諮大務詔屈公入決萬機尋進位中書監儀同三司侍中如故賜絹歲八百疋妻梁四百匹男女姊妹各有差國珍與太師高陽王雍太傅清河王懌太保廣平王懷入居門下同釐庶政詔依漢車千秋晉安平王故事給步挽一乘自掖門至于宣光殿得以出入舁備几杖後與侍中崔光俱授帝經侍直禁中國珍上表陳刑政之宜詔皆施行延和初加國珍使持節都督雍州刺史驃騎大將軍開府靈太后以國珍年老不欲令其在外且欲示以方面之榮竟不行遷司徒公侍中如故就宅拜之靈太后明帝率百寮幸其第宴會極歡又追京兆郡君爲秦太上君太上君景明三年薨於洛陽於此十六年矣太后以太上君墳瘞卑局更增廣爲起塋域門闕碑表侍中崔光等奏按漢高祖母始謚曰昭靈夫人後爲昭靈后薄太后母曰靈文夫人皆置園邑三百家

長丞奉守今秦太上君未有尊諡陵寢孤立即秦君名宜上終稱兼設掃衞以
慰情典請上尊諡曰孝穆權置園邑三十戶立長丞奉守太后從之封國珍繼
室梁氏爲趙平郡君元乂妻拜爲女侍中封新平郡君又徙封馮翊君國珍子
祥妻長安縣公主即清河王懌女也國珍年雖篤老而雅敬佛法時事潔齋自
禮拜至於出入侍從猶能跨馬據鞍神龜元年四月七日步從所建佛像發第
至閶闔門四五里八日又立觀像晚乃肯坐勞熱增甚因遂寢疾靈太后親侍
藥膳十二日薨年八十給東園溫明祕器五時朝服各一具衣一襲贈布五千
匹錢一百萬蠟千斤大鴻臚持節監護喪事太后還宮成服於九龍殿遂居九
龍寢室明帝服小功服舉哀於太極東堂又詔自始薨至七七皆爲設千僧齋
齋令七人出家百日設萬人齋二七人出家先是巫覡言將有凶勸令爲厭勝
法國珍拒而不從云吉凶有定分唯脩德以禳之臨死與太后訣云母子善臨
天下殷勤至於再三又及其子祥云我唯有一子死後勿如比來威抑之靈太
后以其好戲時加威訓國珍故以爲言始國珍欲就祖父西葬舊鄉後緣前世

諸胡多在洛葬有終洛之心崔光嘗對太后前問國珍國公萬年後爲在此安厝爲歸長安國珍言當陪葬天子山陵及病危太后請以後事竟言還安定語遂惛忽太后問清河王懌與崔光等議去留懌等皆以病亂請從光言太后猶記崔光昔與國珍言遂營墓於洛陽太后雖外從衆議而深追臨終之語云我公之遠慕二親亦吾之思父母也追崇假黃鉞使持節侍中相國都督中外諸軍事太師領太尉公司州牧號太上秦公加九錫葬以殊禮給九旒鑾輅武賁班劍百人前後部羽葆鼓吹輼輬車謚曰文宣公賜物三千段粟一千五百石又詔贈國珍祖父父兄下逮從子皆有封職持節就安定監護喪事靈太后迎太上君神柩還第與國珍俱葬贈襚一與國珍同及國珍神主入廟詔太常權給以軒縣之樂六佾之舞初國珍無男養兄真子僧洗爲後後納趙平君生子祥字元吉襲封故事世襲例皆減邑唯祥獨得全封趙平君薨給東園秘器明帝服小功服舉哀于東堂靈太后服齊衰期葬於太上君墓左不得祔合祥歷位殿中尚書中書監侍中改封平涼郡公薨贈開府儀同三司雍州刺史謚曰

孝景僧洗字湛輝封爰德縣公位中書監侍中改封濮陽郡公僧洗自永安後廢棄不預朝政天平四年薨詔給東園祕器贈太師太尉公錄尚書事雍州刺史諡曰孝真長子寧字惠歸襲國珍先爵改爲臨涇伯後進爲公歷岐涇二州刺史卒諡曰孝穆女爲清河王亶妃生孝靜皇帝武定初贈太師太尉公錄尚書事諡曰孝昭子虔字僧敬元乂之廢靈太后虔時爲千牛備身與備身張車渠等謀乂事發乂殺車渠等虔坐遠徙靈太后反政徵爲吏部郎中太后好以家人禮與親族宴戲虔常致諫由是後宴謔多不預焉出爲涇州刺史封安陽縣侯興和三年以帝元舅超遷司空公薨贈太傅太尉公尚書僕射徐州刺史諡曰宣葬日百官會葬乘輿送於郭外子長粲長粲仕齊累遷章武太守爲政清靜頗得人和除兼幷省尚書左丞當官正色無所回避尚書左僕射趙彥深密勿樞要中書舍人裴澤便蕃左右以殿門受拜皆彈糾之彥深等頗有恨言長粲不以介意後主踐祚長粲被敕與黃門馮子琮出入禁中專典敷奏武成還鄴後主在晉陽長粲仍受委留後後主從武成還鄴仍敕在京省判度支尚

書監議五禮武成崩與領軍婁定遠錄尚書趙彥深左僕射和士開高文遙領軍綦連猛高阿那肱右僕射唐邕同知朝政時人號爲八貴於後定遠文遙並出唐邕專典外兵綦連猛高阿那肱別總武任長粲常在左右兼宣詔令從幸晉陽後主既富於春秋庶事皆相歸委長粲盡心毗奉甚得名譽又正爲侍中丁母憂給假馳驛奔喪尋有詔起復前任隴東王長仁心欲入處機要之地爲執政不許長仁疑長粲通謀大以爲恨言於太后發其陰私請出爲州太后爲言於後主不獲已從焉除趙州刺史及辭眷戀流涕後主亦憫然慰勉之至州存心政事爲人吏所懷因沐髮手不得舉失瘖卒於州後主聞而傷悼在朝文武嗟嘆咸惜之贈司空公尚書左僕射瀛州刺史諡文貞公長粲性溫雅在官清潔但始居要密便爲子叔泉取清河王崔德儉女爲妻在晉陽處分用妻弟王逖與德儉對爲司徒主簿時論以此譏之又性好內有一侍婢其妻王驕妬手刺殺之爲此忿恨數年不相見親表爲之語曰自我不見于今三年後納妾李氏仍與王氏別宅亦無朝拜之禮嫠婦公孫氏也已殺三夫長粲不信彊取

之令與李氏同往未期而亡子仲操位陳留太守次叔泉通直散騎侍郎先是
望氣者上言太白食昴法當大赦和士開奏聞詔降罪人以應之尚書左僕射
徐之才諳練往事語士開曰天垂象見吉凶有成災者有不成災者案昴趙分
或云趙地有災古者王侯各在封邑故分野有災當其君長今吾等虛名竟不
之國刺史專令一境善惡所歸比來多以刺史爲驗未幾而長粲死焉寧弟盛
字歸興位左衞將軍賜爵江陽男歷幽瀛二州刺史爲政清靜人吏愛之轉冀
州刺史卒贈司徒公錄尙書事定州刺史追封陽平郡公諡曰懿穆明帝後納
其女爲皇太后舅皇甫集妻字元會一字文都安定朝那人封涇陽縣公位儀
同三司雍州刺史右衞大將軍贈侍中司空公諡曰靜集弟度字文亮封安縣
公累遷尙書左僕射領左衞將軍度頑蔽每與人言自稱僕射時人方之毛嘉
正光初元乂出之爲都督瀛州刺史度不願出頻表固辭乃除右光祿大夫孝
昌元年爲司空領軍將軍加侍中元乂之見出也恐朝夕誅滅度與妻陳氏多
納其貨爲之左右度無子養兄集子子熙爲子子熙嫂趙郡太守裴他女他還

京師度問他外何消息他曰行路所聞唯道明公多取元乂金帛遠近無不慨歎公宜戮此罪人以謝天下陳氏聞而惡之又攝吏部事遷司徒兼尚書令不拜尋轉太尉孜孜營利老而彌甚遷授之際皆自請乞靈太后知其無用以舅氏難違之然所歷官最爲貪蠹尒朱榮入洛西奔兄子華州刺史邕尋與邕爲人所殺

楊騰弘農人文帝之舅也父貴琅邪郡守封華陰男騰妹爲京兆王愉妃故騰得處貴游景明初襲爵後爲襄城太守甚有聲稱文帝即位位開府儀同三司出鎮河東薨贈司空雍州刺史諡曰貞襄子威

乙弗繪河南洛陽人文帝皇后之兄也文帝即位位開府儀同三司侍中中書監魏昌縣公又爲吏部尚書

趙猛太安狄鄉人也姊爲齊文穆皇后繼室生趙郡公琛猛性方直頗有器幹齊神武舉義以預義勳封信都縣伯累遷南營州刺史卒贈司空公

胡長仁字孝隆安定臨涇人齊武成皇后長兄也父延之魏中書令兗州刺史

大寧中贈司空公長仁以內戚歷位尚書左僕射尚書令及武成崩預參朝政封隴東郡王左丞酈孝裕郎中陸仁惠盧元亮厚相結託長仁每上省孝裕必方駕而來省務既繁簿案堆積令使欲諮都坐者日有百數孝裕屏人私話朝退亦相隨仁惠元亮又伺閑而往停斷公事人號爲三佞長仁私遊仄密處處追尋孝裕勸其求進和士開深疾之於是奏除孝裕爲章武郡守元亮爲淮南郡守仁惠爲幽州長史孝裕又說長仁曰王陽臥疾和士開必來因而殺之入見太后不過百日失官便代其處士開知其謀更徙孝裕爲北營州建德郡守長仁每干執事求爲領軍將相文武以主上富於春秋母后家不可專政故抑而不許以本官攝選長仁性好威福意猶未盡先是尚書胡長粲奏事內省長仁疑粲間已苦請太后出之天統五年從駕自并還鄴夜發滏口帝以夜漏尚早停於路傍長仁後來謂是從行諸貴遂遣門客程牙馳騎呼問帝遣中尚食陳德信問是何人牙不答而走帝命左右追射之既而捉獲因令壯士撲之決馬鞭二百牙一宿便死士開因此遂令德信列長仁倚親驕豪無畏憚由是除

齊州刺史及辭於昭陽列仗引見長仁不敢發語唯泣涕橫流到任啓求暫歸所司不爲奏怨憤謀令冀州人李揩牆刺和士開其弟長咸告之士開密與祖孝徵議之孝徵引漢文帝殺薄昭爲故事於是敕遣張固劉桃枝馳驛詣齊州責長仁謀害宰輔遂賜死先是太白食昴占者曰昴爲趙分不利胡王長仁未幾死長仁性好歌舞飲酒至數斗不亂自至齊州每進酒後必長歎欷歔流涕不自勝左右莫不怪之尋而後主納長仁女爲后重加贈長仁子君璧襲爵朧東王君璧弟君璋及長仁弟長雍等前後七人並賜爵合門貴盛后廢後稍稍黜退焉

隋文帝外家呂氏其族蓋微平齊後求訪不知所在開皇初濟南郡上言有男子呂永吉自稱有姑字苦桃嫁爲楊諱妻勘驗知是舅子始追贈外祖雙周爲上柱國太尉八州諸軍事青州刺史封齊郡公謚曰敬外祖母姚氏爲齊敬公夫人詔並改葬於齊州立廟置守冢十家以永吉襲爵留在京師及大業中授上黨郡太守性識庸劣職務不理後去官不知所終從父道貴性尤頑騃言詞

郕陋初自鄉里徵入長安上見之悲泣道貴略無感容但連呼帝名云種未定不可偷大似苦桃姊後數犯忌諱動致違忤上甚恥之乃命高頻厚加供給不許接對朝士拜上儀同三司出爲濟南太守令卽之任斷其入朝道貴還至本郡高自崇重每與人言自稱皇舅數將儀衞出入閭里從故人游宴庶僚咸苦之後郡廢終於家子孫無聞焉

論曰三五哲王防深慮遠舅甥之國罕執鈞衡毋后之家無聞傾敗爰及漢晉顚覆繼軌皆由乎進不以禮故其斃亦速自魏至隋時移四代得失之迹斯文可睹苟不傾宗終致亡國周隋之際可爲鑒焉若使開皇創業不取懲於已往獨孤權侔呂霍必敗於仁壽之前蕭氏勢均梁竇豈全於大業之後今或不隕舊基或更隆先構豈非處之以道遠權之所致乎

北史卷八十

北史卷八十考證

閭毗傳以贓汙欺妄徵斬於京師○汙監本訛汗今改正

馮熙傳征西大將軍南平王○王監本訛土今改從魏書

李惠傳時卜筮者河間邢瓚辭引鳳○卜監本訛十今改正

史臣論得失之迹斯文可睹○睹監本訛睹今改正

北史卷八十考證

北史卷八十一

唐　李延壽　撰

列傳第六十九

儒林上

梁越　盧醜　張偉　梁祚　平恆

陳奇　劉獻之　張吾貴　劉蘭

孫惠蔚族曾孫靈暉馬子結石曜靈暉子萬壽　徐遵明　董徵

李業興子崇祖　李鉉　馮偉

張買奴　劉軌思　鮑季詳　邢峙　劉晝

馬敬德子元熙　張景仁　權會　張思伯

張彫武　郭遵

儒者其爲教也大矣其利物也博矣以篤父子以正君臣開政化之本原鑿生靈之耳目百王損益一以貫之雖世或汙隆而斯文不墜自永嘉之後宇內分

崩禮樂文章掃地將盡魏道武初定中原雖日不暇給始建都邑便以經術爲先立太學置五經博士生員千有餘人天與二年春增國子太學生員至三千人豈不以天下可馬上取之不可以馬上臨之聖達經猷蓋爲遠矣四年春命樂師入學習舞釋菜于先師明元時改國子爲中書學立教授博士太武始光三年春起太學於城東後徵盧玄高允等而令州郡各舉才學於是人多砥尚儒術轉興獻文天安初詔立鄉學郡置博士二人助教二人學生六十人後詔大郡立博士二人助教四人學生一百人次郡立博士二人助教二人學生八十人中郡立博士一人助教二人學生六十人下郡立博士一人助教一人學生四十人太和中改中書學爲國子學建明堂辟雍尊三老五更又開皇子之學及還都洛邑詔立國子太學四門小學孝文欽明稽古篤好墳籍坐輿據鞍不忘講道劉芳李彪諸人以經書進崔光邢巒之徒以文史達其餘涉獵典章閑集詞翰莫不縻以好爵動貽賞眷於是斯文鬱然比隆周漢宣武時復詔營國學樹小學於四門大選儒生以爲小學博士員四十人雖釁宇未立而經術

彌顯時天下承平學業大盛故燕齊趙魏之間橫經著錄不可勝數大者千餘人小者猶數百州舉茂異郡貢孝廉對揚王庭每年逾衆神龜中將立國學詔以三品以上及五品清官之子以充上選未及簡置仍復停寢正光三年乃釋奠於國學命祭酒崔光講孝經始置國子生三十六人暨孝昌之後海內淆亂四方校學所存無幾齊神武生於邊朔長於戎馬杖義建旗掃清區縣因魏氏喪亂屬尒朱殘酷文章咸盪禮樂同奔弦歌之音且絕俎豆之容將盡永熙中孝武復釋奠於國學又於顯陽殿詔祭酒劉廞講孝經黃門李郁說禮記中書舍人盧景宣講大戴禮夏小正篇復置生七十二人及永熙西遷天平北徙雖庠序之制有所未遑而儒雅之道遽形心慮時初遷都於鄴國子置生三十六人至興和武定之間儒業復盛矣始天平中范陽盧景裕同從兄仲禮於本郡起逆齊神武免其罪置之賓館以經教授太原公以下及景裕卒又以趙郡李同軌繼之二賢並大蒙恩遇待以殊禮同軌云亡復徵中山張彫武勃海李鉉刁柔中山石曜等遞爲諸子師友及天保大寧武平之朝亦引進名儒授皇太

子諸王經術然爰自始基暨於季世唯濟南之在儲宮性識聰敏頗自砥礪以成其美自餘多驕恣傲狠動違禮度日就月將無聞焉爾鏤冰彫朽迄用無成蓋有由焉夫帝王子孫習性驕逸況義方之情不篤邪僻之路競開自非得自生知體包上智而內縱聲色之娛外多犬馬之好安能入則篤行出則友賢者也徒有師傅之資終無琢磨之實貴游之輩飾以明經可謂稽山竹箭加之括羽俯拾青紫斷可知焉而齊氏司存或失其守師保凝丞皆賞勳舊國學博士徒有虛名唯國子一學生徒數十人耳冑子以通經進仕者唯博陵崔子發廣平宋游卿而已自外莫見其人幸朝章寬簡政綱疎闊游手浮惰十室而九故橫經受業之侶徧於鄉邑負笈從宦之徒不遠千里入閭里之內乞食爲資憩桑梓之陰動逾十數燕趙之俗此衆尤甚焉齊制諸郡並立學置博士助教授經學生俱差逼充員士流及豪富之家皆不從調備員既非所好墳籍固不關懷又多被州郡官人驅使縱有游惰亦不檢察皆由上非所好之所致也諸郡俱得察孝廉其博士助教及游學之徒通經者推擇充舉射策十條通八以上

聽九品出身其尤異者亦蒙抽擢周文受命雅重經典于時西都板蕩戎馬生郊先王之舊章往聖之遺訓掃地盡矣於是求闕文於三古得至理於千載黜魏晉之制度復姬旦之茂典盧景宣學通羣藝修五禮之缺長孫紹遠才稱洽聞正六樂之壞由是朝章漸備學者嚮風明皇纂歷敦尚學藝內有崇文之觀外重成均之職握素懷鉛重席解頤之士間出於朝廷員冠方領執經負笈之生著錄於京邑濟濟焉足以踰於向時矣洎保定三年帝乃下詔尊太保燕公爲三老帝於是服袞冕乘碧輅陳文物備禮容清蹕而臨太學袒割以食之奉觴以酳之斯固一世之盛事也其後命輶軒而致玉帛徵沈重於南荆及定山東降至尊而勞萬乘待熊安生以殊禮是以天下慕嚮文教遠覃衣儒者之服挾先王之道開黌舍延學徒者比肩勵從師之志守專門之業辭親戚甘勤苦者成市雖通儒盛業不逮晉魏之臣而風移俗變抑亦近代之美也自正朔不一將三百年師訓紛綸無所取正隋文膺期纂曆平一寰宇頓天網以掩之賁旌帛以禮之設好爵以縻之於是四海九州強學待問之士靡不畢集焉天子

乃整萬乘率百僚遵問道之儀觀釋奠之禮博士罄縣河之辯侍中竭重席之奧考正亡逸研覈異同積滯羣疑渙然冰釋於是超擢奇儁厚賞諸儒京邑達乎四方皆啓黌校齊魯趙魏學者尤多負笈追師不遠千里講誦之聲道路不絕中州之盛自漢魏以來一時而已及帝暮年精華稍竭不悅儒術專尚刑名執政之徒咸非篤好暨仁壽間遂廢天下之學唯存國子一所弟子七十二人煬帝即位復開庠序國子郡縣之學盛於開皇之初徵辟儒生遠近畢至使相與講論得失於東都之下納言定其差次一以聞奏焉于時舊儒多已凋亡惟信都劉士元河間劉光伯拔萃出類學通南北博極今古後生鑽仰所製諸經義疏搢紳咸師宗之既而外事四夷戎馬不息師徒怠散盜賊羣起禮義不足以防君子刑罰不足以威小人空有建學之名而無弘道之實其風漸墜以至滅亡方領矩步之徒亦轉死溝壑凡有經籍因此湮沒於煨燼矣遂使後進之士不復聞詩書之言皆懷攘竊之心相與陷於不義傳曰學者將殖不學者將落然則盛衰是繫興亡攸在有國有家者可不慎歟漢世鄭玄並爲衆經注解

服虔何休各有所說玄易詩書禮論語孝經虔左氏春秋休公羊傳大行於河北王肅易亦間行焉晉世杜預注左氏預玄孫坦坦弟驥於宋朝並爲青州刺史傳其家業故齊地多習之自魏末大儒徐遵明門下講鄭玄所注周易遵明以傳盧景裕及清河崔瑾景裕傳權會郭茂權會早入鄴都郭茂恆在門下教授其後能言易者多出郭茂之門河南及青齊之間儒生多講王輔嗣所注師訓蓋寡齊時儒士罕傳尚書之業徐遵明兼通之遵明受業於屯留王聰傳授浮陽李周仁及渤海張文敬李鉉河間權會並鄭康成所注非古文也下里諸生略不見孔氏注解武平末劉光伯劉士元始得費甝義疏乃留意焉其詩禮春秋尤爲當時所尚諸生多兼通之三禮並出遵明之門徐傳業於李鉉祖儁田元鳳馮偉紀顯敬呂黃龍夏懷敬李鉉又傳授刁柔張買奴鮑季詳邢峙劉晝熊安生安生又傳孫靈暉郭仲堅丁恃德其後生能通禮經者多是安生門人諸生盡通小戴禮於周儀禮兼通者十二三焉通毛詩者多出於魏朝劉獻之獻之傳李周仁周仁傳董令度程歸則歸則傳劉敬和張思伯劉軌思其後

能言詩者多出二劉之門河北諸儒能通春秋者並服子慎所注亦出徐生之門張買奴馬敬德邢峙張思伯張奉禮張彫劉晝鮑長宣王元則並得服氏之精微又有衞覬陳達潘叔虔雖不傳徐氏之門亦爲通解又有姚文安秦道靜初亦學服氏後兼更講杜元凱所注其河外儒生俱伏膺杜氏其公羊穀梁二傳儒者多不厝懷論語孝經諸學徒莫不通講諸儒如權會李鉉刁柔熊安生劉軌思馬敬德之徒多自出義疏雖曰專門亦皆相祖習也大抵南北所爲章句好尚互有不同江左周易則王輔嗣尚書則孔安國左傳則杜元凱河洛左傳則服子慎尚書周易則鄭康成詩則並主於毛公禮則同遵於鄭氏南人約簡得其英華北學深蕪窮其枝葉考其終始要其會歸其立身成名殊方同致矣自魏梁越已下傳授講議者甚衆今各依時代而次以備儒林云爾

梁越字玄覽新與人也博通經傳性純和魏初爲禮經博士道武以其謹厚遷上大夫令授諸皇子經書明元初以師傅恩賜爵祝阿侯出爲雁門太守獲白雀以獻拜光祿大夫卒

盧醜昌黎徒何人也襄城王魯元之族也太武監國醜以博學入授經後以師傅舊恩賜爵濟陰公位尙書加散騎常侍卒於河內太守

張偉字仲業太原中都人也學通諸經鄉里受業者常數百人儒謹汎納雖有頑固問至數十偉告喻殷勤曾無慍色常依附經典教以孝悌門人感其仁化事之如父性淸雅非法不言太武時與高允等俱被辟命授中書博士累遷爲中書侍郞本國大中正使酒泉慰勞沮渠無諱又使宋賜爵成皐子出爲營州刺史進爵建安公卒贈幷州刺史諡曰康

梁祚北地泥陽人也父邵皇始二年歸魏位濟陰太守至祚居趙郡祚篤志好學歷習經典尤善公羊春秋鄭氏易常以教授有儒者風而無當世之才與幽州別駕平恆有舊恆時請與論經史辟祕書中散稍遷祕書令爲李訢所排擯退爲中書博士後出爲統萬鎭司馬徵爲散令撰幷陳壽三國志名曰國統又作代都賦頗行於世淸貧守素不交勢貴卒子元吉有父風

平恆字繼叔燕郡薊人也祖視父儒並仕慕容爲通宦恆耽勤讀誦多通博聞

自周以降暨於魏世帝王傳代之由貴臣升降之緒皆撰品第商略是非號曰略注合百餘篇安貧樂道不以屢空改操徵爲中書博士久之出爲幽州別駕廉貞寡欲不營資產衣食常至不足妻子不免饑寒後還祕書丞時高允爲監河間邢祐北平陽嘏河東裴宗廣平程駿金城趙元順等爲著作郎允每稱博通經籍無過恆也恆三子並不率父業好酒自棄恆常忿其世衰植杖巡舍側齒而哭不爲營事婚宦任意官娶曰此輩會是衰頓何煩勞我故仕娉濁碎不得及其門流別構精廬幷置經籍於中一奴自給妻子莫得而往酒食亦不與同時有珍美呼時老東安公一雍等共飲噉之家人無得嘗焉太和十年以恆爲祕書令而固請爲郡未受而卒贈幽州刺史都昌侯諡曰康

陳奇字脩奇河北人也少孤貧而奉母至孝齠齔聰識有夙成之美愛玩經典常非馬融鄭玄解經失旨志在著述五經始注孝經論語頗傳於世爲搢紳所稱與河間邢祐同召赴京時祕書省遊雅素聞其名始頗好之引入祕省欲授以史職後與奇論典誥至易訟卦天與水違行雅曰自葱嶺以西水皆西流推

此而言自葱嶺西豈東向望天哉雅性護短因以爲嫌嘗衆辱奇或爾汝之或
指爲小人奇曰公身爲君子奇身且小人雅曰君言身且小人君祖父是何人
也奇曰祖燕東部侯釐雅質奇曰侯釐何官也奇曰昔有雲師火正鳥師之名
以斯而言世革則官異時易則禮變公爲皇魏東宮內侍長竟何職也先是敕
以奇付雅令銓補祕書雅既惡之遂不復敍用焉奇冗散數年高允每嘉其遠
致稱奇通識非凡學所及允微勸雅曰吾朝望具瞻何爲與野儒辯簡牘章句
雅謂允有私於奇曰君寧黨小人也乃取奇注論語孝經燒於庭內奇曰公貴
人不乏樵薪何乃然奇論語雅愈怒因告京師後生不聽傳授而奇無降志亦
評雅之失雅製昭皇太后碑文論后名字之美比諭前魏之甄后奇刺發其非
遂聞於上詔下司徒檢對雅有屈焉有人爲謗書多怨時之言頗稱奇不得志
雅乃諷在事云此書言奇不遂當是奇假人爲之如依律文造謗書者皆及孥
戮遂抵奇罪時司徒平原王陸麗知奇見枉惜其才學故得遷延經年冀得寬
宥獄成竟致大戮遂及其家奇於易尤長在獄嘗自筮卦未及成乃擊破而歎

曰吾不度來年冬季及奇受害如其所占奇初被召夜夢星墜壓脚明而告人曰星則如風星則好雨夢星壓脚必無善徵但時命峻切不敢不赴耳奇外生常矯之仕歷郡守奇所注論語矯之傳掌未能行於世其義多異鄭玄往往與司徒崔浩同

劉獻之博陵饒陽人也少而孤貧雅好詩傳曾受業於渤海程玄後遂博觀衆籍見名法之言掩卷而笑曰若使楊墨之流不爲此書千載誰知其小也曾謂其所親曰觀屈原離騷之作自是狂人死其宜矣孔子曰無可無不可實獲我心時人有從獻之學者獻之輒謂之曰人之立身雖百行殊塗準之四科要以德行爲首子若能入孝出悌忠信仁讓不待出戶天下自知儻不能然雖復不立身之道有何益乎孔門之徒初亦未悟見皐魚之歎方乃歸而養親嗟乎先達何自覺之晚也由是四方學者莫不高其行義希造其門獻之善春秋毛詩每講左氏盡隱公八年便止云義例已了不復講解由是弟子不能究竟其說後本郡逼舉孝廉至京稱疾而還孝文幸中山詔徵典內校書獻之喟然歎曰

吾不如莊周散木遠矣一之謂甚其可再乎固以疾辭時中山張吾貴與獻之齊名四海皆稱儒宗吾貴每一講唱門徒千數其行業可稱者寡獻之著錄數百而已皆通經之士於是有識者辯其優劣魏承喪亂之後五經大義雖有師說而海內諸生多有疑滯咸決於獻之六藝之文雖不悉注所標宗旨頗異舊義撰三禮大義四卷三傳略例三卷注毛詩序義一卷行於世幷立章句疏二卷注涅槃經未就而卒四子放古爰古參古修古

張吾貴字吳子中山人也少聰慧口辯身長八尺容貌奇偉年十八本郡舉為太學博士吾貴先未多學乃從酈詮受禮牛天祐受易詮祐粗為開發而已吾貴覽讀一遍便卽別構戶牖世人競歸之曾在夏學聚徒千數而不講傳生徒竊云張生之於左氏似不能說吾貴聞之謂曰我今夏講暫罷後當說傳君等來日皆當持本生徒怪之而已吾貴詣劉蘭蘭遂為講傳三旬之中吾貴兼讀杜服隱括兩家異同悉舉諸生後集便為講之義例無窮皆多新異蘭仍伏聽學者以此益奇之而辯能飾非好為詭說由是業不久傳而氣陵牧守不屈王

侯竟不仕而終

劉蘭武邑人也年三十餘始入小學書急就篇家人覺其聰敏遂令從師受春秋詩禮於中山王保安家貧無以自資且耕且學三年之後便白其兄求講說其兄笑而聽之爲立黌舍聚徒二百蘭讀左氏五日一遍兼通五經先是張吾貴以聰辯過人其所解說不本先儒之旨唯蘭推經傳之由本注者之意參以緯候及先儒舊事甚爲精悉自後經義審博皆由於蘭蘭又明陰陽博物多識故爲儒者所宗瀛州刺史裴植徵蘭講書於州南館植爲學主故生徒甚盛海內稱焉又特爲中山王英所重英引在館令授其子熙誘略等蘭學徒前後數千成業者衆而排毀公羊又非董仲舒由是見譏於世爲國子助教靜坐讀書有人叩門蘭命引入葛巾單衣入與蘭坐謂曰君自是學士何爲每見毀辱理義長短竟在誰而過無禮見陵也今欲相召當與君正之言終而出蘭少時患死

孫惠蔚武邑武遂人也年十五粗通詩書及孝經論語十八師董道季講易十

九師程玄讀禮經及春秋三傳周流儒肆有名於冀方太和初郡舉孝廉對策於中書省時中書監高閭因相談薦俄爲中書博士轉皇宗博士閭被敕理定雅樂惠蔚參其事及樂成閭上疏請集朝士於太樂共研是非祕書令李彪自以才辯立難於其前閭命惠蔚與彪抗論彪不能屈黃門侍郎張彝常與游處每表疏論事多參訪焉十七年孝文南征上議告類之禮及太師馮熙薨惠蔚監其喪禮上書令熙未冠之子皆服成人服惠蔚與李彪以儒學相知及彪位至尚書惠蔚仍太廟令孝文曾從容言曰道固既登龍門而孫蔚猶沉涓澮朕常以爲負矣雖久滯小官深體通塞無孜孜之望儒者以是尚焉二十二年侍讀東宮先是七廟以平文爲太祖孝文議定祖宗以道武爲太祖祖宗雖定然昭穆未改及孝文崩將祔神主於廟侍中崔光兼太常卿以太祖既改昭穆以次而易兼御史中尉黃門侍郎邢巒以爲太祖雖改昭穆仍不應易乃立彈草欲按奏光光謂惠蔚曰此乃禮也而執法欲見彈劾思獲助於碩學惠蔚曰此深得禮變尋爲書以與光讚明其事光以惠蔚書呈宰輔乃召惠蔚與巒庭議

得失尚書令王肅又助巒而巒理終屈彈事遂寢宣武即位之後仍在左右敷
訓經典自冗從僕射遷祕書丞武邑郡中正惠蔚既入東觀見典籍未周及閱
舊典先無定目新故雜糅首尾不全有者累袠數十無者曠年不寫或篇第褫
落始末淪殘或文壞字誤謬爛相屬卷目雖多全定者少請依前丞盧昶所撰
甲乙新錄欲裨殘補闕損併有無校練句讀以為定本次第均寫永為常式其
省先無本者廣加推尋搜求令足然經記浩博諸子紛綸部帙既多章第紕繆
當非一二校書歲月可了求令四門博士及在京儒生四十人在祕書省專精
校考參定字義詔許之後為黃門侍郎代崔光為著作郎才非文史無所撰著
遷國子祭酒祕書監仍知史事延昌三年追賞講定之勞封棗強縣男明帝初
出為濟州刺史還京除光祿大夫魏初已來儒生寒官惠蔚最為顯達先單名
蔚正始中侍講禁內夜論佛經有愜帝旨詔使加惠號惠蔚法師焉卒于官贈
瀛州刺史謚曰戴子伯禮襲封伯禮善隸書位國子博士惠蔚族曾孫靈暉
靈暉少明敏有器度得惠蔚手錄章疏研精尋問更求師友三禮三傳皆通宗

旨然始就鮑季詳熊安生質問疑滯其所發明熊鮑無以異也舉冀州秀才射策高第仕齊累至國子博士授南陽王綽府諮議參軍綽除定州刺史仍隨綽之鎮所爲猖蹶靈暉唯默默憂綽不能諫止綽表請靈暉爲王師以管記馬子結爲諮議朝廷以王師三品奏啓不合後主於啓下手詔云但用之儒者甚以爲榮綽除大將軍靈暉以王師領大將軍司馬綽誅停廢從綽死後每至七日至百日靈暉恆爲綽請僧設齋行道齊亡卒馬子結者其先扶風人世仕涼土魏太和中入洛父祖俱清官子結及兄子廉子尚三人皆涉文學陽休之牧西兗子廉子尚子結與諸朝士各有贈詩陽總爲一篇酬答詩云三馬皆白眉者也子結爲南陽王綽管記隨綽定州綽每出游獵必令子結走馬從禽子結既儒緩衣垂帽落或叫或啼令騎驅之非墜馬不止綽以爲笑由是漸見親狎啓爲諮議焉石曜字白曜中山安善人亦以儒學進居官清儉武平中爲黎陽郡守時丞相咸陽王世子斛律武都出爲兗州刺史性貪暴先過衞縣令丞以下斂絹數千疋遺之至黎陽令左右諷動曜及縣官曜手持一絹謂武都曰此是

老石機杼聊以奉贈自此以外並須出於吏人吏人之物一毫不敢輒犯武都
亦知曜清素純儒笑而不責曜著石子十卷言甚淺俗位終譙州刺史靈暉子
萬壽字仙期一字遐年聰識機警博涉經史善屬文美談笑在齊仕爲陽休之
開府行參軍及隋文帝受禪滕穆王引爲文學坐衣冠不整配防江南行軍總
管宇文述召典軍書萬壽本自書生從容文雅一旦從軍鬱鬱不得志爲五言
詩贈京邑知友詩至京盛爲當時吟誦天下好事者多書壁上而翫之後歸鄉
里十餘年不得調仁壽初拜豫章王長史非其好也王轉封于齊卽爲齊王文
學當時諸王官屬多被夷滅由是彌不自安因謝病免久之授大理司直卒於
官有集十卷行於世
徐遵明字子判華陰人也幼孤好學年十七隨鄉人毛靈和等詣山東求學至
上黨乃師屯留王聰受毛詩尚書禮記一年便辭聰游燕趙師事張吾貴吾貴
門徒甚盛遵明伏膺數月乃私謂友人曰張生名高而義無檢格凡所講說不
愜吾心請更從師遂與平原田猛略就范陽孫買德受業一年復欲去之猛略

謂遵明曰君年少從師每不終業如此用意終恐無成遵明乃指其心曰吾今知真師所在矣正在如此乃詣平原唐遷居於蠶舍讀孝經論語毛詩尙書三禮不出門院凡經六年時彈箏吹笛以自娛慰又知陽平館陶趙世業家有服氏春秋是晉世永嘉舊寫遵明乃往讀之復經數載因手撰春秋義章爲三十卷是後教授門徒每臨講坐先持執疏然後敷講學徒至今浸以成俗遵明講學於外二十餘年海內莫不宗仰頗好聚歛與劉獻之張吾貴皆河北聚徒教授懸納絲粟留衣物以待之名曰影質有損儒者之風遵明見鄭玄論語序云書以八寸策誤作八十宗因曲爲之說其僻也皆如此獻之吾貴又甚焉遵明不好京輦以兗州有舊因徙屬焉元顥入洛任城太守李湛將舉義兵遵明同其事夜至人間爲亂兵所害永熙二年遵明弟子通直散騎侍郎李業興表求加策命卒無贈諡

董徵字文發頓丘衞國人也身長七尺二寸好古學尙雅素年十七師清河監伯陽受論語毛詩春秋周易河內高望崇受周官後於博陵劉獻之遍受諸經

數年之中大義精練講授生徒太和末爲四門小學博士後宣武詔徵入旋華宮令孫惠蔚問以六經仍詔徵教授京兆清河廣平汝南四王後累遷安州刺史徵因述職路次過家置酒高會大享邑老乃言曰腰龜返國昔人稱榮仗節還家云胡不樂因誡二三子弟曰此之富貴匪自天降乃勤學所致耳時人榮之入爲司農少卿光祿大夫後以老解職永熙二年卒孝武帝以徵昔授學業故優贈儀同三司尙書左僕射相州刺史諡曰文烈子仲曜

李業興上黨長子人也祖虬父玄紀並以儒學舉孝廉玄紀卒於金鄉令業興少耿介志學晚乃師事徐遵明於趙魏之間時有漁陽鮮于靈馥亦聚徒教授而遵明聲譽未高著錄尙寡業興乃詣靈馥黌舍類受業者靈馥乃謂曰李生久逐羌博士何所得也業興默爾不言及靈馥說左傳業興問其大義數條靈馥不能對於是振衣而起曰羌弟子正如此耳遂便徑還自此靈馥生徒傾學而就遵明學徒大盛業興之爲也後乃博涉百家圖緯風角天文占候無不討練尤長算歷雖在貧賤常自矜負若禮待不足縱於權貴不爲之屈後爲王遵

業門客舉孝廉爲校書郎以世行趙匪曆節氣後辰下算延昌中業與乃爲戊子元曆上之于時屯騎校尉張洪盪寇將軍張龍祥等九家各獻新曆宣武詔令共爲一曆洪等後遂共推業與爲主成戊子曆正光三年奏行之業與以殷曆甲寅黃帝辛卯徒有積元術數亡缺又修之各爲一卷傳於世建義初敕典儀注未幾除著作郎永安三年以前造曆之勳賜爵長子伯後以孝武帝登極之初豫行禮事封屯留縣子除通直散騎常侍永熙三年二月孝武帝釋奠業興與魏季景溫子昇竇瑗爲摘句後入爲侍讀遷鄴之始起部郎中辛術奏今皇居徙御百度剏始營構一興必宜中制李業與碩學通儒博聞多識萬門千戶所宜詢訪今求就之披圖案記考定是非參古雜今折中爲制詔從之於時尚書右僕射營構大匠高隆之被詔繕修三署樂器衣服及百戲之屬乃奏請業與共事天平四年與兼散騎常侍李諧兼吏部郎盧元明使梁梁散騎常侍朱异問業與曰魏洛中委粟山是南郊邪圓丘邪業與曰委粟是圓丘非南郊异曰比聞郊丘異所是用鄭義我此中用王義業與曰然洛京郊丘之處用鄭

解异曰若然女子逆降傍親亦從鄭以不業與曰此之一事亦不專從若卿此問用王義除禫應用二十五月何以王儉喪禮禫用二十七月也异遂不答業與曰我昨見明堂四柱方屋都無五九之室當是裴頠所制明堂上圓下方裴唯除室耳今此上不圓何也异曰圓方俗說經典無文何怪於方業與曰圓方之言出處甚明卿自不見見卿錄梁主孝經義亦云上圓下方卿言豈非自相矛楯异曰若然圓方竟出何經業與曰出孝經援神契异曰緯候之書何可信也業與曰卿若不信靈威仰叶光紀之類經典亦無出者卿復信不异不答梁武問業與詩周南王者之風繫之周公召南仁賢之風繫之召公何名爲繫業與對曰鄭注儀禮云昔太王王季居于岐陽躬行召南之教以興王業及文王行今周南之教以受命作邑於酆文王爲諸侯之地所化之國今旣登九五之尊不可復守諸侯之地故分封二公名爲繫梁武又問尚書正月上日受終文祖此時何正業與對曰此夏正月梁武言何以得知業與曰案尚書中候運衡篇云日月營始故知夏正又問堯時以前何月爲正業與對曰自堯以上書典

不載實所不知梁武又云寅賓出日是正月日中星鳥以殷仲春卽是二月此出堯典何得云堯時不知用何正業興對曰雖三五不同言時節者皆據夏時正月周禮仲春二月會男女之無夫家者雖自周書月亦夏時堯之日月亦當如此但所見不深無以辯析明問梁武又曰禮原壤母死叩木而歌孔子聖人而與壤爲友業興對曰孔卽自解言親者不失其親故者不失其故又問壤何處人對曰注云原壤孔子幼之舊故是魯人又問原壤不孝有逆人倫何以存故舊之小節廢不孝之大罪對曰原壤所行事自彰著幼少之交非是今始旣無大故何容棄之又問孔子聖人何以書原壤之事垂法萬代業興對曰此是後人所錄非孔子自制猶合葬於防如此之比禮記之中動有百數又問易有太極極是有無業興對曰所傳太極是有還遷散騎常侍加中軍大將軍業興家世農夫雖學殖而舊音不改梁武問其宗門多少答曰薩四十家使還孫騰謂曰何意爲吳兒所笑對曰業興猶被笑試遣公去當着被罵邢子才云爾婦疾癩或問實耶業興曰爾大癡但道此人疑者半信者半誰檢看武定元年除

國子祭酒仍侍讀神武以業興明術數軍行常問焉業興曰某日某處勝謂所親曰彼若告勝自然賞吾彼若凶敗安能罪吾芒山之役有風從西來入營業興曰小人風來當大勝神武曰若勝以爾爲本州刺史既而以爲太原太守五年齊文襄引爲中外府諮議參軍後坐事禁止業興乃造九宮行棋曆以五百爲章四千四十爲蔀九百八十七爲升分還以己未爲元始終相維不復移轉與今曆法術不同至於氣序交分景度盈縮不異也文襄之征潁川業興曰往必剋剋後凶文襄既剋欲以業興當凶而殺之業興愛好墳籍鳩集不已手自補修躬加題帖其家所有垂將萬卷覽讀不息多有異聞諸儒服其深博性豪俠重意氣人有急難委命歸之便能容匿與其好合傾身無悋有乖忤便即疵毀乃至聲色加以謗罵性又躁隘至於論難之際無儒者之風每語人云但道我好雖知妄言故勝道惡務進忌前不顧後患時人以此惡之至於學術精微當時莫及業興二子崇祖傳父業

崇祖字子述文襄集朝士命盧景裕講易崇祖時年十一論難往復景裕憚之

業與助成其子至於忿鬩文襄色甚不平姚文安難服虔左傳解七十七條名曰駮妄崇祖申明服氏名曰釋謬齊文宣營構三臺材瓦工程皆崇祖所算也封屯留縣侯遵祖齊天保初難宗景曆甚精崇祖爲元子武卜葬地醉而告之曰改葬後當不異孝文武成或告之兄弟伏法

李鉉字寶鼎渤海南皮人也九歲入學書急就篇月餘便通家素貧常春夏務農冬乃入學年十六從浮陽李周仁受毛詩尚書章武劉子猛受禮記常山房蚪受周官儀禮漁陽鮮于靈馥受左氏春秋鉉以鄉里無可師者遂與州里楊元懿河間宗惠振等結友詣大儒徐遵明受業居徐門下五年常稱高第年二十三便自潛居討論是非撰定孝經論語毛詩三禮義疏及三傳異同周易義例合三十餘卷用心精苦曾三秋冬不畜枕每睡假寐而已年二十七歸養二親因教授鄉里生徒恆數百人燕趙間能言經者多出其門以鄉里寡文籍來游京師讀所未見書舉秀才除太學博士及李同軌卒齊神武令文襄在京妙簡碩學以教諸子文襄以鉉應旨徵詣晉陽時中山石曜北平陽絢北海王晞

清河崔瞻廣平宋欽道及工書人韓毅同在東館師友諸王鉉以去聖久遠文
字多有乖謬於講授之暇遂覽說文倉雅刪正六藝經注中謬字名曰字辯天
保初詔鉉與殿中尚書邢卲中書令魏收等參議禮律仍兼國子博士時詔北
平太守宋景業西河太守綦母懷文等草定新曆錄尚書平原王高隆之令鉉
與通直常侍房延祐國子博士刁柔參考得失尋正國子博士廢帝之在東宮
文宣詔鉉以經入授甚見優禮卒特贈廷尉少卿及還葬王人將送儒者榮之
楊元懿宗惠振官俱至國子博士
馮偉字偉節中山安喜人也身長八尺衣冠甚偉見者肅然少從李寶鼎學李
重其聰敏恆別意試問之多所通解尤明禮傳後還鄉里閉門不出將三十年
不問生產不交賓客專精覃思無所不通齊趙郡王出鎮定州以禮迎接命書
三至縣令親至其門猶辭疾不起王將命駕致請佐吏前後星馳報之縣令又
自為其整冠履不得已而出王下廳事迎之止其拜伏分階而上留之賓館甚
見禮重王將舉充秀才固辭不就歲餘請還上知其不願拘束以禮發遣贈遺

甚厚一無所納唯受時服而已及還不交人事郡守縣令每親至歲時或置羊酒亦辭不納門徒束修一毫不受蠶而衣耕而飯簞食瓢飲不改其樂以壽終

張買奴平原人也經義該博門徒千餘人諸儒咸推重之仕齊歷太學博士國子助教卒

劉軌思渤海人也說詩甚精少事同郡劉敬和敬和事同郡程師則故其鄉曲多爲詩者軌思仕齊位國子博士

鮑季詳渤海人也甚明禮兼通左氏春秋少時恆爲李寶鼎都講從亦自有徒衆諸儒稱之仕齊卒於太學博士從弟長暄兼通禮傳爲任城王湝丞相掾恆在都教授貴游子弟齊亡卒於家

邢峙字士峻河間鄚人也少學通三禮左氏春秋仕齊初爲四門博士遷國子助教以經入授皇太子峙方正純厚有儒者風廚宰進太子食菜有邪蒿峙令去之曰此菜有不正之名非殿下宜食文宣聞而嘉之賜以被褥縑纊拜國子博士皇建初除清河太守有惠政年老歸致卒于家

劉晝字孔昭渤海阜城人也少孤貧愛學伏膺無倦常閉戶讀書暑月唯着犢
鼻褌與儒者李寶鼎同鄉甚相親愛寶鼎授其三禮又就馬敬德習服氏春秋
俱通大義恨下里少墳籍便杖策入都知鄴令宋世良家有書五千卷乃求爲
其子博士恣意披覽晝夜不息還舉秀才策不第乃恨不學屬文方復緝綴辭
藻言甚古拙制一首賦以六合爲名自謂絕倫乃歎儒者勞而寡功曾以賦呈
魏收而不拜收忿之謂曰賦名六合已是太愚文又愚於六合君四體又甘於
文晝不忿又以示邢子才子才曰君此賦正似疥駱駝伏而無斌媚晝求秀才
十年不得發憤撰高才不遇傳冀州刺史酈伯偉見之始舉晝時年四十八刺
史隴西李璵亦嘗以晝應詔先告之晝曰公自爲國舉才何勞語晝齊河南王
孝瑜聞晝名每召見輒與促席對飲後遇有密親使且在齋坐晝須臾徑去追
謝要之終不復屈孝昭即位好受直言晝聞之喜曰董仲舒公孫弘可以出矣
乃步詣晉陽上書言亦切直而多非世要終不見收采編錄所上之書爲帝道
河清中又著金箱璧言蓋以指機政之不良晝夜常夢貴人若吏部尚書者補

交州與俊令寤而密書記之卒後旬餘其家幼女鬼語聲似晝云我被用爲與俊縣令得假暫來辭別云晝常自謂博物奇才言好矜大每言使我數十卷書行於後世不易齊景之千駟也容止舒緩舉動不倫由是竟無仕卒於家

馬敬德河間人也少好儒術負笈隨徐遵明學詩禮略通大義而不能精遂留意於春秋左氏沈思研求晝夜不倦教授於燕趙間生徒隨之者甚衆乃詣州將求秀才將以其純儒無意推薦敬德請試方略五條皆有文理乃欣然舉送至都唯得中第請試經業問十條並通擢授國子助教再遷國子博士齊武成爲後主擇師傅趙彥深進之入爲侍講其妻夜夢猛獸將來向之敬德走超蕠棘妻伏地不敢動敬德占曰吾當爲大官超棘過九卿也爾伏地夫人也後主既不好學敬德侍講甚踈時時以春秋入授猶以師傅恩拜國子祭酒儀同三司金紫光祿大夫瀛州大中正卒其徒曰馬生勝孔子孔子不得儀同尋贈開府瀛州刺史其後侍書張景仁封王趙彥深云何容侍書封王侍講翻無封爵亦追封敬德廣漢郡王令子元熙襲

元熙字長明少傳父業兼長文藻以通直待詔文林館武平中皇太子將講孝經有司請擇師帝曰馬元熙朕師之子文學不惡於是以孝經入授皇太子儒者榮其世載性和厚在內甚得名譽隋開皇中卒於秦王文學

張景仁濟北人幼孤家貧以學書爲業遂工草隸選補內書生與魏郡姚元標潁川韓毅同郡袁買奴滎陽李超等齊名文襄並引爲賓客天保八年敕教太原王紹德書後王爲東宮武成令侍書遂被引擢小心恭謹後主愛之呼爲博士登阼累遷通直散騎常侍在左右與語猶稱博士胡人何洪珍有寵於後主欲得通婚朝士以景仁在內官位稍高遂爲其兄子取景仁第二息瑜之女因以表裏相援恩遇日隆景仁多疾帝每遣徐之範等療之給藥物珍羞中使問疾相望於道是後敕有司恆就宅送御食車駕或有行幸在道宿處每送步障爲遮風寒進位儀同三司加開府侍書如故每旦須參即在東宮停止及立文林館中人鄧長顒希旨奏令總判館事除侍中封建安王洪珍死後長顒猶存舊款更相彌縫得無墜退遂除中書監卒贈侍中五州刺史司空公景仁爲兒

童時在洛京曾詣國學摹石經許子華遇之學中執景仁手曰張郎風骨必當通貴非但官爵遷達乃與天子同筆硯傳衣履子華卒二十餘年景仁位開府數賜衣冠筆硯如子華所言出自寒微本無識見一旦開府侍中封王其婦姓奇莫知氏族所出容制音辭事事庸俚既除王妃與諸公主郡君同在朝謁之列見者爲其慚悚景仁性本卑謙及用胡人巷伯之勢坐致通顯志操頗改漸成驕傲良馬輕裘徒從擁冗高門廣宇當衢向術諸子不思其本自許貴游自倉頡以來八體取進一人而已

權會字正理河間鄚人也志尙沈雅動遵禮則少受鄭易始盡幽微詩書二禮文義該洽兼明風角妙識玄象仕齊初四門博士僕射崔暹引爲館客甚敬重焉命世子達拏盡師傅之禮暹欲薦會與馬敬德等爲諸王師會性恬靜不慕榮勢恥於左官固辭暹識其意遂罷薦舉尋追修國史監知太史局事後還國子博士會參掌雖繁教授不闕性甚儒愞似不能言及臨機答難酬報如響由是爲諸儒所推而貴游子弟慕其德義者或就其宅或寄宿鄰家晝夜承閑受

其學業會欣然演說未嘗懈怠雖明風角玄象至於私室都不及言學徒有請問者終無所說每云此學可知不可言諸君並貴游子弟不由此進何煩問也唯有一子亦不授此術會曾遣家人遠行久而不反其行還將至乃逢寒雪寄息他舍會方處學堂講說忽有旋風吹雪入戶會笑曰行人至何意中停遂使追尋果如其語會每占筮大小必中但用爻辭彖象以辯吉凶易占之屬都不經口會本貧生無僮僕初任助教日恆乘驢其職事處多非晚不歸曾夜出城東門會獨乘一驢忽有二人一人牽頭一人隨後有似相助其迴動輕漂有異生人漸失路不由本道心甚怪之遂誦易經上篇第一卷不盡前後二人忽然離散會亦不覺墮驢迷悶至明始覺方知墮處乃是郭外纔去家數里有一子字子襲聰敏精勤幼有成人之量先亡臨送者爲其傷慟會惟一哭而罷時人尚其達命武平末自府還第在路無故馬倒遂不得語因暴亡注易一部行於世會生平畏馬位望既至不得不乘果以此終

張思伯河間樂城人也善說左氏傳爲馬敬德之次撰刊例十卷行於時亦爲

毛詩章句以二經教授齊安王廓位國子博士又有長樂張奉禮善三傳與思
伯齊名位國子助教

張彫武中山北平人也家世寒微其兄蘭武仕尚書令史微有資產故護軍長史王元則時爲書生停其宅彫武少美貌爲元則所愛悅故偏被教因好學精力絕人負卷從師不遠千里遍通五經尤明三傳弟子遠方就業者以百數諸儒服其強辯齊神武召入霸府令與諸子講說乾明初累遷平原太守坐贓賄失官武成即位以舊恩除通直散騎常侍琅邪王儼求博士有司以彫武應選時號得人歷涇州刺史散騎常侍及帝侍講馬敬德卒乃入授經書帝甚重之以爲侍講與侍書張景仁並被尊禮同入華元殿共讀春秋加國子祭酒假儀同三司待詔文林館以景仁宗室自託於其親何洪珍公私之事彫武常爲其指南與張景仁號二張博士時穆提婆韓長鸞與洪珍同侍帷幄知彫武爲洪珍謀主忌惡之洪珍又奏彫武監國史尋除侍中加儀府奏度支事大被委任言多見從特敕奏事不趨呼爲博士彫武自以出於微賤致位大臣勵精在公

有匪躬之節議論無所迴避左右縱恣之徒必加禁約數譏切寵要獻替帷扆帝亦深倚仗之方委以朝政彫武便以澂清爲己任意氣甚高嘗在朝堂謂鄭子信曰向入省中見賢家唐令處分極無所以若作數行兵帳彫武不如邕若致主堯舜身居稷契則邕不如我長鸞等陰圖之及與侍中崔季舒黃門侍郎郭遵諫幸晉陽爲長鸞所譖誅臨刑帝使段孝言詰之彫武曰臣起自諸生光寵隆洽今者之諫臣實首謀意善功惡無所逃死願陛下珍愛金玉開發神明數引賈誼之倫語其政道令聽覽之間無所擁蔽則臣雖死猶生之年因歔欷流涕俯而就戮左右莫不憐而壯之子德沖等徙北邊南安王思好之反德沖及弟德揭俱免德沖聰敏好學以帝師之子早見旌擢位中書舍人其父之戮德沖並在殿廷就執目見冤酷號哭殞絕於地久之乃蘇

郭遵者鉅鹿人也齊文宣爲太原公時爲國常侍帝家人有蓋豐洛者典知家務號曰蓋將遵因其處分曾抗拒爲高德正所貴齊受禪由是擢爲主書專令訪察中書舍人朱謂爲鉅鹿太守遵爲弟子求官謂啓文宣鞭之二百付京畿

久之除幷省尚書都令史建州別駕會韓長鸞父永興爲刺史因此遂相參附後擢爲黃門侍郎被誅遵出自賤微易爲盈滿宮門逢諸貴輒呼姓字語言布置極爲輕率嘗於宮門牽韓長鸞辭曰王在得言主上縱放如此曾不規諫何名大臣長鸞嫌其率爾便掣手而去由是不加援故及於禍

北史卷八十一

北史卷八十一考證

儒林傳敘以充上選未及簡置○上監本訛生今改從南本

多講王輔嗣所注○王監本訛土又下文齊時儒士句士亦訛土今俱改正

平恆傳呼時老東安公一雍等○一魏書作刁

陳奇傳河北人也○北監本訛止今改從魏書

劉獻之傳雖復不立身之道有何益乎○立身之道上考魏書竟脫去二十七字遂不成文

至京稱疾而還○稱疾二字監本缺今從魏書增入

五經大義雖有師說而海內諸生多有疑滯○而海內三字監本缺今從魏書增入

所標宗旨頗異舊義○標監本缺今從魏書增入

注毛詩序義一卷○注毛詩三字監本缺今從魏書增入

張吾貴傳曾在夏學○在監本缺今從魏書增入

學者以此益奇之〇益監本訛之今改從魏書

孫惠蔚傳及閱舊典先無定目〇目監本訛自今改從魏書

徐遵明傳學徒至今浸以成俗〇浸監本訛侵今改從閣本

李鉉傳常山房蚪〇蚪監本訛蚪今改從齊書

北史卷八十一考證

西元二〇二〇年十一月一日重製一版

北史（附考證）冊五（唐李延壽撰）

平裝六冊基本定價肆仟伍佰元正
（郵運匯費另加）

發行人　張敏君

發行處　中華書局
臺北市內湖區舊宗路二段一八一巷八號五樓（5FL., No. 8, Lane 181, JIOU-TZUNG Rd., Sec 2, NEI HU, TAIPEI, 11494, TAIWAN）
客服電話：886-2-8797-8396
公司傳真：886-2-8797-8909
匯款帳戶：華南商業銀行西湖分行
179100026931

印　刷：維中科技有限公司
海瑞印刷品有限公司

No. N1052-5

國家圖書館出版品預行編目(CIP)資料

北史/(唐)李延壽撰. -- 重製一版. -- 臺北市 :
中華書局, 2020.11
冊 ; 公分
ISBN 978-986-5512-32-3(全套 : 平裝)

1.北史

623.601 109016727